高职高专规划教材

商务谈判与推销

郑志慧　陈　宏　主　编
张　慧　董萌萌　副主编
李顺秋　信立滨　主　审

中国建筑工业出版社

图书在版编目（CIP）数据

商务谈判与推销/郑志慧，陈宏主编．—北京：中国建筑工业出版社，2019.2
高职高专规划教材
ISBN 978-7-112-23063-1

Ⅰ.①商… Ⅱ.①郑…②陈… Ⅲ.①商务谈判-高等职业教育-教材 ②推销-高等职业教育-教材 Ⅳ.①F715.4 ②F713.3

中国版本图书馆 CIP 数据核字（2018）第 277340 号

本教材根据《商务谈判与推销》的课程需要，结合职业教育特点，系统讲解了谈判、商务谈判及推销的基础知识。为突出实践、锻炼学生将理论知识应用于实际的能力，本教材在每个章节都安排了案例介绍和相关习题，供学生更好地掌握和巩固所学知识。最后，本教材附有单独的实训环节，每个实训项目有明确的内容、目标和步骤，以便选用本教材的师生在课程实训时使用。

本教材可作为高职院校市场营销专业、工商管理类专业的课程教材，也可作为相关从业人员的自学及参考用书。

为更好地支持本课程教学，我们向使用本教材的教师提供教学课件，有需要者请发送邮件至 cabp kejian@126.com 免费索取。

* * *

责任编辑：张　晶　吴越恺
责任校对：李欣慰

高职高专规划教材
商务谈判与推销
郑志慧　陈　宏　主　编
张　慧　董萌萌　副主编
李顺秋　信立滨　主　审

*

中国建筑工业出版社出版、发行（北京海淀三里河路9号）
各地新华书店、建筑书店经销
北京红光制版公司制版
天津翔远印刷有限公司印刷

*

开本：787×1092毫米　1/16　印张：14¼　字数：357千字
2019年4月第一版　　2019年4月第一次印刷
定价：**35.00元**（赠课件）
ISBN 978-7-112-23063-1
（33138）

版权所有　翻印必究
如有印装质量问题，可寄本社退换
（邮政编码100037）

前　言

商务谈判与推销是一门实践性很强的应用性综合课程。它的实践性体现在它的全部理论既来源于实践，又反作用于的实践，而且还必须通过实践才能被学习者理解和掌握；它的应用性体现在学习者学习的根本在于直接指导自己的日常生活和交易；它的综合性体现在它吸收了多门学科的理论知识，如管理学、经济学、心理学、营销学、国际贸易，甚至哲学、文学、军事学、政治学、社会学。在市场经济日益发展、国际竞争日趋激烈的今天作为商务活动的两大重要方面——谈判与推销，更显示其无可替代的社会作用。在谈判与推销的商务活动中，虽然不是针锋相对的直接竞争，但却无时无刻不在斗智斗勇。谈判与推销人员只有深谙其中的奥秘，游刃有余于其中，才能于谈笑间占据市场，最终在商场逐鹿中傲视群雄。

为了满足高职高专院校教学实践的需要，体现本课程的实践性和应用性，本教材在编写过程中特别加入实训部分，以期增强其实践性和应用性。书中各章所附的习题、案例分析等都体现了本章的知识重点及其对能力的要求。

本教材由商务谈判理论、推销理论、实训任务三部分组成，由郑志慧、陈宏担任全书的设计、策划、统稿工作。第1、2、3章由郑志慧编写；第4、5、6章由董萌萌编写；第7、8、9、10章由张慧编写；实训任务部分由郑志慧、陈宏、王宁共同编写完成。根据写作需要，本书的编写工作中吸收和借鉴了部分中外商务谈判与推销的教材、文献和研究成果，同时还得到了中国建筑工业出版社的大力支持，在此深表谢意！

由于编者水平有限，本书难免出现一些偏颇、遗漏与不足之处，敬请广大读者批评、指正并提出宝贵意见。

编　者
2018年10月

目　录

第1篇　商务谈判理论

1 谈判与商务谈判 ··· 1
　1.1 谈判概述 ··· 2
　1.2 商务谈判概述 ··· 6
　1.3 商务谈判的原则与类型 ·· 10
2 商务谈判礼仪 ··· 19
　2.1 商务礼仪概述 ··· 20
　2.2 商务谈判中礼仪 ·· 22
3 商务谈判的准备 ·· 32
　3.1 商务谈判调查 ··· 33
　3.2 商务谈判计划 ··· 39
　3.3 商务谈判组织 ··· 42
4 商务谈判流程 ··· 51
　4.1 商务谈判的开局阶段 ·· 52
　4.2 商务谈判的磋商阶段 ·· 54
　4.3 商务谈判的结束阶段 ·· 58
5 商务谈判的策略 ·· 67
　5.1 商务谈判流程中的策略 ·· 68
　5.2 应对不同商务谈判对象的策略 ··· 79
　5.3 商务谈判中的价格磋商 ·· 85
6 国际商务谈判 ··· 95
　6.1 国际商务谈判概述 ··· 96
　6.2 世界主要国家谈判者风格 ··· 101
　6.3 中国商人的谈判风格 ··· 112

第2篇　推销理论

7 推销的基本理论 ·· 117
　7.1 推销概述 ·· 117
　7.2 顾客需求与购买行为分析 ··· 123
　7.3 推销系统以及推销方格理论 ·· 131

8 推销的模式 ·· 140
    8.1 爱达模式 ·· 140
    8.2 迪伯达模式 ··· 143
    8.3 埃德帕模式 ··· 145
    8.4 费比模式和吉姆模式 ·· 146

9 推销过程 ··· 150
    9.1 寻找和接近顾客 ·· 150
    9.2 推销准备 ·· 161
    9.3 推销洽谈 ·· 163
    9.4 顾客异议的处理 ·· 170
    9.5 促成交易 ·· 175
    9.6 成交后续工作 ··· 178

10 推销管理 ·· 185
    10.1 推销人员的选用与培训 ·· 186
    10.2 推销人员以及推销关系管理 ·· 191

第3篇 实 训 任 务

实训1 谈判初体验 ·· 200
实训2 商务礼仪与沟通 ·· 202
实训3 草拟商务谈判方案 ··· 204
实训4 模拟谈判开局环节 ··· 206
实训5 模拟谈判磋商环节 ··· 208
实训6 模拟谈判结束阶段 ··· 210
实训7 推销实战演练 ··· 212
实训8 综合实训模拟 ··· 214
能力测评 ··· 216
参考文献 ··· 224

第1篇 商务谈判理论

1 谈判与商务谈判

能力目标

通过本章的学习，你应该能够：
1. 掌握商务谈判的概念和特征，理解谈判和商务谈判的内涵；
2. 掌握谈判的理论；
3. 了解谈判公平理论、谈判唯理论；
4. 了解商务谈判的价值评判标准；
5. 掌握商务谈判的原则与类型，并能够运用这些原则。

案例导读：

分 橙 子 的 故 事

妈妈给兄弟俩一个橙子，经过协商，他们一切两半各自取得了一半，表面上看似非常公平。但实际上由于他们没有充分交流各自所需，没有声明各自价值之所在，造成了不该有的浪费：哥哥把半个橙子的果皮剥掉扔进了垃圾桶，因为他要榨果汁；弟弟则把半个橙子的果肉扔进了垃圾桶，因为他只需要用果皮来烤蛋糕。显然，他们的谈判在形式和立场上看似公平，但双方的利益并未通过谈判达到最大化。要使双方利益达到最大化，应该是一个得到全部的果肉，一个得到全部的果皮，而只有通过良好的沟通才能达到。但是，如果有一个孩子既想吃果肉又想吃蛋糕，这又该怎么办？这时如何创造价值就很重要了。结果想要整个橙子的这个孩子提议将其他问题拿出来一块谈。他说："如果把这个橙子全给我，你上次欠我的棒棒糖的钱就不用还了。"其实他的蛀牙已经很严重了，根本就不能再吃糖了。另一个孩子想了想很快就答应了，因为他并不十分想吃橙子，他更愿意拿还糖的钱去打游戏。显然这是一个克服障碍创造价值的新过程，达到了双赢的结果，这样的结果他们事前可能并不明了。

哈佛大学教授约克·肯说："生存，就是与社会、自然进行的一场长期谈判，获取你自己的利益，得到你应有的最大利益，这就看你怎么把它说出来，看你怎样说服对方了。"中国古人说"财富来回滚，全凭舌上功"。在现代商业活动中，谈判已是交易的前奏曲，谈判是销售的主旋律。可以毫不夸张地说，人生在世，你无法逃避谈判；从事商业经营活动，谈判更是无法回避。然而，尽管谈判天天都在发生，时时都在进行，但要使谈判的结果尽如人意，却不是一件容易的事。怎样才能做到在谈判中挥洒自如、游刃有余，既实现己方目标，又能与对方携手共赢呢？这就需要我们认真地去领略谈判博大精深的内涵，解读谈判运筹帷幄的奥妙。

1.1 谈 判 概 述

谈判是一个无法回避的现实，它存在于人们生活的各个层面和各个方面之中。正如费雪尔所说，"无论你喜欢与否，你都是一个谈判者。谈判是一种生活现实"。

长期以来，人们经常有一种误解，似乎谈判只是谈判人员的事，是职业外交人员、政治家、商务主管人员才会面对的事。事实上，作为一种生活现实，人们始终必须面对各种各样的谈判。大到参与涉及国际关系处理的谈判，小到与家人或同事之间就某些日常琐事的协商。总之，谈判技能不仅只是外交家在谈判桌上才需要的技能，它已经成为越来越多的人需要掌握的一种能力。谈判作为一种普遍的生活现实，并不是人类社会发展至今才有的独特现象，而是古往今来始终存在的一种事实。所不同的是，由于现代社会人们之间的交往逐渐加强，从而需要通过谈判协调的事务也大大增加。与古代社会相比，人们以比过去更大的频率参与到更广层面的谈判之中。从古到今在世界很多地方，都有大量的有关谈判活动的历史记载。谈判不仅是一种普遍的人类行为，而且是一种必须要予以认真对待的生活现实。谈判进行的过程如何，取得怎样的结果，对人们的未来生活和工作都会产生十分重大的影响。著名未来学家约翰·奈比斯特认为："随着世界的变化，谈判正逐步变成主要决策制定的形式。"作为一种决策制定形式，谈判的过程及其结果直接关系到当事各方的有关利益能否得到满足；关系到决策双方的未来关系；关系到有关各方在未来相当长的时期内的活动环境。一次成功的谈判可以帮助企业化解重大危机，一场失败的谈判则可能将企业为开拓一个新的市场所付出的若干努力付诸东流。因此，谈判是一种普遍而又重要的人类行为，是人们生活中一种不可回避的现实。

1.1.1 谈判的概念

谈，即说话与讨论，就是当事人明确阐述自己的意愿和所要追求的目标，充分发表各方应当承担和享有的责、权、利等看法。判，即分辨与评定，是当事各方努力寻求关于各项权利与义务的共同一致的意见以期通过相应的协议予以确认。因此，谈是判的前提和基础，判是谈的结果与目的。

要知道什么是商务谈判，必须先要了解什么是谈判（Negotiation）。美国学者杰勒德·I·尼尔伦伯格在《谈判艺术》一书中指出："谈判的定义最为简单，而涉及的范围最为广泛。每一项寻求满足的需要，至少都是诱发人们展开谈判过程的潜在因素。只要人们是为了改变相互关系而进行观点交换，只要人们是为了取得一致意见而磋商协议，他们就是在进行谈判。"可见，在这个定义下谈判的范围相当广泛。案例中小朋友分橙子，还有求职面试、与家人商量度假地点、和老板讨论新计划、对下属作协商性的工作要求、采购员的采购、销售员的销售等。这些以彼此需求为动因，以语言为主要工具，以协商为手段，力争取得一致的行为或过程就是谈判。像聊天、辩论、打官司、通知、命令，就不是谈判。谈判的双方既是相互对立的关系，又是相互依存的关系。以平等协商的形式，互作让步，各取所需，到达利己的目的是谈判的本质。杰勒德·I·尼尔伦伯格认为"谈判不是一场棋赛，不要求决出胜负，也不是一场战争，要将对方置于死地；相反，谈判是一项互惠的合作事业"。

狭义的谈判：指在正式专门场合下安排和进行的谈判，如中国复关谈判。

广义的谈判：指各种形式的"交涉""磋商"等。

谈判是谈判双方（各方）观点互换、情感互动、利益互惠的人际交往活动。从上述定义中可以看出，谈判是一种技能，同时还是一个过程。可以综述为谈判是人们为了各自目的而相互协商的活动。

1.1.2　谈判的特征

（1）目的性

谈判者均有各自的需求、愿望和利益目标，是目的性很强的活动。谈判的双方都明白自己在谈什么，为什么而谈，谈判的这一特征将其与"闲谈"和"聊天"区别开来。从最广泛的意义上讲，人类谈判的目的主要有寻求利益满足、相互依赖与谋求合作、避免或解决冲突。

（2）相互性

谈判是一种双边或多边的行为和活动。谈判的基本要素有三个，即谈判主体、谈判客体和谈判行为。谈判就是谈判主体对谈判客体所进行的谈判行为。

（3）协商性

谈判双方在谈判的过程中其地位是平等的，这就决定了达成协议的基本方式是协商。谈判的这一特征将谈判与"命令"和"通知"区别开来。在谈判中谁也不能命令谁，谁也不能指挥谁，谁也不能强迫谁。即使一方是上级单位，一方是下级单位；一方经济实力雄厚，一方资金匮乏；一方是赫赫有名的大公司，一方是名不见经传的小公司，只要他们坐在谈判桌前，就意味着他们之间的问题必须通过协商才能得以解决。

（4）得失性

在谈判中，不失去就没有得到，没有让步就没有谈判。在谈判中只想在别人那里捞取好处，获得利益，自己一点好处也不给别人，这种行为是非常自私的，有失公平的，也是不现实的。所以，在谈判中想在对方那里得到好处和利益，必须先给对方一些好处和利益。

（5）说服性

在谈判中，双方的利益要求差距很大，为了谋求更多的利益，总是要提出一些观点来直接或间接地影响对方，试图说服对方接受你的观点；对方要谋求更多的利益，也必然要提出一些观点来直接或间接地影响你，同样说服你接受他的观点。双方都用自己的观点不断影响和说服对方，当双方的观点逐渐趋于一致的时候，谈判之舟就即将到达胜利的彼岸。

（6）合作与冲突并存

一方面，谈判双方为了谋求各自的利益，才坐在一起来谈判。你要满足自己的需求，就需要对方的合作；同样，对方要获取一定的利益，也需要你的合作。只有进行合作，双方的需求才得到满足；另一方面，谁都想在谈判中获得更多的利益，需求得到更大的满足，这样必然就会造成冲突，形成对抗状态。当然，谈判首先是一种合作，冲突虽然不可避免，然而它只能处于次要地位。

（7）结果互惠但不均等

一方面，谈判不是战争，不需要一方必须打败另一方或消灭另一方。成功的谈判，双方都是胜利者。人们越来越清醒地认识到：那种试图将己方的成功，建立在对方失败基础上的谈判，不仅难以达到谈判的目的，而且会像战争一样后患无穷。因此，谈判的结果必须是互惠双赢的；另一方面，由于谈判双方所拥有的实力与采用的技巧各不相同，虽然双方都能获得一定的利益，但所得的利益却不一定均等。只要谈判双方都获得了一定的利益，即使利益的划分不均等，有多有少，也应认为谈判是成功的，双方都是胜利者。

1.1.3 谈判的基本理论

（1）谈判需要理论

谈判需要理论是由美国谈判协会会长尼尔伦伯格提出来的，它包括以下内容：任何谈判都是在人与人之间发生的，他们之所以要进行谈判，就是为了满足人的某一种或某几种需要。这些需要决定了谈判的发生、进展和结局。他把谈判行为中人的需要、人的动机和人的主观作用作为理论的核心，指出需要和对需要的满足是谈判的共同基础。谈判的前提是双方都希望得到某种东西，否则，他们就会彼此对另一方的要求充耳不闻，双方也就不会有什么讨价还价了。双方都是为各自的需要所策动，才会进行一场谈判。总之，需要是谈判的基础和动力，谈判是满足需要的手段。

（2）谈判博弈论

商务谈判有两大基本目标：实现利益与维持或改善与对方的关系。但人们经常发现，单纯追求自身利益的最大化似乎并不困难，单纯追求与对方关系的改善似乎也不困难，但是要在实现自身利益目标的同时维持或改善与对方的关系几乎是不可能的。博弈论对这一难题进行了解释与破解。

1）零和游戏

有人认为谈判实际上是一种"零和游戏"。在两个追求各自得益最大化的谈判者参与的这场"游戏"中，可供双方分配的成果总和是固定的，也即意味着A与B的得失总和等于零。由于总和是固定的，一方得益的增加必然意味着另一方得益的减少。任何一方都不可能在不减少对方得益或不损害对方利益的前提下扩大自己的得益，A的所得就是B的损失。作为谈判人员，首要的目标是实现自身的利益要求，扩大自身可能得到的利益。由于这一目标的实现要以牺牲对方的利益为前提，因此，在实现了这一目标的同时，也就不可能保持与对方之间的良好关系。或者要保持良好的关系，也就必须要牺牲自身的得益。

2）谈判者疑难

囚徒困境是博弈论里最经典的例子之一，讲的是两个嫌疑犯作案后被警察抓住，隔离审讯。警方的政策是坦白从宽，抗拒从严。如果两人都坦白则各判5年；如果一人坦白另一人不坦白，坦白的放出去，不坦白的判10年；如果都不坦白则因证据不足各判1年。博弈的结果是两个人都选择了坦白，各判刑5年。谈判的双方就像这两个"囚徒"一样，常常陷入类似的困境，我们把这一现象称为谈判者疑难。我们假定，在谈判过程中，所有的谈判者都有两种可能的策略选择，一是与对方合作去努力创造更多的可供双方分配或享用的价值；二是设法索取尽可能多的价值，扩大自身在谈判中所可能获得的份额。在双方都存在两种策略选择的情况下，实际谈判中就可能出现甲方和乙方都希望能获得最理想的结果，但如果其中一方采取的是创造价值的策略，而对方采取的是索取价值的策略，则采取创造价值策略的一方获得的结果是十分不利的。当谈判者采取索取价值的策略时，一旦对方采取创造价值的策略，就能获得十分理想的结果，即便对方不采取创造价值的策略而是采取索取价值的策略，谈判者也能取得一般而不是糟糕的结果。基于这样的考虑，谈判双方由于对对方采取怎样的策略并不清楚，双方都力图扩大自身的得益，最终所选择的策略可能都是索取价值而不是创造价值，最终的谈判结果双方所获得的都是十分一般的结果。谈判双方都试图获得尽可能理想的谈判结果，但从分析得出的结论却是双方都放弃了能够获得更大收获的机会，这就是"谈判者疑难"，也是实际谈判中许多谈判者所面对的情形。在这种情况下，谈判者既要实现自身利益最大化的同时又要维持或改善与对方的关系几乎是不可能的。

3）合作性博弈

依照"零和游戏"和"谈判者疑难"所进的分析，成功谈判的标准几乎是无法达到的。事实上，"零和游戏"和"谈判者疑难"展现在人们面前的是现实生活中谈判的某些情形。在绝大多数谈判尤其是商务谈判中，零和的情形是很少见的，谈判过程中总是存在着通过相互交流足够的信息，扩大双方得益的可能。问题的关键在于谈判者以怎样的姿态参加谈判，怎样认识谈判双方之间的关系，是否善于在矛盾中创造价值。事实上谈判的最佳结果是把各自的蛋糕做大，这就要求谈判双方谋求一致，保持良好的沟通，信息共享，进行合作性博弈，通过双方的共同努力降低成本，减少风险，使双方的共同利益得到增长，最终使双方都有利可图，达到良好的博弈结果。

（3）谈判公平理论

管理学中公平理论的基本观点是：当一个人做出了成绩并取得了报酬以后，他不仅关心自己所得报酬的绝对量，而且关心自己所得报酬的相对量。因此，他要进行种种比较来确定自己所获报酬是否合理，以此得出是否公平的结论，这一结论将直接影响他今后工作的积极性。将公平理论应用在谈判中就是所谓的谈判公平理论。

谈判公平理论的基本观点是：一个高明的谈判者必须借助各种谈判技巧，及时察觉谈判对手心理的微妙变化，使谈判各方认为达成的协议对每个人都是相对公平的。然而，公平与否最终都是一个对公平标准的认定问题。例如，200元在穷人与富人之间如何分配可以有以下几种"公平"的方案：

1）以心理承受为标准：150元（富）/50元（穷）分配，因为富人眼里的150元钱只相当于50元钱。

2）以实际需要的补偿原则为标准：150元（穷）/50元（富）分配，因为穷人更需要钱。

3）以平均分配为标准：100元（富）/100元（穷）分配，因为这样才绝对公平。

4）按实际所得为标准：142元（富）/58元（穷）分配，因为富人得到的142元钱纳税后实际所得为58元钱。

（4）谈判唯理论

谈判唯理论是指谈判人员应携理由进入谈判，在谈判中要说理并服从理由的一种观念或者说是一种理性的认识。这种认识包含了三个层次的意思：①谈判工具——理由；②谈判定性——说理；③谈判信念——服理。谈判人员在谈判中运用的理由主要有以下四类：①真理的理由。真理的理由是指客观反映事物真相的理由。这些理由具有真实性、公正性、全面性，故具有较强的说服力。②片面的理由。片面的理由是指仅反映事实部分真相的理由。这些理由在谈判中有一定的说服力，但容易引起对方的进攻。③虚假的理由。虚假的理由是指反映根本不存在的事物的理由，即"编造的理由"。对于那种牛头不对马嘴的虚假理由，人们不难识别。然而，谈判高手却能有效利用虚假的理由为自己的谈判目标服务。④无理的理由。无理的理由是指无视事实真相的理由。这类理由主要是向对方示威，但容易激起对方强烈的反抗。在谈判中，并非所有的谈判人均是"唯理"而谈，有的人则"唯力"而谈，即论谈判的实力；有的人"论关系"，即论谈判人之间的亲疏关系；有的人"论权力"，即认定权力者谈问题；有的人"论机会"，即钻空子、乘人之危谈生意等。因此，"唯理"者虽属谈判的主流，但也不可滥用，必须依情况巧妙运用各类理由，方可取得最佳效果。总体说，应依据谈判对象和谈判阶段以及理由拥有的状态而选择应用。

(5) 原则式谈判

原则式谈判又称为事实型谈判或价值型谈判。最早由美国哈佛大学谈判研究中心提出。是根据价值来取得协议，而不是通过双方讨价还价的过程来做最后的决定，以寻求双方各有所得的方案；当双方的利益发生冲突时，则坚持根据公平的原则来做决定，而不是双方意志力的比赛。原则式谈判所强调的是价值，它不采取诡计，也不故作姿态；它使你既能得到想要的，又能不失风度；它使你既能保持公平，而别人又无法占你便宜。其重点可以浓缩为以下几个基本要点：

1) 将人和问题分开

每个人对事物都有自己的一套看法，因此，不可能要求彼此的意志完全相通。一般情况下，人的感情往往会影响到对待问题的客观立场，一旦立场有明显的对立，私心杂念便油然产生。所以，在讨论实质性问题之前，人和问题必须分开考虑，然后再单独处理。例如，参与谈判的人应将对方当作是并肩合作的同事，只攻击问题，而不攻击对方谈判者。由于谈判时有人为因素存在，当事者之间的关系会对讨论的实质产生微妙的影响。

2) 重点应放在利益上

当把谈判的重点放在立场上，便会蒙蔽双方的目的与利益，以致忘记了自己的最终目标，往往也会陷入无谓的立场之争，使谈判演变为一场意志力的竞赛。所以，谈判时应把重点放在利益上。双方在立场上严重对立，但是利益上却可以调和。

3) 确定客观标准

谈判双方的利益冲突几乎是谈判的必然。例如你要求对方立即发货，而卖方则要求下星期发货；技术引进国千方百计要降低引进技术的成本，而技术转让国要达到的目标恰恰相反等。这种利益上的对立是无法轻易避免的。这时正确的解决方法就是找出与双方的主观意志无关的客观标准，以摆脱掉谈判各方意志的支配，然后按照这一客观标准去寻找和构造创造性的选择，以统一双方的利益，最终以高效率、低代价达成明智的协议。

1.2 商务谈判概述

当今时代，社会生产力获得了空前的发展，人们之间的经济关系越来越密切，经济交往越来越频繁，需要处理的经济利益问题也越来越复杂，因而，商务谈判在现代社会各种活动中占有越来越重要的地位。站在企业的角度，商务谈判不仅构成企业生产经营活动，尤其是市场营销活动的重要内容；而且它的成败与否，也在越来越大的程度上对企业整体系统的运行产生制约作用。

1.2.1 商务谈判的概念

商务谈判中的"商务"一词的含义是指商业事务，即企业的经济事务，以区别于政治事务、外交事务。因此，商务谈判，就是人们为了实现交易目标而相互协商的活动。商务谈判是伴随交换而产生的一种现象，与交换活动紧密相关。但是，这并不意味着一切交换都必须经由谈判来实现。任何交换都要涉及交换的条件，以及如何确定交换条件的问题。交换可分为两大类：一类是惯例化的交换；一类是谈判的交换。前者的交换条件是根据定价和配销的控制计划确定的。例如，在百货商店和超级市场的交换，产品的价格是标定的，并且不能改变。对于这一既定的价格，顾客只要简单地决定买或者不买，买卖双方无须进行谈判。而在后一类交换中，交换条件是不固定的，并且，在进行业务交往的过程中，交换条件也随有关因素的变化而发生变化。在这种情况下，价格和其他交换条件就需要通过双方谈判来最终确定，谈判是直接为确立交换的各项条件服务的。

【案例 1-1】

某零售商与制造商进行一项在销售淡季经销空调电器的谈判。零售商的目的是通过淡季购买，享受价格上的优惠，提高产品的价格竞争能力。而制造商则希望通过淡季销售回笼资金，以使前一阶段的劳动耗费尽快在价值和实物形态上得到补偿。双方都希望通过达成某项协议来实现自身的利益，彼此对利益的共同追求。双方利益追求的实现和需要的满足都依赖于他方，以他方实现利益和满足需要为前提，这是双方在利益上相互依存的一面。但在另一方面，谈判双方又存在着分歧。零售商希望以尽可能低的价格购进空调器，并且在价格以外的其他方面获得好处。而制造商则希望以较高的价格销售空调器，以便在尽可能大的程度上实现产品的价值。在谈判过程中，双方都会设法为自己争取较多的利益，而任何一方获利的大小和需要满足程度的高低，又必然会直接影响到另一方的利益和需要的满足，这是谈判双方在利益上相互对立的一面：一方要取得利益就必须给予对方利益，一方取得利益的大小又直接取决于对方所能得到的利益大小，双方既需要互相交换利益，又必须合理地切割利益。谈判双方这种在利益上既相互依存，又相互对立的关系，体现了商务谈判的实质。从这个意义上讲，商务谈判服从于谈判双方谋求共同利益和需要的满足。商务谈判实际上是人们相互调整利益，减少分歧，并最终确立共同利益的行为过程。

1.2.2 商务谈判的特点

商务谈判除了具有一般谈判的共性特点外还有其个性特点，表现在以下几个方面：

（1）商务谈判双方以追求经济利益为出发点和归宿

谈判的原始动机是满足自身利益，而利益包括经济利益和非经济利益。在商务谈判中当事人的活动都是以追求和实现交易的经济利益为出发点和归宿的。俗话说："亲兄弟，明算账""生意场上无父子"这些都说明在生意场上，追求经济利益的动机是首要的，人情、面子等处在次要的位置。有的谈判者虚荣心比较强，对方奉承几句，就说大话，承诺本不该过早承诺的条件，把谈判计划抛在了一边。有的谈判者怕丢面子，不好意思谈"钱"贻误了战机。有的谈判者动不动发脾气，时常进行人身攻击，不谈正题。谈判双方都是为经济利益而来，双方应该坚持获取"经济利益"这个出发点，并以获取的"经济利益"来衡量这次谈判的效果。当然，追求经济利益在对方不是有损我方的起码尊严的情况下才能实施的。如果对方侮辱我方人格，那么这样的合作伙伴，不要也罢。"放长线，钓大鱼"这句话说明了以小搏大的道理，不要只关注短期利益，还要稳固顾客关系，以获取远大的利益。不要只关注短期利益，不是"不要短期利益"，谈判者要学会兼顾长短期利益。在追求经济利益的时候，"度"是个重要概念，"适度"是个重要原则。过犹不及，"过"和"不及"，都是不适度。谈判者是"适度"追求利益的人。我们常听生意人说"钱是赚不完的"，钱是个好东西，但人的贪婪是要不得的。谈判者要学会"放弃"，因为你一点也不让步，别人一般不会一直让步的，双方都不让步，交易不会实现。生意场上，诱惑很多，"同时追两只兔子，一只也追不到"懂得舍，才能得。动物世界中，优秀的捕食者目标非常明确。正像英国谈判专家盖温在《谈判是什么》这本书中所说：谈判者不是狡猾的狐狸，不是蠢笨的驴子，不是任人宰割的羔羊，而是目标明确、心志坚定的雄鹰。

（2）商务谈判双方的地位是平等的

商务谈判活动不同于行政活动，商务谈判双方没有隶属关系，没有上下级关系，无论双方的经济实力是强是弱，谈判能力是高是低，其地位是平等的。在商务谈判中，当事各方对交易项目及交易条件都拥有同样的否决权。在谈判中，尊重对方的平等地位，是强者有气度的表现。强者也有义务根据对方的意愿和要求，相应地调整自己的需要，互相让步，最终达成一致。同时，弱者更要有胆量争取说话的机会，据理力争，维护自己的整体利益。其实谈判的实质是人际关系，人际交往中，人与人的地位是平等的，只不过有的人或环境故意制造了不平等的假象，如座次、职位等，即使在这些不平等中也要平等地交往。商务礼仪中要求双方互相尊重，还有经常听到的"双赢"，都明显地体现了双方地位的平等。

（3）商务谈判是双方运用经验、智慧、勇气、能力与技巧达成统一意见的过程

谈判各方所得利益的确定，取决于各自的谈判实力和谈判者的能力。谈判实力不仅包括经济实力，还包括时间、空间、信息、权限等方面的因素。谈判中，谈判双方利用自己的谈判实力，逐步精确地切割利益。当然，谈判者的技巧在这其中起到了重要的作用。谈判者技巧的发挥靠的就是谈判人员的经验、智慧、勇气与能力。谈判者的经验是以往学习和实践的积累，帮助谈判者认清现状；智慧可以帮助谈判人员根据现状，调用经验，做出创造性的反应；勇气可以帮助谈判者做出正确的决断；而能力可以帮助谈判人员处理好若干具体的问题。从这个意义上说，谈判人员要做到经验丰富、有勇有谋、能力强。既无谈判能力也无谈判实力，要在谈判中获利是很难想象的。

（4）商务谈判是一门科学，更是一门艺术

谈判是一门科学，是一门综合性的边缘交叉性学科，吸收了多门学科的基础理论，具有某些操作过程中的规范和要点，具有系统的思维过程和工作步骤，有完整的计划策略和实施方案。学者们不断发现一些新的可以遵循的谈判规律。但是，谈判的科学性常常指的是高层次的理论知识。现在现实的商务谈判中游刃有余地驾驭谈判只靠高层次的理论知识是不够的，因为每一次具体的商务谈判都是一次全新的技术上的运用。没有完全相同的两次谈判，下一次谈判不可能完全套用过去的谈判经验。谈判者必须掌握必要的谈判技术，进行技术方面的训练，在实际商务谈判中要靠谈判人员的"悟性"进行创造性的探索，随机应变。有时按照主观的思维进行处理，会达到意想不到的效果。

1.2.3　商务谈判的要素

谈判要素是指谈判的构成因素和内部结构，主要包括：谈判主体、谈判客体和谈判行为及其有机构成。

（1）谈判主体

谈判主体由关系主体和行为主体构成。关系主体是有权参加谈判并承担谈判后果的自然人、社会组织及其他能够在谈判或履约中享有权利、承担义务的各种实体。行为主体是实际参加谈判的人。关系主体和行为主体有时是分离的，有时合而为一。如中国某进出口公司和美国某公司谈判一笔进出口贸易业务，谈判关系主体是两个公司，而行为主体则是两个公司派出的谈判小组。在这种分离的情况下，行为主体要正确反应关系主体的意志对谈判主体有关规定的研究和认识是很有必要的。因为谈判主体是谈判的前提，在谈判中，要注意避免因谈判的关系主体和行为主体不合格，而使谈判失败造成损失。如果谈判的关系主体不合格，便无法承担谈判的后果；如果未经授权或超越代理权等的谈判行为主体则为不合格，谈判的关系主体也不承担谈判的后果。在现实谈判中，由于忽视了事先考虑己方或对方的主体资格，而使谈判归于无效，并遭受经济损失的事例常有发生。特别要注意对对方的主体资格进行审查。不能仅凭对方的一面之词，要审查对方的各种证件，并进行实地考察。在商务谈判中的各种材料主要有自然人身份方面证件、法人资格方面的证件和经济资格方面的证件、代理权方面的证件，技术设备项目进行谈判中涉及履约能力方面的各种设备、设施、技术等证明。如果对方的证件有可疑之处，对方言辞狡辩，就不能与之合作。有的还可以委托有关中介组织，如咨询机构，进行了解考察。

（2）谈判客体

谈判客体是指谈判的议题和标的。议题有属于资金方面的，如价格和付款方式等；有属于技术合作方面的，主要是技术标准方面的问题；有属于商品方面的，如，商品的品质、数量、储存、装运、保险和检验等。总之，涉及交易双方利益的一切问题，都可以成为谈判的议题。标的是承载物质利益的载体，可以是有形物，也可以是劳务或者是知识产权。在一定的社会环境中，谈判的事项受到诸如法律、政策、道德等内容的制约。因此，谈判内容是否符合有关规定，是决定谈判成功的关键。在商务谈判中，搁置不谈的议题，不明确的标的，在合同履行阶段会造成双方的争执，在谈判最后阶段，一定要解决搁置的问题。

（3）谈判行为

谈判行为是以谈判行为主体围绕谈判事项进行的信息交流和观点的磋商。谈判主体是"谁来谈"，谈判客体是"谈什么"，那么谈判行为是"怎么谈"。其内容包括谈判各方信息交流、评判谈判胜负的标准、谈判策略、方式、方法和技巧等。

（4）谈判的结构

谈判行为主体成员组成谈判小组、形成谈判团队，谈判团队制定谈判计划，运用各种理论、策略、通过思维——语言链进行谈判。从这个角度上，行为主体是实施谈判行为的工具。谈判客体是各项议题和标的，体现为各种条件、合同条款；而一定时间段下的谈判行为是一个谈判过程。从谈判的结构上看，谈判是谈判主体（谈判工具）在一定理论和要求（谈判理论）指导下，要经过准备、开局、商、成的过程（谈判过程），完成准备和协商谈判客体（谈判条件），谈判的各要素有机组成了谈判结构。对谈判的所有论述都是这个结构中的一部分。

1.2.4　商务谈判的价值评判标准

人们参加谈判是想借此来满足各自的某些需要，每一个谈判者都希望谈判能够取得理想的结果。参与谈判的人可能有着不同的要求，但追求谈判的成功则是所有谈判者共同的心愿。那么，什么样的谈判才可以称之为成功的谈判，如何来衡量商务谈判的成功与否呢？谈判是一项互惠的合作事业。从这个意义上讲，我们可以把评价商务谈判是否成功的价值标准归纳为以下三个方面：

（1）谈判目标的实现程度。人们在参加谈判时，总是把自己的需要转化为一定的谈判目标。谈判的最终结果有没有达到预期目标，在多大程度上实现了预期目标，这是人们评价一场商务谈判是否成功的首要标准。很少有人在对方获得很多，而自己获得甚少，需要没有得到满足的情况下，认为这场谈判是成功的或理想的。

（2）谈判的效率。谈判是要花费一定的成本的。谈判的成本可分为三种：第一种成本是为了达成协议所做出的让步。这里指预期谈判收益与实际的谈判收益之差。第二种成本是为谈判而耗费的各种资源即支出的人力、物力、财力和时间。第三种成本是企业的一部分资源（人、财、物、时间等）因参加该项谈判而被占用和消耗，失去了其他的盈利机会，损失了可望获得的价值，即机会成本。在上述三种成本中，由于人们对谈判桌上的得失非常敏感，所以往往比较多地注重第一种成本而忽视第二种成本，对第三种成本考虑得更少。谈判的效率就是指谈判所获收益与所费成本之间的对比关系。如果所费成本很高而收益甚小，显然谈判是不经济的、低效率的。

（3）人际关系。谈判是人们之间的交流活动。就商务谈判而言，谈判的结果不只是体现在最后价格的高低、市场份额的划分、资本与风险的分摊、利润的分配等经济数字上，它还体现在人们之间的关系上，即还要看谈判是促进和加强了双方的友好合作关系，还是因此而削弱瓦解了双方的友好关系。精明的谈判者往往是有战略眼光的，他们不计较，也不过分看重某一场谈判的得失多少，而是着眼于长远，着眼于未来。虽然在这一次的谈判中少得了一些，但只要有良好的合作关系存在，长期的收益将足以补偿目前的损失。因此在谈判中他们非常重视建立和维护双方友好合作关系，而不是去做那种"过路买卖"和"打游击战"。

根据以上三个评价标准，一场成功的或理想的谈判应该是：通过谈判不仅使本方的需要得到满足，也使对方的需要得到满足，双方的友好合作关系得到进一步的发展和加强，并且整个谈判是高效率的。

1.3　商务谈判的原则与类型

1.3.1　商务谈判的原则

商务谈判的基本原则也是商务谈判的指导思想、基本准则。遵循必要的商务谈判原则是取得商务谈判成功的基本保证。

（1）平等原则

平等原则，要求谈判双方坚持在地位平等、自愿合作的条件下建立谈判关系，并通过平等协商、公平交易来实现双方权利和义务的对等。商务谈判是涉及谈判双方的行为，这一行为是由谈判双方共同推动的，谈判的结果并不取决于某一方的主观意愿，而是取决于谈判双方的共同要求。在商务谈判过程中谈判双方都是独立的利益主体，他们共同构成了谈判这一行为的主体，彼此的力量不分强弱，在相互关系中处于平等的地位。从某种意义上讲，双方力量、人格、地位等的相对独立和对等，是谈判行为发生与存在的必要条件。如果谈判中的某一方由于某些特殊原因而丧失了与对方对等的力量或地位，那么另一方可能很快就不再把他作为谈判对手，并且可能试图去寻找其他的途径而不是谈判来解决问题，这样，谈判也就失去了它本来的意义。在现代市场经济条件下，作为贸易双方的经济实体，谈判双方的法律地位完全平等，不论国家大小、经济实体实力强弱，都要平等相待。同时，商品交换客观上要求自愿交易，不存在谁支配谁的问题，是否成交或怎样成交都要通过双方充分协商。在谈判中以势压人，以大欺小，以强凌弱，把自己的意志强加于对方，这是不允许的。

（2）互利原则

商务谈判是一项互惠的合作事业。在任何商务谈判中，双方都应该是平等相待，互惠互利的。平等互利反映了商务谈判的内在要求，是谈判者必须遵循的一项基本原则。参与商务谈判的双方都想实现自己的目标，都有自己的利益，并希望通过谈判获取尽可能多的利益，因此谈判双方都是"利己"的；但对谈判双方而言，任何一方要实现自己的利益，就必须给予对方利益，每一方利益的获取都是以对方取得相应利益为前提，因此，谈判双方又都必须是"利他"的。每一项商务谈判都包含了上述相互依存互为条件的两个方面。商务谈判必须在平等的基础上进行，谈判所取得的结果应该对双方都有利，互惠互利是谈判取得成功的重要保证。但这并不是说双方从谈判中获取的利益必须是等量的，互利并不意味着利益的相等。在谈判过程中任何一方都有权要求对方做出某些让步的同时，任何一方又都必须对他方所提出的要求做出相应的反应。让步对于确立双方利益而言是必需的，但让步的幅度在不同的谈判方又可以是不相等的。谈判双方为了某些共同的需要而走到一起，互相合作；同时，谈判双方又都有着自己的需要，他们作为不同的利益主体相互对立发生冲突。如果谈判的某一方只考虑自己的利益，只想满足自己的需要，那么，这种谈判就缺乏最起码的基础，最终也不能获得理想的结果。许多谈判者往往过分强调商务谈判中的冲突因素，他们认为可用来获取的利益是有限的，固定不变的，而没有意识到通过合作，他们还可能找到更有效解决问题的途径。西方学者常常用合作制作更大馅饼的情况来说明这一问题。这是一种典型的"赢-赢"式的谈判，其重点是合作，而不冲突。例如，美国纽约印刷工会领导人伯特伦·波斯以"经济谈判毫不让步"而闻名全国。他在一次与报业主进行的谈判中，不顾客观情况，坚持强硬立场，甚至两次号召报业工人罢工，迫使报业主答应了他提出的所有要求。报社被迫同意为印刷工人大幅度增加工资，并承诺不采用排版自动化等先进技术，防止工人失业。结果是以波斯为首的工会一方大获全胜，但却使报业主陷入困境。首先是三家大报被迫合并，接下来便是倒闭。最后全市只剩下一家晚报和两家晨报，数千名报业工人失业。这一结果清楚地说明，由于一方贪求谈判桌上的彻底胜利，导致了两方利益的完全损失。当然，在谈判中，50％对50％的做法仅仅是一种可能的结果，更为常见的是谈判各方都力图从那一块较大的馅饼中取得较多的一份，尽管商务谈判强调合作更甚于强调冲突，但在任何一项谈判中又都存在冲突的因素。一个出色的谈判者应该善于合理地利用合作和冲突，在平等互利的基础上，努力为本方争取最大的

（3）合法原则

合法原则，指商务谈判必须遵守国家的法律、政策，国际商务谈判还应当遵循有关的国际法和对方国家的有关法律法规。它具体体现在谈判主体合法、谈判议题合法、谈判手段合法三个方面。凡是违反社会公共利益协议，或是通过命令、欺诈、胁迫等手段所签订的合同和代理人超越代理权限签订的合同，都是无效合同。无效合同从订立时起，不仅得不到法律的承认和保护，而且还要承担由此引起的法律责任。因此，商务谈判的内容及其最终签订的协议只有遵循合法原则，才具有法律效力。

（4）信用原则

信用原则，要求谈判双方都要讲信用，重信誉，遵守和履行诺言或协议。信用有如下几种含义：其一，在谈判中，讲真话，不说假话，这叫"言必信"；其二，遵守诺言，实践诺言，这叫"行必果"；其三，商业信誉信用是诚信无欺的职业道德，也是谈判双方交往的感情基础。讲求信用，表里如一，能给人以安全感，使人愿意同你洽谈生意，还有利于消除疑虑，促进成交，进而建立长期的商务关系。如果谈判人员不讲信用，出尔反尔，言而无信，那么要取得对方的合作是不可能的。为此，商务谈判人员及其经济实体要坚持信用原则，以信誉为本，实事求是，言行一致，取信于人。同时，在谈判中也要注意不轻易许诺，而一旦承诺或达成协议就必须严格履行。

（5）协商原则

商务谈判过程是一个调整双方利益，以求得妥协的过程，每个谈判者所做的一切都是为了维护己方的利益。双方利益的不同，必然会引起这样或那样的分歧与冲突，这就要求双方都应以友好协商的原则解决问题，以求达成一个明智、友好的协议。协商原则要求谈判人员在谈判中对人谦让、豁达、宽容，将原则性和灵活性有机结合，以便更好地达到谈判目的。在商务谈判中，既要坚持原则性，又要保持灵活性；对于关系己方根本利益的原则问题寸步不让，但又要避免简单粗暴；要以不卑不亢的态度，从实际出发，耐心地、反复地说明立场，争取对方的理解和接受。对某些非原则性问题，则可以在不损害己方根本利益的前提下，必要时做出一些让步。在整个谈判过程中，应努力做到有理、有利、有节，以理服人。即使遇到重大分歧，几经协商仍无望获得一致时，宁可中止谈判，另选谈判对象，也不能违反友好协商的原则。谈判当事人应把眼光放长远一些，互相谅解，生意不成友谊长存。

1.3.2 商务谈判的类型

在现实生活中存在的大量商务谈判，其行为是各不相同的，我们可以按照一定的标准把商务谈判划分为各种不同的类型，这些不同类型的商务谈判各有其特点，对实际的谈判行为也有不同的要求。

（1）个体谈判与集体谈判

根据参加谈判的人数规模，可以将商务谈判区分为个体谈判与集体谈判两种类型。前一种类型，双方都只有一个人参加，一对一地进行协商洽谈；后一种类型，双方都有两个或两个以上的人员参加谈判。当然，在集体谈判中双方参加谈判的人数并不一定要完全相同，谈判的人数规模不同，在谈判人员的选择、谈判的组织与管理等许多方面就有不同的要求。例如，谈判人员的选择：如果是个体谈判，那么参与谈判的人员必须是全能型的，他需要具备该项谈判所涉及的各个方面的知识，包括贸易、金融、技术、法律等方面的知识。同时，他还必须具备完成该谈判所需的各种能力。因为对本方而言，整个谈判始终是以他为中心的，他必须根据自己的知识和经验，把握谈判行为的发展趋势，对谈判中出现的各种问题，必须及时地做出分析，予以处理，独立地做出决策。如果是集体谈判，则可以选择一专多能型的谈判人员，他们可能分别是贸易、技术和法律方面的专家，相互协同，构成一个相互密切配合的谈判班子。

个体谈判有着明显的优点，那就是谈判者可以随时有效地把谈判的设想和意图贯彻到实际的谈判行为中，但由于只有他一个人独立应付全局，不易取得本方其他人员及时而必要的帮助；集体谈判有利于充分发挥所有谈判人员的特长，形成整体团队的优势。但如果谈判人员之间配合不当，就会增加内部协调意见的难度，在一定程度上影响谈判的效率。一般来说，关系重大而又比较复杂的谈判大多是集体谈判，反之则可采用个体谈判。

（2）双边谈判与多边谈判

根据参加谈判的利益主体的数量，可以把商务谈判划分为双边谈判和多边谈判。双边谈判是只有两个利益主体参加的谈判，多边谈判则是指有两个或两个以上的利益主体参加的谈判。在这里，利益主体实际上就是指谈判行为主体，可以是自然人，也可以是法人组织。任何一项谈判都必须至少有两个谈判方，当然在某些情况下也完全可以多于两方。

例如，政府为阻止罢工而卷入了工会与资方谈判之中，或者两个以上的国家共同谈判一项多边条约等。但无论谈判是由两方或多方参与，谈判各方都必然存在着特定的利益关系。一般而言，双边谈判的利益关系比较明确、具体，彼此之间的协调也比较容易。相比之下，多边谈判的利益关系则较为复杂，各方的协调要困难得多。例如，在建立中外合资企业的谈判中，如果中方是一家企业，而外方也是一家企业，彼此的关系就比较容易协调。如果中方有几家企业，外方也有几家企业，谈判的难度就将明显增大。因为中方几家企业之间存在利益上的矛盾，互相要进行协商，求得一致；外方几家企业之间也存在着利益冲突，同样需要进行协商。在此基础上，中外双方都应该不断整合自己的需要，做出一定程度的让步，中外双方企业之间才能合资谈判。而无论是中方或者外方做出让步，都会涉及中方各企业或外方各企业之间的利益，因而中方企业之间以及外方企业之间又必须通过不断协商，求得彼此的协调一致。最终形成的协议，也必须兼顾到每个谈判方的利益，使参与谈判的各个企业都能得到相应的利益和满足。因此，与双边谈判相比，多边谈判的利益关系错综复杂，各方之间不达成一致意见，协议的形成往往十分困难。

（3）口头谈判与书面谈判

根据谈判双方接触的方式，可以将商务谈判区分为口头谈判和书面谈判。口头谈判是指双方的谈判人员在一起，直接进行口头的交谈协商。书面谈判则是指谈判双方不直接见面，而是通过信函、电报等书面方式进行商谈。

口头谈判的优点主要是便于双方谈判人员交流思想感情。在谈判过程中，双方人员之间保持着经常性的接触。双方不仅频繁地就有关谈判的各个事项进行磋商，而彼此之间的沟通往往会超出谈判的范畴，在谈判以外的某些问题上取得一致的认识，进而使谈判过程融入了情感的因素。我们不难发现，在某些商务谈判中，有些交易条件妥协让步就完全是出于感情上的原因。此外，面对面的口头谈判，有助于双方对谈判行为的发展变化做出准确的判断。谈判人员不仅可以透过对方的言谈，分析、把握其目的，还可以通过直接观察对方的面部表情、姿态动作了解其意图，并借以审查对方的为人及交易的诚信程度，避免做出对己方不利的决策。但是，口头谈判也有其明显不足，在一般情况下，双方都不易保持谈判立场的不可动摇性，难以拒绝对方提出的进一步要求。

书面谈判在双方互不谋面的情况下即可进行，借助于书面语言互相沟通，谋求彼此的协调一致。它的好处在于：在表明己方的谈判立场时，显得更为坚定有力，郑重其事；在向对方表示拒绝时，要比口头谈判形式更为方便。特别是在己方与对方人员建立了良好的人际关系的情况下，通过书面形式既直接表达了本方的态度，又避免了口头拒绝时可能出现的尴尬场面，同时也给对方提供了冷静分析问题，寻找应对策略的机会；在费用支出上，书面谈判也比口头谈判节省得多。书面谈判的缺点在于：不利于双方谈判人员的相互了解，并且信函、电报、电传等所能传递的信息是有限的，谈判人员仅凭借各种文字资料，难以及时、准确地对谈判中出现的各种问题做出反应，因而谈判的成功率较低。一般来说，书面谈判适用于那些交易条件比较规范、明确，谈判双方彼此比较了解的谈判。对一些内容比较复杂、交易条件多变，而双方又缺乏必要了解的谈判，则适合采用口头谈判。随着交换本身的变革以及现代通讯业的发展，电话、网络谈判作为介于口头谈判与书面谈判之间的一种新的谈判类型，也已经逐渐地发展起来了。

(4) 主场谈判、客场谈判与中立地谈判

根据谈判进行时所在的地点，可以将商务谈判分为主场谈判、客场谈判和中立地谈判三种类型。主场谈判是指在本方所在地进行的谈判；客场谈判是指在另一方所在地进行的谈判。对于某一项谈判来说，如果谈判是在该方所在地进行，该项谈判对于该方称主场谈判，与此相对应，该项谈判对于另一方而言就称为客场谈判。所谓中立地谈判则是指在谈判双方所在地以外的其他地点进行的谈判。

不同的谈判地点使谈判双方具有不同的身份，并由此而导致了双方在谈判行为上的某些差别。如果某项谈判在某一方所在地进行，该方就是东道主，他在资料的获取，谈判时间与谈判场所的安排等各方面都将拥有一定的便利条件，就能较为有效地配置为该谈判所需的各项资源，控制谈判的进程。对于另一方来说，他是以宾客的身份前往商谈的，己方的行为往往较多地受到东道主一方的影响，尤其是在对谈判所在地的社会文化环境缺乏了解的情况下，面临的困难就更大。当然，谈判双方有时完全不必受困于身份差异，可以采取灵活的策略和技巧来引导谈判行为的发展。但身份差异所造成的双方谈判环境条件上的差别，毕竟是客观存在的。为了消除可能出现的不利影响，一些重要的商务谈判往往选择在中立地进行。

(5) 让步型谈判、立场型谈判与原则型谈判

根据谈判中双方所采取的态度和方针，可以把商务谈判划分为让步型谈判、立场型谈判和原则型谈判三种类型。

1) 让步型谈判

所谓让步型谈判是指谈判者偏重于维护双方的合作关系，以争取达成协议为其行为准则的谈判。在让步型谈判中，谈判总是力图避免冲突。为了达成协议，他们随时准备做出让步，希望通过谈判签订一项令双方满意的协议。让步型的谈判者不是把对方当作敌人，而是看成朋友来对待，他们的目的在于达成协议而不是取得胜利。因此，让步型谈判也称为软式谈判，较之利益的取得，谈判者更注重建立和维护双方的合作关系。在一项让步型

的谈判中，一般的做法是：提议、让步、信任、保持友善，以及为了避免冲突而屈服于对方，如果谈判双方都能以宽宏大度的心态进行谈判，那么谈判中出现冲突的成分就会减少到很低的程度，达成协议的可能性及谈判的效率都将是比较满意的。而且，彼此良好合作也会使双方的关系得到进一步加强。但在现实的谈判活动中，这种情况很少发生。在绝大部分场合，许多谈判者都避免这种为了达成协议而不顾实际利益的做法，尤其在面临强硬的谈判对手时更是如此。让步型谈判通常只限于在双方的合作关系为良好，并有长期业务往来的情况下使用，而且双方所持的态度和谈判的方针必须是一致的。

2）立场型谈判

立场型谈判也称硬式谈判，是指参与者只关心自己的利益，注重维护己方的立场，轻易不向对方做出让步的谈判。立场型谈判者在任何情况下都将谈判看作是一场意志力竞赛，认为在这样的较量中，态度越是强硬，立场越是坚定，最后的收获也就越大。在立场型谈判中，谈判双方的注意力都集中在如何维护自己的立场，否定对方的立场上。谈判者只关心自己的需要，以及从谈判中能够得到的利益，而无视对方的需要及对利益的追求。他们总是利用甚至创造一切可能的冲突机会向他方施加压力，忽视去寻找能兼顾双方需要的合作途径。立场型谈判者往往在谈判开始时提出一个极端的立场，并始终坚持强硬的态度力图维护这一立场，只有在迫不得已的情况下，才会做出极小的松动和让步。如果谈判双方都采取这样的态度和方针，双方极易陷入立场性争执的泥潭，在根本难以找到共同点的问题上付出无谓的努力，增加谈判的时间和成本，降低谈判的效率。即使某一方屈于对方的意志力，被迫做出让步并最终签订协议而其内心则是不以为然，甚至是极为不满的。因为在该项谈判中，他的需要并未得到应有的满足。这种结果很可能导致他有意消极地对待协议的履行，甚至想方设法阻碍破坏协议的执行。从这个意义上讲立场型谈判没有真正的胜利者。

3）原则型谈判

所谓原则型谈判，是指参与者既注重维护合作关系，又重视争取合理利益的谈判类型。在原则型谈判中，双方都将对方当作与自己并肩合作的同事，而不是作为敌人来对待。他们注重与对方建立良好的人际关系，但又不像让步型谈判那样，只强调维护双方的合作关系，而忽视利益的获取。原则型谈判者注意协调双方的利益而不是双方的立场。他们尊重对方的基本需要，寻求双方在利益上的共同点。谈判双方都努力争取自己的利益，当双方的利益发生冲突时，则坚持在公平的基础上协调双方的冲突，以获取对双方都有利的结果。因此，原则型谈判也称价值型谈判。原则型谈判者认为，在谈判双方对立的立场背后，既存在冲突性的利益，也存在共同性的利益。立场的对立并不意味着双方在利益上的彻底对立。只要双方立足于共同的利益，以合作的姿态去调和冲突性的利益，双方就可能寻找到既符合本方利益，又符合对方利益的替代性立场。原则型谈判强调通过谈判而取得的"价值"。这个价值既包括经济上的价值，又包含了人际关系上的价值。因而，原则型谈判是一种既理性而又富于人情味的谈判，在现实的谈判活动中具有很广泛的实用意义。

(6) 投资谈判、货物（劳务）买卖谈判与技术贸易谈判

根据谈判的事项即所涉及的经济活动内容，可以把商务谈判划分为多种形态，其中最主要的是投资谈判、货物（劳务）买卖谈判和技术贸易谈判，其他还有租赁谈判、承包谈

判等。

1) 投资谈判

投资就是把一定的资本投入和运用于某一项以营利为目的的事业。所谓投资谈判是指谈判双方就双方共同参与或涉及双方关系的某项投资活动所要涉及的有关投资的目的、投资的方向、投资的形式、投资的内容与投资项目的经营与管理，以及投资者在投资活动中权利、义务、责任和相互之间的关系所进行的谈判。

2) 货物（劳务）买卖谈判

货物（劳务）买卖谈判是一般商品的买卖谈判。即买卖双方就买卖货物本身的有关内容，如数量、质量、货物的转移方式和时间，买卖的价格条件与支付方式，以及交易过程中双方的权利、责任和义务等问题所进行的谈判。劳务买卖谈判是劳务买卖双方就劳务提供的形式、内容、时间、劳务的价格、计算方法及劳务费的支付方式以及有关买卖双方的权利、责任、义务关系所进行的谈判。由于劳务具有明显区别于货物的各项特征，所以劳务买卖谈判与一般的货物买卖谈判有所不同。

3) 技术贸易谈判

技术贸易谈判是指技术的接受方（即买方）与技术的转让方（即卖方）就转让技术的形式、内容、质量规定、使用范围、价格条件、支付方式以及双方在转让中的一些利益、责任、义务关系问题所进行的谈判。技术作为一种贸易客体有其特殊性。例如技术的交易过程具有延伸性、技术市场价格完全由交易双方自由议定等。因此，技术贸易谈判不仅有别于一般的货物买卖谈判，与劳务买卖谈判相比也存在一定的差异。

本章内容总结：

商务谈判是谈判的一种类型，所以学习商务谈判要从学习谈判入手。谈判是人们为各自的目的而相互协商的活动，它有目的性、相互性、协商性、得失性、说服性、结果互惠但不均等、合作与冲突并存等特征。现代谈判理论主要有谈判需要理论、谈判博弈论、谈判公平理论、谈判唯理论等。商务谈判是人们为了实现交易目标而相互协商的活动。评判一次商务谈判是否成功的价值标准主要有谈判目标的实现程度、谈判效率、人际关系状况三个方面；要有效而公正地进行商务谈判就必须坚持平等原则、互利原则、合法原则、信用原则、协商原则等合乎道德、法律、习俗的商务谈判原则；商务谈判的类型多种多样，重点了解个体谈判与集体谈判；双边谈判与多边谈判；口头谈判与书面谈判；主场谈判、客场谈判与中立地谈判；让步型谈判、立场型谈判与原则型谈判；投资谈判、货物（劳务）买卖谈判与技术贸易谈判六种划分类型。

核心概念：

谈判；商务谈判；谈判需要理论；谈判博弈论；让步型谈判；立场型谈判

课堂讨论：

（1）为什么学习谈判？

（2）如何正确运用谈判需要理论？

（3）什么是原则式谈判？它对谈判有什么重要指导意义？

（4）简述商务谈判的概念与特征？

（5）如何全面理解谈判平等原则？

（6）软式谈判与硬式谈判在实践中各有怎样的应用？

课后自测:

一、单项选择

1. 你认为谈判是为了( )。
   A. 达成公平、对等的交易
   B. 让对方接受自己的观点
   C. 与对方联合做出决定,尽可能照顾双方利益
   D. 达成妥协

2. 商务谈判追求的主要目的是( )
   A. 让对方接受自己的观点　　B. 让对方接受自己的行为
   C. 互惠的经济利益　　D. 平等的谈判结果

二、多项选择

1. 原则式谈判所指出的原则是( )。
   A. 把人与问题分开　　B. 集中于利益而非立场
   C. 构思对彼此有利的方案　　D. 坚持客观标准

2. 谈判过程可以分为( )。
   A. 准备阶段　　B. 开局阶段
   C. 磋商阶段　　D. 成交阶段

3. 谈判"成功模式"的步骤是( )。
   A. 制定洽谈计划　　B. 建立洽谈关系
   C. 达成洽谈协议　　D. 履行洽谈协议和维持良好关系

三、简答

1. 请简述谈判和商务谈判的内涵。
2. 商务谈判的特点有哪些?
3. 商务谈判的原则有哪些?怎么用这些原则?
4. 商务谈判的成功模式有哪些内容?

案例分析:

与经销商的谈判

小民毕业后进入一家汽车制造公司。第一天上班,他跟随营销经理考察市场,发现其他品牌汽车纷纷降价,本公司的经销商顶不住市场压力,自行降价,结果导致同一级经销商价格不一,互相杀价,市场很混乱。小民帮助营销经理与经销商协商新的经销模式,要求同一级经销商只能独家经销某一款汽车。要卖其他款式汽车也可以,但只能做该地区该款汽车独家经销商的代理商,只拿佣金。避免了互相杀价的局面。但是,由于经销商只能"经销"一款汽车,不少经销商利益少了,产生了不少怨言。某省一家大经销商仰仗多年强大的经销实力,联合其他一些经销商,与汽车制造公司谈判。这给小民和营销经理不小的压力。小民虽不善言辞、忠厚老实,但面对这种情况,他认为屈服会造成恶性循环,后果不堪设想,如果稍作让步经销商仍不同意,只有"杀鸡儆猴"。谈判中,双方互不相让,产生了僵局。小民和营销经理果断地把那家狂妄自大的大经销商踢出了局,镇住了其他经销商。最后,小民和营销经理的新模式奏效,短期内扭转了市场局面。出人意料的是,那家大经销商左顾右盼没有经销其他品牌汽车的机会,又向小民抛出了绣球。小民不计前

嫌，与那家大经销商又进行了一次谈判。这一次，那家大公司更多地站在小民的角度考虑问题，不再一意孤行了。

分析思考：

（1）小民这样做是否冒险，利用谈判的什么特点取得成功？

（2）小民抓住了经销商的什么关注点，引导谈判取得成功？

（3）对于本案例，同学们对于谈判有怎样的理解与思考？

2 商务谈判礼仪

能力目标：

通过本章的学习，学生应该能够：
1. 了解商务礼仪的含义、特点；
2. 掌握商务礼仪的作用和原则；
3. 掌握商务谈判过程中的各种礼仪；
4. 在商务谈判活动中灵活运用各种礼仪。

案例导读：

侯 嬴 与 信 陵 君

战国时期，魏国有个隐士，名叫侯嬴。他生活贫困，七十多岁了，还在大梁城东门做守门小吏。

当时，魏国公子信陵君招贤纳士，家中门客多达三千。他听说侯嬴为人贤能，很有计谋，就派人前去问候，并赠送厚礼。侯嬴不肯接受，说："几十年来，我一直保持着高洁的品德，总不能因为贫穷的缘故，就接受公子的礼物。"信陵君决定亲自上门邀请。为此，他特地大摆酒席，宴请宾客。等客人全部到齐坐定后，他带着随从的车马，空出车上左边的座位，前往东门邀请侯嬴。侯嬴想观察一下信陵君对自己的态度，就穿着旧衣旧帽，登上车子，也不谦让，大大咧咧地坐在左边的空位上。只见信陵君拉着驾车的缰绳，态度更加谦恭了。侯嬴上车以后，又告诉信陵君："我有个朋友在街上肉店里，想烦劳你的车子让我去拜访他一下。"于是，信陵君又驾着车子上街，到了肉店门前。侯嬴下车去见他的朋友朱亥，故意跟朱亥讲了很久，同时斜眼偷看信陵君的表情。只见信陵君脸色温和，没有丝毫不耐烦的样子。这时，信陵君府中文武大臣坐满一堂，都在等候信陵君回府主持宴会。街上的人都在围观信陵君为侯嬴拉着缰绳驾车。信陵君的随从都恼火起来，没有一个不在暗暗地痛骂侯嬴。侯嬴看到信陵君的态度始终非常恭敬，这才告别朱亥，登车上路。信陵君回府后，请侯嬴坐在首席，向宾客们介绍侯嬴，并赞扬他的贤德。宾客们见首席上坐的竟是一个看守城门的穷老头儿，都大吃一惊。

酒喝得正高兴的时候，信陵君站起身来，向侯嬴敬酒祝寿。侯嬴乘机对信陵君说："今天我对公子为难得也够了！我只是一个守门的下等人，公子却亲自驾车来接我；本来我不该在路上再去拜访别人，公子竟特地陪我去访客。而我也想利用这个机会成就公子礼贤下士的名声，所以故意让公子的车马在街上停了很长时间。我和客人谈话时，观察公子的态度，公子却更加恭敬了。这样，街上的人都会把我当作小人，而以为公子是一个品德高尚的贤人。"直到这时，大家方才明白侯嬴这些做法的用意。这次宴会以后，侯嬴成了信陵君府上的贵客。（《史记·魏公子列传》）

案例侯嬴与信陵君的故事，是中华传统礼仪的典型——待人以敬。礼仪作为一种道德规范,是人类文明的重要表现形式;作为一种交际规范,是对谈判对手的尊敬。它在一定程度上反映了一个国家、一个民族、一个地区或一个人的文明、文化、素养以及社会道德风范。因此,懂得并掌握必要的商务礼仪,是商务人员必须具备的基本素养。从现代商业发展的历史和趋势来看,成功的商业企业组织在激烈的市场竞争中要站稳脚跟以求得迅速发展,重要因素之一就是善于运用商务礼仪,以便在社会公众中树立企业形象,从而赢得较好的美誉度以便更好地发展。

2.1 商务礼仪概述

2.1.1 商务礼仪的含义

商务礼仪是商务人员在商务活动中,用以维护企业或个人形象,对交往对象表示尊重与友好的行为和准则。商务礼仪是社会礼仪的重要组成部分,但它又不同于一般的人际交往礼仪,是一般礼仪在商务活动中的运用和体现,并且比一般人际交往礼仪的内容更为丰富。

2.1.2 商务礼仪的特点

商务礼仪既然是商务活动中不可或缺的重要内容及商务活动成功的重要条件,它必然有其内在的重要特点:

(1) 商务礼仪具有等级性

不同身份、不同级别的人要求得到的待遇是不一样的。在官方的商务活动中,要确定礼宾的次序,这些次序都要符合国际惯例,具有一定的强制性。不同的等级,规定了不同级别的待遇。这是国际交往秩序的体现,是工作需要和礼仪需要的统一。

(2) 商务礼仪具有信用性

要从事商务活动,必定有双方利益上的需要,而不是单方的利益要求,因此,在商务活动中,诚实、守信非常重要。所谓诚实,即诚心诚意参加商务活动,力求达成协议,而不是夸夸其谈,不着边际,毫无诚意。所谓守信,就是言必信,行必果。即签约之后,一定履行,如果因意外,而不能如期履行,那么应给对方一个满意的结果来弥补,而不应该言而无信,决而不行。

(3) 商务礼仪具有时代性

不同时期的礼仪具有不同的时代特点,所以,人们应该关注礼仪的变化,不要以为礼仪是一成不变的,可以完全照搬。而是应该在实践中多观察、多学习,力求适应礼仪的变化。

(4) 商务礼仪具有差异性

商业活动是随着经济的发展而发展,每一个时代的经济又受地域、政治、文化等多种因素的影响,因而形成了世界上不同国家、不同民族在商务礼仪上的诸多差别。也就是说,在不同的场合、不同的对象中,对礼仪有不同的要求。因而,了解和掌握商务礼仪,针对不同的对象提供相应的服务,有利于商务活动的长期交往。

2.1.3 商务礼仪的作用

礼仪在一定程度上是一个国家的文明标志,国人礼仪素质的提高,也是精神文明建设的重要内容。礼仪一直是我国传统文化的核心。古人云"礼义廉耻,国之四维",将礼仪列为立国的精神要素之本。在商务活动中，遵守礼仪、应用礼仪，有利于提高企业服务质量、服务水平，树立良好的形象，提高信誉。商务礼仪的作用主要体现在以下几个方面：

(1) 有利于塑造个人形象

在商务活动中讲究礼仪，可以充分展示商务人员良好的教养与优雅的风度；可以更好地向交往对象表示尊重、友好和诚意。讲究礼仪、遵守礼仪规范也能帮助人们修身养性，完善自我，不断提高个人的道德修养。

(2) 有助于树立企业形象

商务人员是企业的代表，他们的个人形象代表着企业形象，代表地方和国家形象，良好的企业形象可以给组织带来无穷的社会效益。因此，从企业的角度而言，无论是领导还是员工，都应该有强烈的形象意识。企业可以通过规范周到的服务等方面来塑造企业的整体形象，提高企业的信誉和竞争力。从礼仪角度而言，任何组织内的个人，都应重视商务礼仪的学习，自觉掌握商务礼仪的常识，塑造良好的组织形象。

(3) 促进商业活动的顺利进行

有交往才有交换，在从事商务活动中，必会与他人打交道，商务礼仪可以使自己显得有教养，懂礼节，以取得对方的信任。可避免不必要的误会，使双方沟通更顺畅，以增进理解，加深友谊，在良好的气氛中达成交易。商务礼仪在商业活动中产生，又反过来服务于商业活动，促进了商业活动的发展。

2.1.4　商务礼仪的原则

商务礼仪也是一种道德修养，它属于道德规范中最基本的社会公德的范畴。如礼貌待客、举止文明、诚实守信等，既是商务礼仪规范，又是基本的道德要求。随着信息沟通的普遍性和全球一体化的趋势，商务活动已经不只是"一方土地上的交易活动"。因此，商务礼仪也随之发展而形成了一系列全球商务人士共同遵守的商务礼仪原则。

(1) 平等原则

现代商务礼仪中的平等原则，是指以礼待人，既不能盛气凌人，又不能卑躬屈膝。平等原则是现代商务礼仪的基础，是现代商务礼仪区别于以往礼仪的最主要原则，也是商务礼仪最根本的原则。但平等又是相对的，不是绝对的。由于现实生活中，人们之间存在着经济条件、政治条件、尊卑长幼、男女性别等方面的差异，反映到礼仪上来，必然产生礼仪形式上的差异。如中国接受了西方国家盛行的女士优先的礼仪；发表演说，称谓上应先女士，后男士；男士应主动邀请女士跳舞等。另外，待客时，主人应首先征询客人的意见。这些礼仪形式的差异及礼宾过程中的先后顺序，并非"看人下菜碟"，而是平等原则的必要补充。

英国著名戏剧家、诺贝尔文学奖获得者萧伯纳有一次访问苏联，在莫斯科街头漫步时遇到了一位聪明伶俐的苏联小女孩，便与她玩了很长一段时间游戏。分开时，萧伯纳对小姑娘说回去告诉你妈妈，今天同你一起玩的是世界著名的萧伯纳。小姑娘望了望萧伯纳，学着大人的口气说："回去告诉你妈妈，今天同你一起玩的是苏联小姑娘安妮娜"。这使萧伯纳大吃一惊，立刻意识到自己太傲慢了。后来他经常回忆起这件事，并感慨万分地说："一个人不论有多大的成就，对任何人都应该平等相待，要永远谦虚。这就是苏联小姑娘给我的教训，我一辈子也忘不了她。"

(2) 互相尊重原则

商务交往中的礼仪，实质上体现的就是对对方的尊重。商务礼仪中的尊重原则，是指致礼施仪时要体现出对他人真诚的尊重，而不能藐视他人。尊重是礼仪的情感基础，离开了尊重，礼仪只能是矫揉造作，虚情假意。在商业活动中应特别注意尊重对方的意愿和人格尊严。不管发生什么情况，都要保持高姿态，友好的态度有助于赢得对方的尊重与好感。

(3) 诚信原则

诚信，是指遵时守信，"言必信，行必果"。诚信在人际交往中是非常重要的。普通的人际交往中，都必须博得人们的信赖，才更有利于自己的成功。在商务活动中更应该注重诚信，做到言行一致，遵守时间，遵守约定。在商务活动中，一是要守时，与人约定时间的会见、会谈、会议等，决不拖延、迟到；二是要守约，即与人签订的协议、约定和口头答应的事要说到做到。万一出现特殊情况，不能履约时，应当尽早通知对方，说明情况，表示歉意取得对方的谅解。

(4) 互利互让的原则

商务活动是一种互利活动，活动双方往往既是竞争对手，又是合作伙伴。这就要求双方都应本着互谅互让的态度处理一些商务纠纷和矛盾。相互尊重、各取所需、积极合作、平等互惠。离开了合作伙伴，商务活动就无法进行。因此，商务人员在商务活动中，必须争取利己利人的结果。不要将利益建立在有害于对手的基础上，既要讲竞争，又要讲合作，起到双赢的效果。

2.2　商务谈判中礼仪

商务谈判是参与双方通过协商的沟通方式调整双方的意见，协商双方的看法，进而达成某种协议的过程。商务谈判礼仪是日常社交礼仪在商业活动中的具体体现，是按照一系列的程序在谈判过程中必须遵守的礼仪规范。谈判人员素质的高低往往成为谈判能否进行顺利的决定性因素。除了谈判人员的知识经验、谈判策略及技巧外，谈判人员的个人礼仪和谈判过程中正确的礼仪也是很重要的因素。商务谈判中的礼仪必须紧扣谈判活动的主旨，它是谈判的重要组成部分，绝不是可有可无的形式虚套。只有把谈判中的各种专业技能同商务礼仪良好地结合起来，才能顺利实现洽谈的目的。

2.2.1　服饰礼仪

作为商务谈判者，必须熟悉着衣的基本礼节。在商务谈判中，服饰的颜色、式样及搭配等的合适与否，对谈判人员的精神面貌，给对方的印象和感觉等方面都会带来一定影响。在商务谈判的场合，穿着一般选择灰色或者褐色甚至黑色等深色服装，这些颜色会给人一种坚实、端庄、严肃的感觉。商务谈判人员在正式、隆重、严肃的场合，男性服装为上下同色同质的深色西装；女性则应穿着西装套裙或西装。除此以外，谈判者发型、指甲、鞋袜以及男性谈判者的胡须；女性谈判者的面、耳、颈等部位的修饰都属于服饰仪表的一部分，应加以足够的重视。男性谈判人员应当发型整洁成形，不凌乱、无头皮屑；每天剃须，口中无异味；鞋面清洁，鞋跟不过分磨损。女性谈判人员的发型应当简洁，不给人以妖艳之感；化妆应自然，并做到及时修补；戒指、耳环、项链等饰物不花哨。得体的首饰、化妆可以给人以淡雅、端庄、大方的感觉，使人尊重之情油然而生；过分鲜艳、俗气的首饰、化妆则给人留下轻浮不自重的印象，甚至引起对方的反感与轻视。首饰是一种无声的语言，它反映了一个人的教养和阅历。选择首饰有三个原则，一是以少为佳，不戴亦可。二是同质同色，即佩戴一件以上的首饰，讲究质地相同，色彩一致。注意，黑色首饰不能在洽谈活动中佩戴，通常用的有五色：红，代表热情与友好；蓝，代表和谐与宁静；黄，代表高贵与典雅；绿，代表青春与活力；白，代表纯洁与无邪。色彩要根据身份、年龄、个性慎重选择。三是要合乎惯例。戒指一般戴于左手，一般只戴一枚，绝不可超出两枚。在商务洽谈活动中，化妆不宜过浓，尤其不可使用浓香型化妆品。商务谈判中女性裙装不宜高过膝盖。最后，商务谈判中女性切忌在众人面前化妆，这是没有教养、不懂礼仪的表现。

【案例 2-1】

着装不得体的教训

（张小姐，26 岁，杂志社记者）说起穿衣礼仪，有一段至今让我无法忘记的尴尬经历，从某种程度上来讲甚至是一种屈辱。记得我刚进杂志社不久，领导安排我去采访一位某民营企业的老总，女性。听说这是一个既能干又极有魅力的女性，对工作一丝不苟，对生活却是极其享受，最关键的是，即使再忙，她也不会忽视身边美好的东西，尤其对时尚非常敏感，对自己的衣着及礼仪要求极高。这样的女性，会让很多人产生兴趣，还未见到她，仅仅是介绍，我已经开始崇拜她了。所以我非常高兴能由我来做这个专访。事先做了大量的准备工作，采访纲要修改了多次，内心被莫名的激动驱使着。那几天，我始终处于兴奋状态。到了采访当天，穿什么衣服却让我犯愁。要面对这样一位重量级的人物，尤其是位时尚女性，当然不能太落伍了。说实在的，我从来就不是个会打扮的女孩，因为工作和性格关系，平时穿衣都是怎么舒服、方便就怎么穿。时尚杂志倒也看，但也只是凑热闹而已。现在，还真不知道应该穿什么衣服才能让我在这样一位女性面前显得更时尚些。终于在杂志上看到女孩穿吊带装，那清纯可人的形象打动了我，于是迫不及待地开始模仿起来。那天采访，我穿了一件紧身裤，打了个在家乡极其流行的发髻，兴冲冲地直奔采访目的地。当我站在该公司前台说明自己的身份和来意时，我明显看到了前台小姐那不屑的眼神。我再三说明身份，并拿出工作证来，她才勉强地带我进了老总的办公室。眼前的这位女性，高挑的身材，优雅的举止，得体的穿着，让我怎么看怎么舒服。虽然我不是很精通衣着，但在这样的场合，面对这样的对象，我突然感觉自己的穿着就像个小丑，来时的兴奋和自信全没了。还好，因为采访纲要准备还算充分，整个采访过程还比较顺利。结束前，我问她，日常生活中，她是如何理解和诠释时尚、品位和魅力的。她告诉我女人的品位和魅力是来自内心，没有内涵的女人，是散发不出个人魅力，也无法突显品位的。而时尚不等同于名牌、昂贵和时髦，那是一种适合与得体。

【案例 2-2】

穿衣，场合是关键

（毛小姐，25 岁，物流公司员工）LINA 是我们公司公认的紧追潮流之人，她喜欢新鲜的东西，喜欢流行，喜欢做弄潮儿。所以，日常生活中，她对时尚的东西特别感兴趣，也特别喜欢模仿。在很多地方，她的模仿还比较成功，唯有今年，因为疏忽，差点落下话柄。也许是因为工作关系，LINA 有两个明显的特征：嗓门大，皮肤黑。今年夏天特别流行吊带衫和吊带裙,对于一个赶时髦之人当然是个不容错过的机会。在高温尚未降临的时候,她已经为自己准备了一系列的吊带装,就等高温一到,全面出击。其实,她的肤色做了这个行业后变得更黑,尤其是那些沉淀的色块,让她的肤色看起来还有点脏兮兮的。冬天,还可以把身体全部包裹在衣服里,只有脸和脖子在外面,还算好打理;但一到夏天,就麻烦了。其实我对LINA的穿衣风格和她的衣着礼仪一直不是很欣赏,她的装扮总是比较夸张和张扬的。虽然她紧跟潮流,却让我感觉缺品位。赶潮流是需要一定的经济基础,像LINA这样的普通白领,并不丰厚的薪水根本经不起她的"挥霍",所以只能找些质地差、廉价的替代品。何况,LINA的先天条件并不是很好,那种招摇、夸张的装扮只能成为别人的笑柄。我们都知道要扬长避短,如此肆无忌惮地"彰显"自己的短处,还真是勇气可嘉。我一直认为,八小时以外的穿着纯属个人的爱好,可以强调个性,但办公室里的衣着就不能太随心所欲了。因为公司是个团队,每个办公室里的人都是其中的一分子,不再是独立的个体,应该要顾及团队的文化和氛围。

2.2.2 见面礼仪

见面时的礼节,有一整套的规范。怎么招呼与问候,包含着你的友善,传递着你对人的尊重。为了给每一个见面交往的人留下良好的印象,建立起初步的谈判关系,就要遵守谈判中的见面礼仪。见面礼仪一般包括称呼、握手、介绍三个环节:

(1) 称呼

称呼是指谈判者与谈判对方交谈或沟通时彼此的称谓语。在谈判中,运用正确恰当的称呼十分重要,它反映了人们之间的关系,体现了一个人的修养,也表示出谈判者对谈判对方的尊敬:

1) 称呼的方式分为四种:①一般称。这是最简单、最普遍的,特别是面对陌生的谈判方时最常用的称呼方式。如"小姐""先生""夫人""同志"等。当不知对方是否成婚时,对女性最好称"女士",绝对不能仅凭直觉或猜测将她称呼为"太太"。②职务称。在中国,一般是以姓名加上职务相称,如"孔经理""刘董事长""朱部长"等;在西方,职务高用敬称"阁下",一般职务则用"先生",很少直呼职务,如"约翰逊先生"等。③职业称。如"经理"、"律师""秘书"等。④姓名称。如"汪涌""刘景""杨义"等。使用单纯的姓名称一般应彼此年龄、职务相仿,或相互是好朋友;否则,就要将姓名、职务或职业等并称才适合。

2) 称呼的禁忌

由于国家和民族的差异及各地风俗习惯的不同,使称呼带有许多民族的、宗教的色彩。运用时应注意其禁忌。称呼的禁忌包括:不分身份高低,滥用敬称;不了解对方是否成婚用"夫人"的称呼;不分国籍,以"同志"相称;不具有亲近关系,以名字称呼;不顾及影响,用绰号相称等。或称呼对方时大声呼叫,手舞足蹈;旁若无人,大声喧哗;指点对方,指手画脚等。此外,还应注意各国称呼的忌讳。如英国,正式场合称呼一般用全称,忌称教名或昵称;美国通行"女士"的称呼,通用于未婚、已婚妇女。忌讳称谓划分太清、太细,各种行政官衔被称呼时都须伴着姓氏,很少用正式的衔头来称呼别人等。

(2) 握手

握手是国际上通用的一种礼节,它是见面时最常用的礼仪。握手除了作为见面、告辞和解时的礼仪外,还可以表示一种感谢、祝贺及相互鼓励等。握手时,伸手的先后顺序是上级在先、主人在先、长者在先、女性在先。握手时间一般在两三秒或者四五秒之间为宜。握手力度不宜过猛或毫无力度。要注视对方并面带微笑。要避免那些不当的握手方式，如交叉握手、与第三者说话（目视他人）、摆动幅度过大及戴手套等。

（3）介绍

介绍是商务见面礼仪中经常遇到的环节。介绍的顺序遵守"尊者优先"的原则。先将职位低的人介绍给职位高的人；先将年轻者介绍给年长者；先将男性介绍给女性；先将主方人士介绍给客方人士；先将晚到者介绍给早到者。当所要介绍的双方符合其中两个或两个以上顺序时，一般以先职位再年龄，先年龄再性别的顺序做介绍。如要为一位年长的职位低的女士和一位年轻的职位高的男士做介绍时，目光应热情地注视对方，要注意微笑着用自己的视线把另一方的注意力引导过来。被介绍双方一般应起身站立，面含微笑，一般来说，介绍者位于中间，介绍时用右手，五指伸开朝向被介绍者中的一方，此时，介绍者的眼睛要看着另一方。介绍完毕，双方应依照礼仪顺序握手，彼此问候。

（4）名片

1）名片的准备：名片不要和钱包、笔记本等放在一起，原则上应该使用名片夹。名片可放在上衣口袋（但不可放在裤兜里），要保持名片或名片夹清洁、平整。

2）接收名片：必须起身接受名片，并用双手接收。接受的名片不要在上面做标记或写字，不可来回摆弄。接受名片时，要认真地看一遍。离开时不要将对方的名片遗忘在座位上，或存放时不注意落在地上。

3）递名片：递名片的次序是由下级或访问方先递名片，如是介绍时，应由先被介绍方递名片。递名片时，应说些"请多关照、请多指教"之类的寒暄语。互换名片时，应用右手拿着自己的名片，用左手接对方的名片后，用双手托住，并且要看一遍对方职务、姓名等。在会议室如遇到多数人相互交换名片时，可按对方座次排列名片。会谈中，应称呼对方的职务、职称，如"某某经理、某某教授"等。无职务、职称时，称"某某先生、某某小姐"等，而尽量不使用"你"字，或直呼其名。

【案例2-3】

交换名片的礼仪

某日，新城举行了春季商品交易会，各方厂商云集，企业家们济济一堂。

华新公司的徐总经理在交易会上听说恒诚集团的崔董事长也来了，想利用这个机会认识这位素未谋面却久仰大名的商界名人。午餐会上他们终于见面了，徐总彬彬有礼地走上前去，"崔董事长，您好，我是华新公司的总经理，我叫徐涛，这是我的名片。"说着，顺便从随身带的公文包里拿出名片，递给了对方。崔董事长显然沉浸在之前与人谈话的情景中，他顺手接过徐涛的名片，"你好"，草草地看过，放在了旁边的桌子上。徐总在一旁等了一会儿，见这位崔董事长没有交换名片的意思，便失望地走开了。

（5）举止

谈判者的举止，包括在谈判过程中的坐、站与行走所持的姿态及面部表情、手势等身体语言等。在商务谈判中，对举止总的要求是适度：

1）坐

坐时应从椅子的左边入座。坐在椅子上不要转动或移动椅子的位置。坐下后，身体应尽量做端正，并把两腿平行放好。交谈时，可根据话题调整上身的前倾度。坐久了，可轻靠椅背，但最忌半躺半坐或将两腿平伸。

2）站

正确的站立应该是两脚跟着地，腰背挺直，自然挺胸，脖颈伸直，须微向下，两臂自然下垂。在此基础上，可将足尖稍稍分开。女性可站丁字步，男性可将两脚自然分开。在正式场合，不宜将手插在裤袋里或交叉抱于胸前，更不要下意识地做小动作，否则不但显得拘谨，给人缺乏自信和经验的感觉，也有失仪表的庄重。

3）行

正确的走路姿势应是全身和谐具有节奏感，而且神采飞扬。男士行走时，上身不动、两肩不摇、步态稳健，以显示出刚健、英武、豪迈的男子汉风度。女性的步态应自如、轻柔而富有美感，以显示出女性的端庄、文静和柔美。具体说来，走时要挺胸、昂首、收腹、直腰、目光平视30m前方，有节奏地直线前进。

4）微笑

在面部表情中，微笑是最具有社会意义的，是人际关系中最佳的润滑剂。它以友善、亲切、礼貌和关怀的内涵，沟通人与人之间美好的感情，传播愉快的信息，缩短人与人之间的距离，融洽交际气氛。俗话说"面带三分笑，生意跑不了"，谈判人员常常给予对方真诚的、自然的、亲切的微笑，有助于良好人际关系的建立。

5）手势

手势是体态行为中最具有表现力的身体语言，人们在谈话时配以恰当的手势，往往能起到表情达意的良好效果。谈判人员可适时运用恰当的手势，配合说话内容，但手势幅度不宜过大，频率不宜过多，不要过于夸张，要清晰、简单，否则会给人以不自重或画蛇添足之感。禁止使用以下手势：用手或手中的物件指着对方；谈话过程中乱拍桌子；兴奋时拍自己的人腿；交谈时抓耳挠腮，搔首弄姿等。

不同的文化背景，有着不同的手势习惯，也有不同的文化含义。"OK"手势是用拇指和食指连成一个圈而构成的姿势。它在英语语系国家表示同意，但在法国则意味"零"或"无"，而在日本可以用来表示钱。"V"手势是食指和中指伸构成的姿势。手掌向外的"V"手势，代表胜利，而手掌向内的"V"手势，就变成侮辱人的含义，这在英国及澳洲非常普遍，在欧洲许多地方，这手势还可以表示数目二。翘大拇指在美国、英国、澳洲和新西兰有3种含义：一种是搭便车；另外一种表示OK的意思；若把拇指用力挺直，则表示骂人的意思。在希腊，这种手势的主要意思是"够了！"意大利人数数字，竖起拇指表示一，加上食指为二。

(6) 接待

接待是欢迎客人来访所做的一整套工作。在商务谈判中，接待是一门艺术。在接待过程中态度热情，行为恰当，就会赢得信任，增进关系。

1）迎送

在谈判中，对前来参加谈判的人员，要视其身份和谈判的性质，以及双方的关系等，综合考虑安排。对应邀前来谈判的，无论是官方人士、专业代表团，还是民间团体、友好人士，在他们抵达、离开时，都要安排相应身份的人前来迎送。重要的客商，初次洽谈的客商，要去迎接陪车，应请客人坐在主人的右侧，小车的座次也有讲究：有司机时，后排右为上，左为次，中为三，司机旁为四。若有两位客人，陪客坐司机旁边；车主当司机时，司机旁边为首，后排次序如上；车主当司机并有太太同坐时，太太应坐在车主司机的旁边，后排次序如上。上车时，应为客人打开右边车门，主人从左侧车门上车，下车时主人先下，为客人打开车门，请客人下车陪客走路也有个顺序，一般是前右为上，应让客人走在自己右侧，以示尊重。若是三人行，中为上；如自己是主陪，应并排走在客人左侧，不能落后；如果自己是陪访的随同人员，应走在客人和主陪人员后面。随同领导外出，一般应走在领导的两侧后一点或后面。

2) 宴请

宴请应选择对主客双方都合适和方便的时间，最好能先征得客人的同意。就我国来说宴请一般以晚间较多。注意不要选择在对方重要的节假日、有重要活动或禁忌的日子。其地点的选择，一般来讲，正式隆重的宴请活动应安排在高级宴会厅举行。可能条件下，应另设休息厅，注意不要在客人住的宾馆招待设宴。不论举行什么样的宴会，都应事先发出邀请，一般均发邀请，其优点在于礼仪郑重，同时又能起到提醒客人和备忘的作用。请柬一般应提前1～2周发出，以便客人及早安排。一般情况下，可根据实际发出口头邀请或电话邀请。席位的安排国际上的习惯是，以离主桌位远近决定桌次高低，同一桌上，以离主人的座位远近决定座位高低，右高左低。宴请程序及现场工作：主人应在门口迎接客人，主人陪同主宾进入宴会厅，全体客人就座，宴会即开始；吃饭过程中一般不能抽烟；吃完水果，主人与主宾起立，宴会即告结束；主宾告辞，主人送至门口。服务人员训练有素，服务应周到、得体。接到宴会邀请，是否接受都应尽快作答，由于特殊情况不能出席，应尽快通知主人，并致歉意。出席宴会，身份高的可略晚抵达，其他客人应略早一些，在我国，也可正点或按主人的要求抵达。

2.2.3 谈判中的礼仪

商务谈判属于专业性较强的会谈活动，一般在专门的会谈场所进行，在这种场合讲究礼仪是非常重要的，在商务谈判过程中，应自始至终遵循一定的礼仪规范，每一个细节都不能忽略。

(1) 谈判地点的选择

谈判的地点通常安排在会谈室或会客厅，一般由谈判者主方决定，但能征求对方的意见更好。科学的谈判地点的选择标准以地理位置优越为主，如交通方便，通风设施较好，生活设施良好，周围环境幽静，医疗、卫生条件具备，安全防范工作较好的地点。布置谈判会场，首先需要安静，其次要宽敞明亮。窗帘颜色的选用要合适，给人一种恬静温暖的安全感，不能给谈判者特别是客方一种沉闷的心理压力。

(2) 谈判座次的安排

举行正式谈判时，谈判现场的座次要求严格，礼仪性很强。排列座次根据参加谈判的人员而定，分为双边谈判和多边会谈两种。举行双边谈判时，应使用长桌或椭圆形桌子，宾主应分坐于桌子两侧。若桌子横放，正面对门的为上座，应安排客方；背面对门为下座，属于主方座次。若桌子竖放，则应以进门方向为准，右侧为上，属客方位置；左侧为下，属主方位置。双方主谈人员在己方一边的中间就座，翻译人员通常安排在主谈人右侧，其余人员则遵循右高左低的原则，依照职位高低自近而远地分别在主谈人两侧就座。举行多边谈判时，为了避免失礼，淡化尊卑界限，按照国际惯例，一般均以圆桌为佳，即所谓圆桌会议。

(3) 谈判开始及进行时的礼仪

①主方准时迎候。主方人员应掌握谈判日程安排的时间，先于客方到达谈判地点。当客方人员到达时，主方人员在谈判室门口迎候。②双方由主谈人介绍各自成员，互相握手、问候、致意，然后由客方先行进入谈判室或宾主双方同时进入谈判座，在既定的位置同时入座，主方人员待客方人员落座后再坐下。重要的谈判，在正式开始前，会举行简单的仪式，双方作简短致辞，互赠纪念品，安排合影后再入座。③双方人员入座后谈判正式开始，这时非谈判人员应全部离开谈判室。在谈判进行中双方应关闭所有的通信工具（或调到静音）。谈判中各国提供饮料有所不同，我国一般只备茶水。夏天可选冷饮，如果谈判进行时间较长，可适当增加咖啡或红茶。工作人员在完成招待工作后，应迅速撤出会谈场所，谈判过程中无关人员不能随意进出。④当天谈判结束后，主方人员应将客方人员送至电梯口或送到大楼门口上车，握手告别，目送客人汽车开动后再离开。⑤如果安排了与谈判内容密切相关的参观考察活动，则应在参观地点安排专门的接待人员，在适当的地方悬挂欢迎性的标语横幅，准备详细的文字说明材料（涉外时应中外文对照）；实地参观时安排专业技术人员讲解，同也应注意一些技术保密问题。

(4) 签约的礼仪

签约即合同的签署。双方经过充分的洽谈协商，就谈判项目达成书面协议，为使有关各方重视遵守合同，在合同签署时，应举行郑重的签约仪式。

1) 签字人与参加人

签字人通常由谈判各方商议确定，但各方签字人的身份、职位应大体对等，所以有时主谈人不一定就是签字人，参加签字仪式的人员一般都是各方参加谈判的人员，一方若要增加其他人员，应征得对方同意，但各方参加人数应基本相等。

2) 签字时的座次安排

签字仪式的座次礼遇是各方最为在意的，所以主方在安排时要认真对待。双方签合同的座次，一般由主方代表安排，安排时应以礼宾序列，注意以右为尊，即将客方主签人安排在签字桌右侧就座，主方主签人在左侧就座，各自的助签人在其外侧，其余参加人在各自主签人的身后列队站立。站立时各方人员按职位高低由中间向边上依次排列。

3) 签字完毕

签字完毕后，双方应同时起立，交换文本，并相互握手，祝贺合作成功。其他随行人员则应该以热烈的掌声表示喜悦和祝贺。在谈判结束后，适当地赠送礼品给对方，会对增进双方的友谊起到一定的作用。

2.2.4 涉外礼仪

随着国际经济发展进程的加快和我国改革开放的不断深入，不仅越来越多的外籍商务工作者进入国内市场，走出国门经商的人数更是急剧增多。在国际交往中，由于各个国家和地区的语言、文化背景、风俗习惯和宗教信仰等诸多方面的不同，礼节和习俗也有着很大的区别。在商务交往中，必须了解各国的礼仪特点及禁忌，对赢得外商的友谊和合作起着十分重要的作用。

(1) 求同存异

世界各国的礼仪与习俗都存在着一定程度的差异性，重要的是要了解这种差异，要遵守求同存异原则。"求同"就是要遵守礼仪的"共性"，"存异"则是不可忽略礼仪的"个性"。比如，世界各国的人们往往使用不同的见面礼节，其中较常见的就有日本人的鞠躬礼，韩国人的跪拜礼，泰国人的合十礼，中人的拱手礼，欧美人的吻面、吻手礼和拥抱礼等。它们各有讲究，都属于礼仪的"个性"，与此同时，握手作为见面礼节，则可以说是通行礼仪，与世界各国，与任何国家的人士打交道，以握手这一"共性"礼仪作为见面礼节都是适用的。

（2）个人形象

在国际交往中，人们应对个人形象倍加关注。在涉外交往中的基本着装规范是："女士看头，男士看腰"。女士看头是指看发型，比如发色、长度等。通常女士是不应染彩色发的，除非把花白的头发染黑。另外头发不宜过长，一般不长于肩部。对于一个有社会地位的男士在大庭广众前腰上是不挂任何东西的。在国际社交场合，服装大致分为礼服和便装。正式的、隆重的、严肃的场合着深色礼服（燕尾服或西装），一般场合则可着便装。目前，除个别国家在某些场合另有规定外，穿着均趋于简化。

（3）信守约定

信守约定是指在一切国际交往中，必须认真遵守自己的承诺，说话要算数，许诺要兑现，约会要如期而至。在涉外交往中，在一切有关时间方面的正式约定中，尤其需要恪守不怠，真正做到"信守约定"。万一由于难以抗拒的因素，造成自己失约，应尽早向对方通报，如实说明原委，并要向对方致以歉意，必要时应主动承担给对方造成的物质损失。千万不能得过且过，一味推诿，或避而不谈。

（4）入乡随俗

入乡随俗是涉外礼仪的基本原则之一。习俗是世界上的各个国家、各个地区、各个民族在其历史发展的具体进程中，形成各自的宗教、语言、文化、风俗和习惯，并且存在着不同程度的差异。这种"十里不同风，百里不同俗"的局面，是不以人的主观意志为转移的，也是任何人都难以强求统一的。在涉外交往中注意尊重外国友人所特有的习俗，容易增进中外双方之间的理解和沟通；有助于更好地、恰如其分地向外国友人表达我方的亲善友好之意。当自己身为东道主时，通常讲究"主随客便"。接待人员必须充分地了解交往对象的风俗习惯，无条件地加以尊重，不可少见多怪，妄加非议。

（5）尊重隐私

在国际交往中，普遍讲究尊重个人隐私，以下几个方面均被视为个人隐私：①收入、支出。任何人的实际收入，均与其个人能力和实际地位存在因果关系。所以个人收入的多少一般被外国人视为隐私，非常忌讳他人打听。比如，纳税数额、银行存款、股票收益、私宅面积、娱乐方式、度假地点等，都不宜随便提及。②年龄大小。外国人普遍将自己的年龄当作"核心机密"，轻易不会告之于人。所以在国外有这么一种说法：一位真正的绅士，应当永远"记住女士的生日，忘却女士的年龄"。③身体健康。中国人相遇时，常会问候对方："身体好吗?"要是确知对方一度欠安，见面时常会问对方："病好了没有""吃过些什么药"或是向对方推荐名医、偏方。可在国外，人们在闲聊时，非常反感对自己的健康状况过多关注，因在市场经济条件下，每个人的身体健康都被看作是"资本"。④恋爱婚姻。中国人习惯对于亲友的恋爱、婚姻、家庭生活牵挂于心，但绝大多数外国人对此不以为然。比如"有没有恋人""两个人怎么结识的""结婚了没有""有没有孩子"等问题，会让外国人很难堪。⑤家庭住址。中国人对家庭住址、电话都是不保密的。而在国外恰好相反,他们不会将个人住址、私宅电话轻易"泄密",在他们的名片上,此项内容也难得一见。

本章内容总结:

根据商务谈判与推销的内容体系,本章主要介绍就是在商务谈判过程中的各种礼仪,懂得商务礼仪在商务谈判过程中所起的作用和价值,是实现商务谈判目标不可缺少的重要环节。本章围绕商务礼仪原理设计了各环节的基础知识,插入了一些典型的案例,并对相关知识以小例子的形式呈现。希望通过本章的学习,读者能够把握商务礼仪的内涵,树立商务礼仪的观念,并能结合实际的商务谈判进行运用。为实现商务谈判的目标奠定良好的基础。

核心概念:

商务礼仪;商务礼节;诚实守信;寒暄;举止

课堂讨论:

(1) 为什么要学习商务礼仪?

(2) 在商务谈判的场合中应如何穿着才不失礼?

(3) 在涉外谈判场合,我们应该如何做?

课后自测:

一、单项选择

1. 商务礼仪包括商务礼节和( )两个方面的内容。

A. 原则　　　　B. 仪式　　　　C. 准则　　　　D. 标准

2. ( )一直是我国传统文化的核心,列为立国的精神要素之一。

A. 尊老　　　　B. 爱幼　　　　C. 礼仪　　　　D. 爱国

3. ( )是现代商务礼仪的基础,是现代商务礼仪有别于以往礼仪的最主要原则,也是商务礼仪最根本的原则。

A. 互尊原则　　B. 平等原则　　C. 诚信原则　　D. 互利互让原则

4. 女士在办公室的着装,最佳选择是( )。

A. 套裙　　　　B. 礼服　　　　C. 运动服　　　　D. 潮流服

5. 介绍是商务见面礼仪中经常遇到的环节,介绍的顺序应遵守( )的原则。

A. 女士优先　　B. 男士优先　　C. 尊者优先　　D. 老者优先

二、多项选择

1. 商务礼仪随着全球信息一体化的发展,形成了一系列全球商务人士共同遵守的商务礼仪原则如下:( )。

A. 平等原则　　B. 互尊原则　　C. 诚信原则　　D. 互利互让原则

2. 商务礼仪既是商务活动中不可或缺的重要内容,又是商务活动成功的重要条件,其重要特点表现有( )。

A. 等级性　　　B. 差异性　　　C. 信用性　　　　D. 时代性

三、简答

1. 什么是商务礼仪?商务礼仪有哪些特点?

2. 什么是平等原则?在商务礼仪过程中,应遵循哪些原则?

3. 商务谈判过程中主要注意哪些礼仪?

4. 涉外商务谈判应坚持怎样的原则？
5. 涉外商务谈判应注意哪些隐私？

案例分析：

案例1：

忽略签约礼仪的结果

小李是一位市场营销专业毕业的本科生，就职于某大公司的销售部门，工作十分努力，成绩显著，三年后晋升为销售部门经理。一次，公司要与美国跨国公司就开发新产品问题进行谈判，公司将安排的重任交给小李负责，小李为此做了大量细致的准备工作。经过几轮艰苦的谈判，双方终于达成协议。可就在正式签约的时候，客方代表团一进签字厅就转身拂袖离去，原因是什么呢？原来在布置签字厅时，小李错将美国国旗放在了签字桌的左侧。项目就此告吹，小李也被调离了岗位。

读了这则案例，谈谈你的感受和体会。

案例2：

草签终究是草签

某年，国内的一家企业前往日本寻找合作伙伴。到了日本之后，通过多方的努力，这家企业终于寻觅到自己的"意中人"——一家享有国际声望的日本大公司。经过长时间的讨价还价，双方商定，首先草签一个有关双边实行合作的协议。当时，在中方人士看来，基本上可以算是大功告成了。到了正式草签中日双方合作协议的那一天，由于种种原因，中方人员阴差阳错，抵达签字地点的时间比双方预先的正式签约晚了一刻钟。当他们气喘吁吁地跑进来之后，还没容他们做出任何有关自己迟到原因的解释，日方的全体人员便整整齐齐规规矩矩地向他们鞠了一个大躬，随后便集体退出了签字厅。

阅读案例，回答以下问题：

（1）根据所学的涉外礼仪知识，指出中方人员为什么没有达成自己的目标？

（2）并具体分析案例中的涉外礼仪习俗。

3 商务谈判的准备

能力目标：

通过本章的学习后，你应该能够：
1. 掌握商务谈判信息的主要内容；
2. 熟悉商务谈判信息的搜集方式；
3. 掌握选拔谈判人员的标准；
4. 掌握谈判地点与时间选择的要点；
5. 能够完成商务谈判计划书的编写。

案例导读：

《隆中对》赏析

"欲识天下分鼎处，先生笑谈画图中"，这是后人对三国时期的一代英雄诸葛亮的高度赞颂和评价。诸葛亮难却刘备"三顾茅庐"的盛情，决定帮助刘备完成"兴复汉室"的大业。他在隆中向刘备提出了成就霸业的四个阶段的目标和步骤。第一个目标就是取荆州，因为它"北据长江，利尽南海，东连吴会，西通巴蜀，此用武之地，其主不能守"。第二个目标是夺四川（益州）。因为它地势险要，沃野千里，实为天府之国，"高祖因之以成帝业；今刘璋暗弱，民殷国富而不知存恤，智能之士思得明君"，刘备宽厚仁慈，体恤下属，一定能够网罗人才，获得益州百姓的支持和拥护，益州应当是成就霸业最好的基础。第三个目标是成鼎足之势。占领荆、益后，逐渐扩张自己的势力与曹操、孙权对峙，形成鼎足之势。但暂时不能急于消灭曹操与孙权，因为曹操"拥有百万之众，挟天子以令诸侯"，十分强大；孙权"据有江东，已历三世，国险而民附"，实不可图。与这两人的势力相比，刘备的势力薄弱，只能与他们相抗衡，鼎足而立。第四个目标是图中原。三个目标实现之后，伺机向中原发展，"待天下有变，则命一上将将荆州之兵以向宛洛，将军身率益州之众出秦川"，等到那时，"兴复汉室"的梦想就可以成为现实。

很明显，诸葛亮的隆中对策是建立在敌我双方力量的均衡对比基础上的，最后他使刘备成为三分天下的一方霸主。孙子曰："知己知彼，百战不殆"，诸葛亮的成就充分的证明"凡事预则立"，一场谈判并不是从谈判双方坐在谈判桌前的洽谈才开始，而是在这之前就已经开始了。在确定了谈判的项目、谈判对手后，谈判者就要准备谈判必需的一切条件，为谈判过程的顺利进行、取得一个令人满意的谈判结果打下坚实的基础。谈判是一项复杂的工作，它会受到各种主观因素（如谈判者的意图、目的、谈判风格方式）和客观因素（政治经济形势、技术水平）的影响，有许多可控制和不可控制的因素在起作用，所以谈判人员在谈判进行前，就要准备好最充分的资料、方案、组织好谈判队伍，做好各种演习，不管发生了怎样的变化，都能有备无患，从容不迫。在谈判中，有了充分的准备，就获得了一半的成功。

3.1 商务谈判调查

《西游记》中有两位天神：一位叫"千里眼"，他能"眼观六路"，看见千里之外的一切事情；一位叫"顺风耳"，他能"耳听八方"，可以听见千里之外的任何声音。有了"眼观六路，耳听八方"的本事，天上人间的任何事情都逃不过他们的"眼睛"和"耳朵"，玉皇大帝有了这两位天神，也能够在天上尽知人间的事。当然，"千里眼"与"顺风耳"是作者虚构的，但也反映了古人的美好梦想，就是希望有一种工具（或方式）能让自己不出家门尽知天下事。现代社会，"眼观六路，耳听八方"不再是神话，而是对现代人的要求，因为科学技术的广泛运用，改善了交通条件和通信设施，火车、汽车、飞机、人造地球卫星的出现，电话、传真、广播、电视以及光导通信的推广和运用，使信息传播的速度显著提高，范围空前扩大，人们的社会交往已不再受时间和空间的限制，"地球村"概念的提出，意味着地球由于通信设施和交通工具的发达而"变小"了，人们相距的空间缩短了，"秀才不出门，尽知天下事"不是天真的幻想，而是现实。

信息意识是一种现代意识，它要求人们重视信息的作用，把信息视为资源。信息论创始人维纳说："所谓有效的生活，就是拥有足够的信息生活。"信息是种新概念，信息论中指用符号传送的报道，报道的内容是接受符号者预先不知道的。通俗地理解，信息就是指具有时效性的消息、情报、数据。现代社会是一个信息社会，知识日新月异，新事物、新情况层出不穷，掌握信息，就意味着掌握了发展自己的机会。兵法云："知兵者，动而不迷，举而不穷。"商场如战场，谈判是一场心理战术的较量，要做到"动而不迷，举而不穷"，信息收集、资料准备工作必须细致而认真，要运用先进的信息分析工具和各种通信设备，利用大众传播媒介和咨询机构让自己"眼观六路，耳听八方"。

3.1.1 商务谈判信息的作用

不同的谈判信息对于谈判活动的影响是极其复杂的。有的信息直接决定谈判的成败，而有的信息只是间接地起作用。谈判信息在商务谈判中的作用主要表现在以下几个方面：

（1）商务谈判信息有助于制定谈判计划

谈判计划是为了实现预期目标而事先制定的一套纲领性的总体设想。谈判计划正确与否，在很大程度上决定着谈判的得失、成败。一个好的谈判计划应使预期目标正确可行，适应性强，灵敏度高。这就必须有大量可靠的谈判信息作为依据。否则，谈判就成了无源之水、无本之木。"知己知彼，百战不殆"，在商务谈判中，谁能拥有谈判信息上的优势，掌握对方的真正需要和对方谈判的利益界限，谁就有可能制定出正确的谈判策略，从而掌握谈判的主动权。

（2）商务谈判信息有助于加强谈判双方相互沟通

在商务谈判活动中，尽管谈判的内容和方式各不相同，但有一点是相同的，即都是一个相互沟通和磋商的过程。沟通就是通过交流有关谈判信息以确立双方共同的经济利益和相互关系。没有谈判信息作为沟通中介，谈判就无法排除许多不确定的因素，就无法更进一步磋商，也就无法调整和平衡双方的利益。因此掌握一定的谈判信息，就能够从扑朔迷离的信息中，发现机会与风险，捕捉达成协议的共同点，使谈判活动从无序到有序，消除不利于双方的因素，促使双方达成协议。

(3) 商务谈判信息有助于控制谈判过程

要对谈判过程做到有效控制，必须先掌握"谈判的最终结果是什么"这一谈判信息，依据谈判战略和谈判目标的要求，确定谈判的正确策略。为了使谈判过程始终指向谈判目标，使谈判能够正常进行，必须有谈判信息作为保证，否则，对任何谈判过程都无法有效地控制和协调。

3.1.2 商务谈判信息的内容

商务谈判要"知己知彼"，才能"百战不殆"。知己，就是要正确地了解我方的谈判实力、谈判能力和一切对谈判有利或不利的客观因素，以便"扬长避短，趋利避害"；知彼，就是要了解对方的实力、谈判目的、需要、谈判策略、谈判风格和谈判人员的特点以及与谈判相关的对手的一切情况。

就商务谈判而言，信息资料的搜集、准备主要有以下几个方面：

(1) 政策与法规

任何谈判都是在一定的社会环境下的谈判，社会的政治、经济因素对谈判起一定的影响作用。商务谈判之前，谈判人员需要了解政治、经济方面的方针、政策，通晓法规、市场规则、国际惯例、法律条款，如《专利法》《商标法》《涉外合同法》《劳动法》《国外企业所得税法》《中外合资经营企业法》《环境保护法》《税法》《价格法》等。

(2) 市场行情

市场行情，即谈判的产品在国内、国际市场的布局概况、发展趋势；产品在市场中的销售状况，如消费者的层次、市场占有率、最近几年的销售量、销售总值、价格变动幅度；产品的竞争情况，如生产或输入同类产品的竞争者的数量、规模，各种相关产品的市场占有率、售价幅度、销售形式，销售组织的规模和力量，所使用的广告媒介；产品的需求情况，如消费者对产品品质、性能、设计、价格、售后服务的要求，市场对产品现实的和潜在的需求量，各种对消费者选择产品产生影响的因素等。

(3) 科技动态

科技动态，就是与产品有关的技术资料，新技术研究和运用的状况，产品的技术水平、技术指标、技术寿命；新产品的开发、更新；新工艺的运用；新包装、新商标的使用；技术专利转让方面的情况等。由于谈判的内容不仅仅是有形的商品，还包括呈现无形状态的技术商品交易，在引进和转让技术商品时，更要全面地了解国内外科技发展的动态，使自己能高瞻远瞩，购买到国际最先进水平的技术。

(4) 谈判对手的有关情况

培根在《论谈判》一文中写道："与人谋事，则须知其习性，以引导之；明其目的，以劝诱之；谙其弱点，以威吓之；察其势，以钳制之。"对于谈判对手，只有全面而深刻地了解他们的谈判意图、谈判目的、谈判需要、谈判风格、产品特点、实力以及谈判班子成员的性格特点，才能制定出行之有效的方案，满足对方的要求和愿望，切中对方的要害之处，促使谈判成功。

1) 谈判目标

是对方进行这次谈判期望达到的目的，它包含一些具体的要求：如产品的质量与价格、供销的数额、付款方式、交货日期、运输条件、技术要求等。

2) 谈判策略

了解对方谈判的意图和要采取的步骤和方法，尤其是要通过分析对手惯常使用的谈判模式、策略去进行把握。如对方最终希望有一个怎样的谈判结果：是"谋求一致"还是"皆大欢喜"，还是"以战取胜"，对方的最高期望和最低期望是什么，谈判的计划与步骤会有哪些等。

3）谈判风格

不同的国家和地区有不同的民族和区域文化，文化传统影响着人们的思维模式和行为模式，形成了每一个国家、地区、民族不同的谈判风格，他们在各种谈判中都会表现独特的工作方式和特点，我们对此要有所了解和把握，并针对不同的风格采取不同的应对之策。

4）产品特征

放在谈判桌上进行谈判的产品是谈判的主要对象，所以必须将它的质量、规格、款式、价格、性能、技术水平、产销情况、市场地位等作全面的了解，尤其是对价格必须进行严格细致地分析比较，了解其他同类产品的价格、产品的成本价和市场浮动价，以便对对手的报价做出更精确的预测，找到还价的对策，决定商品交易的价格幅度。

5）谈判实力

谈判对手的实力主要由组织规模、技术力量、资金力量、管理水平、生产效率、市场竞争力、声誉以及在场交易中所处的位置（卖方或买方）所决定的。要全面地了解对方的经济状况（如资金来源、购买能力、资信程度），履行合同的能力（如经营作风、生产效率、市场销售能力）以及市场供求关系中的产品竞争能力。

6）谈判者的特点

谈判前了解谈判成员的特点非常重要。主要了解谈判成员的权力和责任，他们各自的年龄、性别、经历、性格、兴趣和爱好。谈判是谈判班子成员共同协作进行的，一般来说他们都有各自的权力和职责，例如，由谁作决定？谁是主要谋略者？谁负责审议？了解他们的职责，还要了解他们各自的性格特点、年龄、经历方面的情况，以便推断出他们胜任职责的能力，确定"针锋相对"的谈判策略。

（5）自己的有关情况

"人贵有自知之明"，知人首先要知己。在商务谈判的准备中，最容易忽视的环节是对自己的估算和认识，谈判者往往对自己的实力、目标、能力缺乏足够的认识，就匆匆"上阵"，结果在谈判桌上显得被动或缺乏信心，所以要使谈判成功，必须先了解自己，客观地评估自己的实力。

1）明确自己的谈判目标

谈判的目标指谈判的方向和谈判要达到的目的。开展任何一项工作都必须有一个具体的目标，这样工作才能朝着正确的方向有计划、有步骤地展开。商务谈判也是如此，谈判者必须了解谈判的目标才能为自己确立正确的谈判策略。谈判目标有最高目标和最低目标，总体目标与个体目标，长远目标与近期目标之分。目标是具体的，它规定了谈判必须完成的任务、指标，体现了企业的发展战略。

2）清楚自己的谈判实力

企业实力是谈判实力的基础和来源，但企业实力并不一定都能转化为谈判实力，也就是说企业实力强并不意味着谈判实力就一定强。谈判实力是促使谈判成功的有效筹码，每一位谈判人员都必须明白自己拥有哪些方面的实力,以便在谈判中运用实力吸引、影响、说服对方,达成令自己满意的协议。实力包括产品实力、财政实力、技术实力和形象实力。产品实力包括产品有较高的知名度和美誉度、品质好、款式新、性能好、价格合理;财政实力指资金力量雄厚,资金来源充足,能够承担经济风险,提供最便利的付款方式,有很强的产品购买力和销售力;技术实力指拥有一流的先进技术设备,一流的专业技术队伍,有很强的运用新技术、新工艺,开发新产品的能力;形象实力指企业的良好声誉,有先进的管理方法,优良的经营作风,较高的生产效率,能够获得公众的信任和支持。无论是哪一方面的实力,都能成为谈判的有利因素,必须好好地利用它,增强谈判的说服力。

3) 把握自己的谈判能力

谈判能力主要包括谈判人员具备的能力、谈判班子整体配合的能力和谈判者对谈判环境产生的影响力。谈判的成功,离不开谈判人员的努力,他们的素质和能力是谈判前就必须了解的,只有这样才能对他们进行合理分工,"物尽其用,人尽其才",充分地发挥各自的优势,提高谈判的效能。

(6) 谈判涉及的民族文化心理、风俗习惯、宗教信仰和礼仪禁忌

"入国问禁,入境问俗",在不同的国家和地区与来自不同民族的人进行谈判,一定要先了解有关的禁忌和风俗习惯,否则会给谈判带来麻烦。

总之,"知己知彼"是谈判准备的关键环节,谈判方案和谈判策略的制定就是建立在明确地了解自己的优势和劣势,剖析对方的优势与劣势的基础上的。

3.1.3 商务谈判信息的收集

(1) 商务谈判信息的收集原则

在当今信息社会,信息数量巨大,品种繁多,而且来源广、更新快,企业如何从这些纷繁复杂的信息中寻找到满足商务谈判活动所需的信息是做好谈判准备工作的一个重要环节。因此,企业及时、真实地获得谈判所需的信息是非常重要的。可以遵循以下收集信息的原则:

1) 时效性原则

信息与一般物质不同,具有一定的时效性,容易过时。现实中客观事物是不断发展的,每次变化都会产生新的信息,原来的某些信息即信息的价值、效用的大小要受到时间的制约。因此,信息只有被迅速、及时地收集起来,并传递给需要者,才能有效地发挥作用。

2) 准确性原则

准确性是收集信息的一个最基本的要求,"差之毫厘,谬之千里",只有真实准确的市场信息,才是可靠、有效的市场信息,坚持准确性原则意味着在收集信息时,不能凭主观臆断,并且在信息收集的过程中,就应对获取的数据、资料尽可能地及时进行鉴别、分析,力求把误差降到最低限度。

3) 目的性原则

收集信息是为解决谈判桌上的某种问题服务的,而与该类问题相关的信息分布于各种信息源中。如果没有一定的目的性,便会无的放矢,淹没在"信息的海洋"中,而且收集信息是有一定的时间限制的,不可能做到面面俱到。因此,在收集信息时,必须确定一定的收集目标和范围,有针对性地进行收集,切忌"眉毛胡子一把抓"。

4）系统性原则

系统性原则要求全面地、连续地进行市场信息收集工作。首先，收集的信息越全面，越有利于形成对问题的完整认识与把握。因此在收集信息时，要对现实的和潜在的信息来源进行全方位地扫描、甄别。其次，收集市场信息不是一时一事的工作，而是一个连续不断的过程。因此，就要求有坚持不懈的精神，注意积累，随时随地进行收集，只有这样，才能获取完整、系统的信息。

5）经济性原则

收集信息是要耗费一定的人力、物力和财力的。因此，在收集信息时要讲求投入产出，即应在保证收集工作质量的前提下，力求以尽可能低的耗费取得尽可能多的产出，也就是收集到足以能满足需要的信息。

6）现场性原则

真正有价值的信息源，往往在交换或消费现场。因此，企业尽可能地在交换或消费现场建立情报网络，进行信息的收集、处理和传递。

（2）商务谈判信息搜集方式

谈判前信息搜集的工作，主要采取以下几种方式进行：

1）查阅文献

根据检索，查找有关的专业期刊和书籍，了解与谈判内容有关的专业知识；同时还要找出与谈判有关的经济法规、市场规则、国际惯例和有关的政治、经济方面的政策、规定。

2）研究资料

将一部分材料作为重点研究的材料，仔细分析、研究、顺藤摸瓜，找到重要的线索和资料。如：将谈判对手的财务预算计划、各种经济报表、年度报告、研究机构对他们的研究报告、新闻媒介对他们的评价和报道、发布的新闻稿和高层官员的公开声明、广告和产品详细的说明书、有关出版物作为重点研究的资料，就能比较全面真实地了解他们的情况，同时为自己找到应对的策略。

3）咨询信息

各种情报中心、信息中心、咨询公司、顾问公司拥有最先进、最完善的信息网络和信息处理系统，有最具权威的、高深的理论水平和丰富经验的专业人才，如果向它们咨询，就能在谈判前得到更多的有价值的重要情报，获得专家的指导和建议。

4）参观访问

商务谈判要承担经济风险，现代社会市场贸易频繁，贸易活动日益复杂化，单凭查阅资料不能真实地了解谈判对手的情况，如产品的质量是否符合标准？客户是否具备交易的供需能力？付款方式是否妥当安全？有多大的偿还能力？所以有必要在谈判前进行实地的参观访问，考察对方的产品质量、资金（或融资）水平、信誉、运输条件、经营渠道、执行合同的能力，对一切了如指掌，才能做到心中有数。另外，还要经常性地参加些博览会和专业展览会，直观地了解国内同类产品的样本和价格，以便宏观地了解国内外技术水平，在谈判桌上拿出最有说服力的材料。对通过各种渠道收集起来的信息必须进行科学的处理，运用计算机等信息处理工具将信息分类、整理、储存，为谈判方案的制定提供科学的依据，帮助谈判者宏观地把握谈判局势，在谈判桌上做一个最精明的买主或卖主。

3.1.4 商务谈判信息的处理

对收集来的信息资料进行分析整理,其主要目的,一是为了鉴别资料的真实性与可靠性;二是结合谈判项目的具体内容,分析各种因素与谈判项目的关系,并根据它们对谈判的重要性和影响程度进行排序。通过分析,制定出具体的谈判方案与对策。

(1) 信息资料的整理

1) 资料的评价

对资料的评价是资料整理的第一步。实践证明,收集到的各种资料,其重要程度各不相同,有些可以马上使用,有些到后来才能派上用场,而有些资料可能自始至终都用不上。如果把收集来的资料不加区别地积存起来,资料的使用将会变得十分麻烦。因此,必须首先对收集到的资料进行评价,没有用的应毫不犹豫地加以舍弃。对认为有用的、需要保存的资料,也要根据其重要程度的不同,将其分为三等,即:可立即利用的资料,将来肯定可以利用的资料和将来有可能派上用场的资料。只有如此,才能为资料的筛选打好基础。

2) 资料的筛选

资料的筛选大体上有以下几种方法:

① 查重法。这是筛选信息资料最简便的方法,目的是剔除重复资料,选出有用的信息资料。

② 时序法。即对按时间顺序排列的信息资料逐一分析,在同一时期内,较新的选取,较旧的舍弃,使信息资料在时效上更有价值。

③ 类比法。将信息资料按市场营销业务或按空间、地区、产品层次、分类对比等,接近实质的保留,否则舍弃。

④ 评估法。这种方法需要信息资料收集人员具有比较扎实的市场学专业知识,对自己所熟悉的业务范围,仅凭市场信息资料的目录就可以决定取舍。

3) 资料的分类

在资料整理阶段,对筛选以后的资料认真地进行分类,是最耗费时间的一项工作,也是极为重要的环节。可以说,不做好分类,就不可能充分利用资料。分类的方法大致有两种。

① 项目分类法。这种分类法既可以和工作相联,按不同的使用目的来分类,如可以将资料分为商务开发资料、销售计划资料、市场预测资料、价格资料等,或按"商务谈判中的必备资料"分为市场信息资料、技术信息资料、金融信息资料、交易对象的情况资料、有关政策法令等;也可以根据资料的内容,按不同性质来分,如可以根据产业不同或经营项目不同进行分类。

② 从大到小分类法。即从设定大的分类项目开始,大项目数最好不要超过 10 项,因为分得太细,容易出现重复。

4) 资料的保存

把分好类的资料妥善地保存起来,要做到即使是经常使用的资料也不要随便搁放。要适当分类,把相应的资料放到专门的资料架或卡片箱中,以便随时查找该类资料或增放同类资料。

(2) 信息资料的传递

为了获得有利的谈判地位，谈判人员必须十分注意信息的传递方式，恰当地选择传递的时机，把握好传递场合。通过谈判信息的传递，实现信息交流和沟通，保持谈判人员与己方的有效联系，最大限度地实现己方的谈判目标。

1) 完善信息资料传递的网络

企业是经济活动的细胞，它的商务信息交流活动是广泛的，从范围、对象上看，主要分为企业内部和企业外部信息交流。为了保证有效地传递和运用商务信息，企业必须建立信息传递网络。

2) 选择信息资料传递的方式

传递谈判信息的方式是保证谈判信息实现预期效果的必要手段。各种不同性质的谈判信息，要有与之相适应的传递交流方式，才能使谈判信息传递畅通无阻，成为谈判者在谈判中讨价还价的筹码。也就是说，谈判信息传递方式的选择不是任意的，它要受到相关因素的制约。因此，传递方式的选择既要考虑谈判的目的，同时又要随时注意自身条件、环境的影响和对方的变化情况。

3) 选择信息资料传递的时机与场合

谈判信息的传递时机是指谈判者在充分考虑各方的相互关系、谈判的环境条件、谈判信息的传递方式的情况下，确定并把握能积极调动各相关因素的谈判信息传递的最佳时间。谈判信息传递时机的把握是否恰当，在很大程度上影响着传递效果。谈判信息的传递场合，主要是指谈判信息进行传递的现场。选择恰当的场合传递谈判信息有利于增强传递效果，避免不利因素的影响。因此，谈判者在选择谈判信息传递时应考虑以下问题：①是自己亲自出面还是请第三方代为传递信息；②私下传递信息还是选择公开场合传递信息。

3.2 商务谈判计划

希克曼·西尔瓦在《创造卓越》一书中认为："在任何一个和对手博弈的场合——网球赛、象棋赛、太空竞赛、企业竞争等，胜利总是属于在思想上、计划上以及行动上比对手高出一筹的一方。"苏轼说："画竹必得成竹于胸中"才能画出竹的神韵和气势。谈判人员必须对谈判计划方案了如指掌，才能在谈判中把握进退的分寸，实现谈判的目标。计划是组织或者个人为达到某一目的，将工作或行动的顺序、时间、资金、人员的能力、资源、场所等按照一定的方式排定的管理控制方案，如同作战需要制定一个具体的作战方案一样，商务谈判也需要一个周全严密、科学有效的谈判方案，它必须将谈判的目的、策略、议程有计划地安排下来，使谈判人员对自己将要做的事情了如指掌，明确地知道工作的目标、步骤，信心充足地走上谈判桌。

谈判方案的制定，是谈判准备中最重要的一项工作，因为它具体地体现了谈判的目的和要求，使谈判人员的行动有了明确的方向，因而能够胸有成竹地控制谈判进度，运筹自如应付多变的谈判局势，驾驭谈判局势。

3.2.1 明确谈判的主题和目标

(1) 谈判主题

谈判的主题是进行谈判的目的，谈判目标是对谈判主题的具体表现。谈判主题与谈判目标是整个谈判活动的中心。谈判主题要简单明确，一般都能用一句话将它概括出来，表述要清楚，例如："以最优惠的价格购进某种设备"、"以最理想的价格出让某项技术"。

（2）谈判目标

在谈判的主题确定后，接下来的工作就是这一主题的具体化，制定出具体的谈判目标。所谓谈判目标，就是将主题进一步具体化。谈判目标可分为以下三个层次：

1）最低目标

它是谈判必须实现的目标，是谈判的最低要求。若不能实现，宁愿谈判破裂也没有讨价还价、妥协让步的可能。

2）可以接受的目标

它是指在谈判中可努力争取或做出让步的范围。如果说第一层次的目标可以用一个点来表示的话，第二层次的目标是一个区间范围。这个层次的目标是要争取实现的。

3）最高目标（期望目标）

它是己方在谈判中所要追求的最高目标，也往往是对方所能忍受的最高程度，它也是一个临界点。如果超过这个目标，往往要冒谈判破裂的危险。因此，谈判人员应充分发挥个人才智，在最低目标和最高目标之间争取尽可能多的利益。

例如：某公司在一次谈判中以出售价格为谈判目标，以上三个目标可这样表述为：①最高目标是每台售价 1400 元；②最低目标是每台售价 800 元；③可以接受并争取的价格在 800～1400 元之间。

值得注意的是，除价格之外，谈判一般存在着多个目标，这就有必要考虑谈判目标的优先顺序，根据其重要性加以排序，确定不是所有的目标都要达到，哪些目标可以舍弃，哪些目标可以争取达到，而哪些又是力力不能降低要求的。与此同时，还应考虑长期目标和短期目标的问题。例如，某商家欲采购某种商品进行销售，可以作如下考虑：①只考虑价格，牺牲质量以低价进货；②只考虑质量，以高价购入高质量商品，期望能以高价销售保证利润；③将质量与价格相结合加以考虑；④能否得到免费的广告宣传；⑤将价格、质量和免费的广告宣传三个因素结合起来加以考虑。在这五个目标中，如果价格和质量问题是目标的话，那么，这两个问题不加以解决，谈判就不可能取得成果。

3.2.2 制定谈判的基本策略

确定谈判的基本策略就是要选择能够达到我方目的的基本途径和方法，它必须建立在对谈判对方实力及其影响因素，与我方谈判实力及其影响因素细致而认真的研究分析的基础上。谈判基本策略是谈判的基调，是谈判人员遵循的基本方针，确定谈判的基本策略是谈判方案制定的基本前提。

（1）要明确双方在谈判中的目标是什么？己方最想得到的是什么？可以做出让步的是什么？什么是其实现目标最有利的因素？了解这些我们才能有针对性地提出自己的谈判目标，并在谈判中很好地把握谈判的"度"，即利益界限。如果了解到对方最想得的东西是什么，那么我方就可以让对方在得到其最想得到的东西，满足其需要的同时付出更多的东西，做出更多的让步作为代价。如果我们把握了对方实现目标的最有利因素和不利因素，那么在谈判中就可以避其有利之处而攻其不利方面，争取更好效果。

（2）要设想我方在争取所需要达到的目的的时候，将会遇到哪些障碍，对方将提出一些什么样的交换条件。

(3) 要确定对策，即是否可以接受对方的交换条件？如果接受，在多大程度上接受？如果不接受，又将采取什么方法和措施清除遇到的障碍？

(4) 要做好应对对方要求的准备。

3.2.3 制定谈判的具体方案

谈判方案是将所有谈判计划内容具体化、条理化，它主要包括以下几个方面的内容：

(1) 拟定谈判议程

谈判议程即谈判程序，包括所谈判事项的次序和主要方法，如谈什么问题？什么时候谈？分几个阶段，几个场合谈？谈判中运用什么方式去谈？

1) 谈判议程的安排方式

谈判议程的安排要根据具体的情况而定，常用三种方式，第一种是先易后难，先讨论容易解决的问题，为讨论困难的问题打好基础。创造良好的谈判气氛；第二种是先难后易，先集中精力和时间讨论重要的、困难的议题，把问题谈透，突出重点，以主带次，推动其他问题的解决；第三种是混合型，不分主次先后，把所要讨论的问题都提出来加以讨论，经过一段时间之后，再把所有讨论的问题归纳起来，对已经取得统一的意见明确下来，对尚未解决的问题作进一步讨论，取得一致性的意见。有经验的谈判者，在谈判前便能估计到哪些问题双方不会产生分歧意见，较容易达成协议；哪些问题可能有争议。有争议的问题最好不要放在开头，这样会影响以后的谈判，可能要占用很多时间，又可能影响双方情绪，一开始就"卡了壳"，对整个谈判来说都是不利的。争议的问题也不要放在最后，放在最后可能时间不充分，而且在结束谈判前可能给双方留下不好的印象。有争议的问题最好放在谈成几个问题之后，在谈到最后一、两题之前，谈判结束前最好谈一两个双方都满意的问题，以便在结束谈判时创造一个良好印象。

2) 谈判议程的内容

议程拟定是否科学合理，要看它是否符合两项要求，一是议程有互利性，议程的安排不仅要符合自身的需要，也要兼顾对方的实际利益和习惯做法。二是简洁性，安排的谈判事项必须简单，过多则会造成思想负担。比较科学合理的谈判议程安排一般包括如下几项内容：谈判应在何时举行，为期多久；倘若是一系列的谈判，则要分成几次举行；每次的谈判时间、休会时间是多少；哪些事项应列入讨论，哪些事项不应列入讨论，列入讨论的事项应如何编制顺序，每个事项应占多少讨论时间；谈判在何处举行等。

3) 通则议程与细则议程

通则议程是谈判双方共同遵照使用的日程安排，谈判议程一般都指通则议程。通则议程可由一方提出或双方同时提出，但只有经过双方讨论通过后才能正式生效。细则议程具有保密性，它是对己方参加谈判的具体策略安排，只供己方使用。其内容一般有：①对外口径的统一，包括文件、资料、证据和观点等；②谈判过程中各种可能性的估计及其对策安排；③谈判的顺序，何时提出问题，提什么问题，向何人提出这些问题，由谁提出问题，谁来补充，何时打岔，谁来打岔，在什么时候要求暂停讨论等；④谈判人员更换的预先安排等。

(2) 规定谈判期限

谈判期限是指谈判人员从直接着手进行谈判的准备工作开始至报盘的有效期结束之日

为止。如果超过了界限，即使达成了谈判协议，也会给谈判带来人力、物力、财力的损失。

（3）验证谈判方案的可行性

谈判方案拟订出来之后，为了保证其科学性和有效性，还要对方案的可行性进行论证。主要从三个方面入手，首先是对限制性要素进行分析，从谈判要涉及的人力、物力、时间、技术等这些客观条件方面检查是否具备谈判成功的条件，寻找实施谈判方案的必要条件与现实条件之间的差距；其次是对方案可能遇到的障碍和困扰进行预测，分析这些潜在性问题出现的可能性、严重性。谈判过程中，存在许多不可控制的因素，对这些不可控制的因素在审查谈判方案时就应当预测，以便找到预防的措施，防止意外的发生，或者找到应变突发性事件的措施和方法；最后是对方案实施效果进行预演，谈判小组的成员可以按照计划方案的安排演示谈判过程，以便总结经验，发现问题，完善方案。总之，谈判计划的目的，是为了使谈判人员在谈判过程中能够明确谈判的目标，抓住问题的实质，记住谈判的要点和步骤，在谈判过程中有条不紊地把握谈判局势，所以计划方案的制定必须高度地概述主题，用最简洁文字表述目标和要求，对议程的安排必须分成几个步骤，在每一个步骤的后面注明注意的事项，如时间长短，这样就不会给人想象空洞的感觉，真正可以起到揭示性的作用。另外，方案应有一定的灵活性，对可以控制的因素做周密的安排，但对一些不可控制的随机性因素，则可以做机动性安排。可以调整计划，以适应谈判的需求，使谈判人员有一个灵活发挥主观能动性的机会。

3.3 商务谈判组织

商务谈判的主体是谈判人员，谈判人员的选择、谈判小组的组成是商务谈判组织的基本环节。其中谈判人员的素质、个性、小组成员的配合和分工协作在很大程度上决定谈判的成功与否。

3.3.1 选拔谈判人员

（1）选拔谈判人员的标准

谈判是谈判双方一场实力、策略、技巧的较量，谈判人员具有的学识、经验、能力可以在谈判桌上得到最充分的展现。在谈判过程中，谈判者必须做到：①提出己方的意见，并观察对方的反应；②倾听对方意见并作记录；③思考对方意见并答复；④考虑每个论点、条件的可能后果，并设计出相应的对策；⑤记录并追踪谈判结果；⑥明确各项交易条件，签约成交。谈判桌上风云变幻、高手如林，谈判者要有很高的素质水平才能胜任这些工作。因此，选择谈判人员应主要按照以下几个标准进行衡量：

1）道德品质

正直无私，廉洁奉公，坚持原则，顾全大局，忠于职守，有责任感和集体主义精神。

2）学识水平

丰富的实践经验，扎实的学科基础知识，多方面的兴趣、爱好，广阔的知识面等。

3）能力结构

掌握谈判的技巧、技能，有很强的观察力，判断力，决策力，组织能力，逻辑思维力，创造能力，应变能力，语言表达能力。

4）性格气质

热情大方，坦率正直，敏锐机智，勇敢坚强，风趣幽默，稳重沉静，谦虚谨慎，理智果断，敢于创新，有独立性。

5）身体条件

精力充沛，声音洪亮，身体健康。

艾克尔在《国家如何进行谈判》中认为，一个完美无缺的谈判家，应该心智机敏而且具有无限的耐性；能巧言掩饰，但不欺诈行骗；能取信于人，而不轻信他人；能谦恭节制，但又刚毅果断；能施展魅力，而不为他人所惑。艾克尔的观点恰恰证明了谈判人员必须是品德高尚，智能双全的人才。

（2）确定谈判班子的规模

1）谈判班子的形态有三种：即"一对一"的单个谈判、谈判小组、谈判团队

①"一对一"的单个谈判。单个谈判的谈判者只有一个人，全部承担谈判责任，没有了分工、沟通的障碍，也不会有个性的冲突，因此便于不失时机地做出决策，抓住每一个稍纵即逝的谈判机遇，速度快，效率高，但智者千虑，必有一失，容易因谈判者一人的失误造成谈判的失败。②谈判小组。谈判小组由几个成员组成，他们都具有谈判需要的不同的学科知识和专业技能，能够解决谈判的问题，他们分工协作，集思广益，可以互补，形成知识结构和智能结构上的整体组合，便于使用多种谈判技巧与策略，但是，一旦谈判小组成员内部不能形成统一的意见，不能沟通、协作，就会延误决策的时机，造成谈判的重大失败。③谈判团队。谈判团队由几个谈判班子组成，分别设有正式谈判小组、顾问人员、专家、第二线工作班子，它的成员多，组织严密，层次高，一般谈判比较重大的问题。

2）谈判班子形态的选择

英国谈判专家比尔·斯科特在他的《贸易洽谈技巧》中认为，商务谈判选择谈判小组这一形态比较合适，因为现代社会，商品交易的范围十分广泛，已经由国内市场扩大到国际市场，谈判涉及的事务非常复杂，仅在知识方面就要涉及商业、贸易、金融、保险、海关、运输、法律、礼仪习俗、禁忌、科学技术等方面的知识，所以，要应付一次商务谈判，一个人的知识、精力与能力是无法胜任的，如果组成一个谈判小组，几个人的知识结构和才智进行互补综合，发挥分工协作的整体优势，就能够胜任谈判的职责，满足谈判的需要。

3）谈判班子的规模

比尔·斯科特从有效管理幅度的原则出发，认为一个谈判小组的规模最好是由四名成员组成，他们分别承担不同的责任，互相协作。如果遇到比较复杂的谈判，则在谈判的各个阶段按照谈判的需求更换人员，使谈判小组的规模始终维持在四人左右，这样便于指挥、协调、沟通，减少由于内部意见不统一而造成的决策延误，保证谈判小组的团结、协作。

总之，在谈判班子的组合过程中，必须坚持"精干，实用，效率"原则，应选择最有谈判经验、掌握了谈判技巧、品德高尚、作风正派而又具有专业学科知识的谈判人员，组成最精干的谈判小组（4~5人），对他们进行严密的分工，强调协作配合，发挥整体的效能。

3.3.2 谈判小组成员的分工与协作

按照"精干、实用、高效"的原则组合起来的谈判小组，必须是一个分工合理、协调有序的整体，成员之间的知识结构和智能结构得到最佳的组合，产生互补的作用。一般情况下，谈判小组由主谈（首席代表）、专业人员、财务人员、法律人员、翻译人员构成，另外配有记录人员，他们各有自己的职责。

(1) 谈判小组成员的分工

1) 主谈是谈判班子的核心，是谈判的首席代表，领导谈判班子的工作，其具体职责是：①监督谈判程序；②掌握谈判进程；③协调谈判班子成员的意见；④听取专业人员的建议、说明；⑤决定谈判过程中的重要事项；⑥代表单位签约；⑦汇报谈判工作。

2) 专业人员是谈判班子的主力，他的具体职责是：①阐明己方参加谈判的愿望条件；②弄清对方的意图、条件；③找出双方分歧或差距；④同对方进行专业细节方面的磋商；⑤修改草拟谈判文书的有关款项；向首席代表提出解决专业问题的建议；⑥为最后决策提供专业方面的决策论证。

3) 财务人员是谈判班子的重要成员，常由会计师担任，他的具体职责是：①掌握该项谈判总的财务情况；②了解谈判对手在项目利益方面的预期期望值指标；③分析、计算修改中的谈判方案所带来的收益的变动；④为首席代表提供财务方面的意见建议；⑤在正式签约前提出对合同或协议的财务分析表。

4) 法律人员是谈判小组的必要成员，他的具体职责是：①确认谈判对方经济组织的法人地位；②监督谈判程序在法律许可范围内进行；③检查法律文件的准确性和完整性。

5) 翻译人员在谈判中是实际的核心人物，在谈判双方存在语言理解的差异，交流的困难时，翻译人员在其中起沟通、消除障碍的作用。他的具体职责是：①准确忠实地翻译谈判内容；②对主谈人的谈话内容如觉不妥，可以提出，请他考虑，不能擅自向外商提出个人意见；③外商提出的任何要求均应详告主谈人商议解决，不能自作主张，给予肯定或否定的回答；④外商如有不正确的言论，应据实全部译告主谈人考虑外，谈判过程中要有一位记录人员，将谈判过程准确、完整、及时地记录下来作为保存的资料或下一步谈判的重要依据。

(2) 谈判小组成员的协作，如同舞台上的戏剧演出，谈判小组的成员每人都有自己的角色，每个人的动作与台词都要与自己的角色相符。同时，还要考虑与其他角色相呼应，否则演出就会失败，谈判就会出现失误。从某种角度来说，谈判也是一种配合协作的艺术。例如，谈判价格时，商务主谈人主持会谈，评论对方价格，还价或讨价则由主谈人负责；谈判合同款项时，主谈人要和法律人员一起准备好有关文本文件，对合同条款的合法性、严谨性、可行性、公正性负责，财务人员和技术人员则要对其中有关联的条款如价格、支付方式、包装运输、服务、验收及罚款等条件的规定予以了解和监督；谈判技术附件时，技术人员作为谈判桌上的主持进行发言，对所有附件的准确性与完整性负责，而财务人员和法律人员则为参谋和卫士，他们要根据自己掌握的材料和经验提出参考意见，当对方刁难技术人员时，则从财务与法律角度予以支持，以压倒对方无理的态度等。谈判小组的原则是加强沟通，一致对外。谈判过程中，谈判成员会因为谈判中出现的情况各有不同的评价和看法，但不应在判桌上互相指责，表现出不尊重对方的态度，而应当以暂停的方式，让大家坐在一起各抒己见，相互协商，形成比较一致的意见，以共同对外的姿态出现在谈判桌上。在谈判过程中，即使谈判小组的某一成员出现失误，其他成员也不能表示不满和抱怨，只能协助性地表达自己的补充意见，不露声色地挽回谈判的损失。

3.3.3 谈判地点与时间的选择

荀悦在《资治通鉴》中评述道："夫立策决胜之术，其要有三，一曰形，二曰势，三曰情。形者，言其大体得失之数也；势者，言其临时之宜，进退之机也；情者，言其心志可否之实也。故策同，事等而功殊者，三术不同也。"他认为形、势、术是作战取胜的三要素，由其原意引申出去，就是势、时、术是决战取胜的三个要素，它们与兵法所说的"天时、地利、人和"是决战取胜的前提大致相同。谈判是谈判双方为了改善或改变相互间的关系，谋求一致而进行的交换观点、切磋协议的活动，它实质上是一种说服、劝服的人际交往活动，谈判的成功是说服的成功，而为了增强谈判者的说服力，就必须选择好谈判地点、时间，营造好谈判氛围，形成谈判有利的"居家优势"。

（1）选择谈判地点

1）应尽力追求居家优势。心理学家曾做过这样的一个实验，他们按照支配能力也就是影响别人的能力，把一群大学生分成上、中、下三等，然后取各等中的一个组成两小组，让他们讨论大学十个预算计划哪一个最好，一个小组安排在支配能力高的学生寝室里，另一个小组在支配能力低的学生寝室里，结果发现讨论结果总是按照寝室主人的意见行事，即使主人是低支配力的学生也是如此。由此可见，一个人在自己或自己熟悉的环境中比在别人的环境中更有心理优势，更有说服力，这就是"居家优势"。

选择谈判地点，首先要考虑的是居家优势。心理学的研究证明了人在自己的环境中会产生一种心理优势，一种优越感，会增强说服别人的力量，所以谈判者都喜欢选择一个熟悉的场所谈判。这样可以占有"地利"条件，无须熟悉环境，可以全力以赴，专心致志地应付谈判，作为主人，还可以轻车熟路地驾驭谈判进程，而对方由于是客人的身份，需要适应一个陌生的环境，处于一个被动的位置，会更加注意礼节，不能随便攻击、侵犯主人利益。

2）最终还要双方商议而定

选择自己的场地（或熟悉的环境）谈判，当然是理想的选择，但这不是以谈判者主观意愿为转移的，任何一方都无权自定谈判地点，否则违反了平等互利的原则，所以谈判地点的选择经常是由参加谈判的双方商议而定。为了使双方的心理获得平衡，谈判地点常常是选择在双方都不熟悉的地方。但谈判地点必须是环境幽雅、气候宜人、风景秀丽的地方，它可以令谈判者感到心旷神怡；同时，谈判地点必须拥有现代化的通信设施和交通工具，谈判者可以通过电话、网络、传真与外界保持密切的联系。

（2）布置谈判场地

场地的环境、气氛对谈判者的心理会产生一定的影响，所以谈判者必须注意谈判场地的布置，营造一种有利于谈判进行的环境。同时，心理学研究表明，桌子的选择和座次的安排都是人的界域观念的外化与延伸，它们是一种无声的界域语言，所以必须注意谈判桌的选择和谈判座次的安排：

1）谈判场地的环境

谈判的场地必须有良好的照明、空调、通风、隔声设备，色调柔和，空气清新，座位舒适，摆设雅致，让谈判者处于庄重、严肃、轻松、自然的谈判气氛之中。谈判场所应摆设一些新鲜美丽的花卉、雅致有趣的盆景点缀空间，令人赏心悦目，轻松愉快，紧张的情绪得到缓和。除此之外，还应准备一些水、点心、饮料等食品，谈判人员在休会时间可以享用，创造一种友善、宽松的气氛。

2）谈判桌子的选择

选择合适的谈判桌是一个不可忽视的问题。每一次商务谈判，用什么样的谈判桌最为适宜，没有定式可循。谈判的组织者应当根据谈判的性质、规模以及谈判参与者的具体情况灵活掌握，不必墨守成规。

① "T"形谈判桌。1991年10月在西班牙首都马德里举行的举世瞩目的中东和会，组织者精心设计了谈判史上前所未有的"T"形谈判桌，使以色列及其阿拉伯邻国在经历了多年的交战状态之后第一次坐在一张谈判桌上进行谈判。座次是这样安排的：举办者美俄两国代表坐在"T"字顶头，各代表团分坐两旁，右边为埃及、以色列、黎巴嫩；左边为欧共体、约旦、巴勒斯坦、叙利亚。座次的安排基于这样的考虑：埃及和黎巴嫩同以色列结怨不深，可以坐在一起，而约旦、巴勒斯坦和叙利亚则绝对不能与以色列坐在一起。

② 方形谈判桌。方形谈判桌有长方形谈判桌和正方形谈判桌之分，双方谈判人员各占一边表示对等。这种形式看起来很正规，给人以严肃的形象，容易形成对立的感觉和情绪，缺少轻松活泼的气氛，彼此谈话不太方便。长方桌总是给人以正规、严肃之感，同等地位的两方隔着方桌形成一种竞争与防御的关系，谈判者围着方形桌两边对峙而坐，意味着双方有许多分歧，需要作进一步的协商、切磋，气氛比较紧张、严肃。方形谈判桌比较适合于具有较强竞争性和对抗性的谈判。

③ 圆形谈判桌。中世纪时，亚瑟王曾举行圆桌会议，让每一位骑士都坐在圆桌周围，以示大家的地位平等，因此圆桌表示的是平等相处的意思。谈判时选择圆桌，让谈判者围坐在圆桌周围，可以营造一种宽松自在的谈判气氛。圆形谈判桌有正圆形谈判桌和椭圆形谈判桌之分。采用圆桌进行谈判，双方人员围桌而坐，不分主次地形成一个圆圈，便于双方人员交换意见，沟通感情从而形成和谐的气氛。比较适合于多方参加的谈判或合作性较强的谈判。例如，于1969年在巴黎举行的由四方代表参加的尽早结束越南战争的谈判中，首次采用了椭圆形谈判桌，巧妙地解决了四方代表的座次安排问题。

④ 不设谈判桌。在双方谈判人员数不多的情况下，可以不设谈判桌，大家随便坐在一起交谈，便于交换意见。谈判双方人员都比较随便，有助于增强谈判的友好气氛。

3）谈判座次的安排

【案例3-1】

1956年，日本农林相河野一郎率代表团去莫斯科参加日苏渔业谈判，会见了苏联部长会议主席布尔加宁。布尔加宁按照让客方先行就座的规矩，要河野自己在室内选择座位，河野环视了一下室内布置后，指着就近的一把椅子说："我就坐在这儿吧！"说着便坐了下来。布尔加宁便坐到他对面的椅子上。河野后来回忆说，他选的椅子在方向上是背着光线的，谈判中他很容易看出对方的表情，甚至布尔加宁在谈判中露出的倦意他也看清了。这样，他可以根据主人的情绪变化来掌握谈判的进度和措辞。河野在回忆录中宣称，这是他在谈判经验中得来的一个秘诀。

由此可见，谈判时的座次对谈判的影响甚大。当然，在一些较大、较正规或级别较高的谈判中，座位一般分为两侧，且要根据谈判代表的身份、级别和在谈判中所处的地位依次落座。不允许随意选择。但现实中更多的谈判是非程序化或非格局性要求的。在这些谈判中，谈判的座次就没有什么规定了。因此，选择一个恰当的座次在商务谈判中是很重要的。

常见的谈判座次安排形式。谈判中的座位次序对谈判的结果颇有影响。因为谈判双方一旦在各自的座位上坐定，谈判的气氛就随之形成。座次的安排代表了许多用语言难以表达的意义，它可以体现出谈判双方彼此的关系以及谈判人员各自的身份等细微之处，对谈判者的心理以至整个谈判氛围都可能产生明显的影响。第一，桌角座次（如图 3-1a 所示），反映双方的关系友善，谈判气氛轻松。这种座次的安排可以让双方有无限制的目光接触；第二，合作座次（如图 3-1b 所示），谈判双方的主谈人按照 A 与 B 的位置并排而坐，表示双方早已形成亲切友善的关系，真诚地把对方当作是可以争取的伙伴。这种座次最适合提意见，易于使对方接受。同时，当谈判双方已在许多重要的事项上达成了一致的看法，只剩一些具体、细小的事项要商议时，最好选择这种座次；第三，竞争防御座次（如图 3-1c 所示），双方隔桌而坐，让桌子变成双方的屏障形成一种竞争、防御的关系。谈判中两位主谈人安排在桌子两旁的中间，意味着谈判刚刚开始，双方就存在分歧，有不一致的看法，需要进一步的切磋与商议。

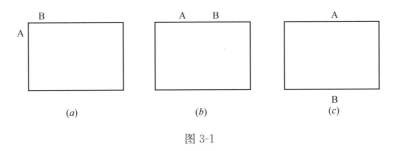

图 3-1

谈判座次的具体安排方法。谈判座位的设置如果是围成圆形，则不分首席，适合多边谈判。谈判座位的设置如果是围成长方形，则适用于双边平等谈判。此时，双方谈判人员应各居一方面对面而坐，双方谈判小组的首席代表居中，其他代表分别坐在首席代表的两边。双方的首席代表应该坐在平等而相对的座位上，同时，还要能够用眼神和其他成员交换意见，或者能够低声与谈判成员之间进行商量，研究应付对策。此外，座次安排还要体现主宾之别，按照我国传统习惯是以右为尊，坐北朝南为主，坐南朝北为客。所以在安排座次时，应安排客方坐在右侧，让对方有被尊重、受欢迎的感觉，从而增强谈判桌上融洽和谐的气氛。当然，我们也不能墨守成规，而是应根据谈判的需要灵活安排谈判座次。

【案例 3-2】

美国谈判专家尼尔伦伯格创造性地运用谈判座次策略就是成功的一例。有一次，尼尔伦伯格被邀请去参加工会与资方之间的谈判。作为资方代表中的一员，尼尔伦伯格一反常规，不是坐到工会代表的对面，而是有意识地打破劳资双方的空间界区，与工会代表们同坐一边，工会代表们十分奇怪，示意他坐错了位子，可是他却不予理会。谈判开始后不久工会代表们好像忘记了尼尔伦伯格是资方的代表，对他的分析、意见和建议给予充分的重视，并且在认真考虑的基础上加以采纳，就好像对待他们自己一方的意见和建议一样，从而使谈判圆满成功。这一案例提示我们，对谈判座次策略创造性地发挥，巧妙地运用，同样也能取得令人意想不到的好效果。

（3）谈判时间的选择

商务谈判虽然不等于短兵相接的战斗，但它也需要谈判人员严阵以待，全力以赴地对待风云变幻的谈判局势，对谈判人员的精力、情绪、能力的要求很高。时间是影响精力、情绪、能力的一个重要因素，因此要使谈判获得成功，必须重视谈判时间的选择，创造有利于自己的条件。时间的选择有两个方面的意思，一是时机的选择，二是具体时间的安排。

1）时机选择

时机也可以是一种机遇，是由外部因素与内部因素共同作用而产生的。有利的时机往往有两种情况，其一是市场需求关系的变化（供不应求或供过于求），可以使自己作为卖方或买方有了一个举足轻重的筹码，补充谈判的力量。其二是企业发展的迫切性需要。当谈判一方对谈判结果有迫切性的需要时，最容易给对方创造机遇，对方可以因此拥有一定的谈判优势，利用时间限度迫使对方就范。良好的时机应当是己方有了许多有利的条件，为谈判做好了最充分的准备，无论是物质上还是精神上都有准备，谈判人员信心充足，士气高昂。

2）具体时间安排

具体谈判时间的安排必须考虑谈判人员的情绪、精力状况和气候条件。不能在谈判人员感到十分疲倦的情况下谈判，如长途跋涉之后，谈判人员需要有一段休息时间让自己消除疲劳，恢复体力，因此不能够一下飞机（或火车、汽车）就马上开始谈判；不能在精神不振、情绪低落的生物钟时间下进行谈判，生理学研究表明，中午 11：30～13：30、下午 4：30～6：30 是人的身、心处于低潮的生物时钟，人们在这段时间里不能集中精力学习和工作，效率很低，而且思维迟钝，情绪烦躁，难以控制自己的情绪，所以谈判时间不能选在上述时间段，否则会有冲突或暴力的事发生在谈判桌上；公休日也不应该作为谈判时间的选择，因为人在假日里难以完全地进入工作状态，影响谈判人员能力的发挥。

本章内容总结：

凡事预则立，不预则废。商务谈判讲究不打无把握之仗，本章首先就商务谈判如何准备进行了研究，商务谈判之前应知己、知彼、知环境，所以谈判者应了解有关谈判的市场行情、科技动态、政策与法规、谈判对手的情况、自己的情况、谈判涉及的民族文化心理、风俗习惯、宗教信仰和礼仪禁忌等，这其中的大多数信息其实是谈判者日常的积累。其次，谈判者要就某次具体谈判有一个明确的计划，包括谈判的目标、方案和策略安排。最后，一定要选择最合适的人去进行谈判，选拔谈判人员要从道德品质、学识水平、能力结构、性格气质、身体条件等几个方面综合考虑。在具体事务的准备方面，首先应在地点上尽量争取居家优势，其次要根据谈判的重要程度选择环境优美的场所，并注意场地的布置与座次的安排，最后在时间的安排上要确保在大家精力充沛的时间里进行谈判。

核心概念：

谈判目标；谈判的基本策略；商务谈判信息；商务谈判计划；谈判人员；谈判小组

课堂讨论：

（1）商务谈判的信息主要有哪几个方面？

（2）制定商务谈判计划需要考虑哪些方面的内容？

(3) 应该按什么标准选拔谈判人员？
(4) 谈判小组主要有哪几类成员角色？他们应该如何分工与配合？
(5) 谈判座次安排有什么样的惯例可循？
(6) 谈判时间安排应注意什么？

课后自测：

一、单选题

1. 进行商务谈判工作的首选方法是（　　）。
 A. 文案调查法　　　　　　　　B. 实地调查法
 C. 购买法　　　　　　　　　　D. 网上调查法
2. （　　）是商务谈判必须实现的目标，是谈判的最低要求。
 A. 最低限度目标　　　　　　　B. 可接受目标
 C. 最优期望目标　　　　　　　D. 最理想目标
3. 在进行与技术条款有关的商务谈判时，应该以（　　）为主谈人。
 A. 法律顾问　　　　　　　　　B. 财务部长
 C. 营销经理　　　　　　　　　D. 技术总监
4. 在商务谈判倾听过程中，一手撑头，一手拿着笔玩弄，是（　　）的表现。
 A. 严肃谨慎　　　　　　　　　B. 认真
 C. 气愤　　　　　　　　　　　D. 漫不经心
5. 将（　　），是有效调控情绪和正确处理问题的重要前提。
 A. 人与事分开，对人不对事　　B. 人与事联系起来，对人也对事
 C. 人与事分开，对事不对人　　D. 人与事分开，既不对事也不对人

二、多选题

1. 收集商务谈判信息应遵循（　　）原则。
 A. 时效性　　　　　　　　　　B. 准确性
 C. 现场性　　　　　　　　　　D. 全员性
2. 商务谈判议程的内容包括（　　）。
 A. 模拟谈判　　　　　　　　　B. 时间安排
 C. 确定谈判议题　　　　　　　D. 确定谈判人员
3. 影响人知觉的主观因素有（　　）。
 A. 知觉对象的特点　　　　　　B. 背景的差别
 C. 知觉者的兴趣　　　　　　　D. 过去的经验
4. 经验证明，商务谈判人员的自我开发、训练要抓住以下（　　）几方面。
 A. 明确的目标性　　　　　　　B. 加强心理素质的培养环节
 C. 知识的储备　　　　　　　　D. 善于总结
5. 对商务谈判人员的约束，概括起来主要有（　　）等方面。
 A. 经济约束　　　　　　　　　B. 法律约束
 C. 责任约束　　　　　　　　　D. 道德约束
6. 成为一个优秀、成熟的谈判人才，应善于（　　）。
 A. 表现自我　　　　　　　　　B. 控制自我

C. 以势压人   D. 观察别人

三、简答题

1. 商务谈判调查的内容主要有哪些？
2. 简述商务谈判组织构成及其角色职能。
3. 试述商务谈判方案的基本内容。
4. 如何应对商务谈判心理挫折？
5. 简述制作商务谈判方案的基本原则与注意事项。

案例分析：

日方向我国销售成套炼油设备的谈判

20世纪60年代初期，我国大庆油田的情况在国内外尚未公开。为更好地开发大庆油田，需要进口成套炼油设备。

日本相关企业为了能够最终中标，做了大量信息采集、分析工作。收集、研究了一些我国公开的报纸，新闻材料，对大庆油田实际情况及需要做了推断。日方就是利用公开的新闻资料中的一句话、一张照片、一条消息，加以综合分析，作为判断的依据。因而在向我国销售成套炼油设备的谈判中，日方谈判人员介绍只有他们的设备适合大庆油田的质量、日产量，从而获得了较大的主动权，而我方采购最终决定向日方购买。

分析思考：

（1）日方为什么能获取谈判的主动权？

（2）本案例对开展商务谈判调查有何启示？

4 商务谈判流程

能力目标

通过本章的学习，你应该能够：
1. 了解商务谈判过程中的主要任务；
2. 学会商务谈判开局阶段创造良好氛围和交换意见的方式；
3. 掌握报价阶段的报价形式、原则和方法；
4. 掌握磋商阶段的准则及讨价、还价的方法和技巧；
5. 了解谈判结束的方式、成交协议或合同的拟定和履行。

案例导读：

用寒暄打开局面

柯达公司创始人乔治·伊士曼，成为美国巨富后热心社会公益事业，捐巨款建造了一座音乐厅、一座纪念馆和一座剧院。为能承接这些建筑物内的座椅，众多制造商展开了竞争，可是，无不乘兴而来、扫兴而归。

此时，美国优秀座椅公司经理亚森前来，希望得到这笔价值8万美元的生意。伊士曼的秘书在引见亚森前忠告："我明白您急于想得到这笔订单，但我要告诉您，假如您占用了伊士曼先生5分钟以上的时间，您就没有希望了。他是一个非常严厉的大忙人，所以您去后要快讲。"

亚森被引进伊士曼的办公室后，看到伊士曼正埋头处理桌上的一堆文件，于是，亚森静静地站在那里，并打量着这间办公室。

过了一会儿，伊士曼抬起头发现亚森，问道："先生有何见教？"

秘书将亚森作了简单的介绍，便退出去。这时，亚森没有谈生意，却说："伊士曼先生，我利用等您的时间，仔细地观察了您的办公室。我本人长期从事室内的木工装修，可从未见过装修得如此精致的办公室。"

伊士曼回答说："谢谢您的夸奖，这间办公室是由我亲自设计的，当初刚建好时我喜欢极了，可是后来一忙一直都没有机会好好地欣赏一下这个房间。"

亚森走到墙边，用手在护墙板上一擦，说道："这用的是英国橡木吧？这种橡木的质地是很好的。"

"是的。"伊士曼高兴地站起来回答说："这是从英国进口的橡木，是我的一位朋友专程去英国帮我订的货，他是长期研究室内细木的。"

伊士曼心情非常好，带着亚森仔细地参观他的办公室，并将室内装饰详细地向亚森作介绍，从选材到颜色，从工艺到价格，然后又讲到自己设计的经过。亚森微笑着聆听，显得饶有兴趣。

亚森看到伊士曼谈兴正浓，便好奇地问起他的经历。伊士曼接着讲述了自己青少年时期苦难的生活,母子俩怎样在贫困中挣扎,以及发明柯达相机的过程和向社会回报的各项捐赠等。亚森专注地倾听着,并赞扬伊士曼先生的公德心。

原本伊士曼的秘书警告过亚森,会谈不能超过 5 分钟,可是现在谈了近两个小时,一直谈到了中午。

伊士曼邀请亚森共进了午餐,直到亚森告辞,两人都没有谈及生意。但是,随后亚森不仅得到了大批的订单,而且与伊士曼结下了友谊。

谈判双方在做了各种准备工作之后,就要开始面对面地进行谈判工作。谈判过程可能是多轮次的,也可能要经过多次的反复。一般来说,不论谈判过程时间长短,谈判双方都各自提出自己的交易条件和意愿,然后就各自希望实现的目标和相互间的分歧进行磋商,最后消除分歧达成一致。这个过程依次是谈判开局阶段、谈判磋商阶段、谈判结束阶段。掌握各个阶段的策略,完成每一个环节的任务,顺利实现双方满意的结果,是谈判过程的重要任务。

4.1 商务谈判的开局阶段

4.1.1 谈判开局阶段的基本任务

谈判开局对整个谈判过程起着至关重要的作用,它往往显示双方谈判的诚意和积极性,关系到谈判的格调和发展趋势,一个良好的开局将为谈判成功奠定基础。这一阶段的目标主要是对谈判程序和相关问题达成共识;双方人员互相交流,创造友好合作的谈判气氛;分别表明己方的意愿和交易条件,摸清对方的情况和态度,为实质性磋商阶段打下基础。为达到以上目标,开局阶段主要有三项基本任务:

(1) 谈判通则的协商

所谓谈判通则的协商主要包括"4P",即成员(Personalities)、目的(Purpose)、计划(Plan)及进度(Pace)四个方面内容。

谈判双方初次见面,要互相介绍参加谈判的人员,包括姓名、职务、谈判角色等情况。然后双方进一步明确谈判要达到的目标,这个目标应该是双方共同追求的合作目标。同时,双方还要磋商确定谈判的大体议程和进度,以及需要共同遵守的纪律和共同履行的义务等问题。谈判通则协商的目的就是谈判双方友好接触,统一共识,明确规则,安排议程,掌握进度,争取成功。

(2) 营造适当的谈判气氛

谈判气氛会影响谈判者的情绪和行为方式,进而影响到谈判的发展。谈判气氛受多种因素的影响,谈判的客观环境对谈判的气氛有重大影响,例如,双方面临的政治形势、经济形势、市场变化、文化氛围、实力差距,以及谈判时的场所、天气、时间、突发事件等。对于客观环境对气氛的影响,需要在谈判准备阶段做好充分准备,尽可能营造有利于谈判的环境气氛。谈判人员主观因素对谈判气氛的影响是直接的,在谈判开局阶段一项重要任务就是发挥谈判人的主观能动性,营造良好的谈判气氛。谈判气氛的形成一般是通过双方相互介绍、寒暄,以及双方接触时的表情、姿态、动作和说话的语气等方面。谈判气氛的营造既表达双方谈判者对谈判的期望,也表达出谈判的策略特点,因此也是双方互相摸底的重要信息。

(3) 开场陈述和报价

1) 双方各自陈述己方的观点和愿望，并提出倡议

陈述己方对问题的理解，即己方认为谈判应涉及的问题及问题的性质、地位；己方希望取得的利益和谈判的立场。陈述的目的是使对方理解己方的意愿，既要体现一定的原则性，又要体现合作性和灵活性。然后，双方各自提出各种设想和解决问题的方案，并观察双方合作的可靠程度，设想在符合商业准则的基础上寻求实现双方共同利益的最佳途径。

2) 在陈述的基础上进行报价

报价就是双方各自提出自己的交易条件，报价是各自立场和利益需求的具体体现。报价分为狭义报价和广义报价：狭义报价是指一方向另一方提出己方希望成交的具体价格；广义报价是指一方向另一方提出的包括具体价格的一揽子要求。报价既要考虑对己方最为有利，又要考虑成功的可能性，报价要准确清楚双方不受对方报价的影响，可以按自己的意图进行报价。报价的目的是使双方了解对方的具体立场和条件，了解双方存在的分歧和差距，为进行磋商准备条件。

4.1.2 谈判开局气氛的营造

谈判气氛的营造应该服务于谈判的方针和策略，服务于谈判各阶段的任务，应该有利于谈判目标的实现。谈判气氛在不同特点的谈判中是不一样的，即使在一个谈判的过程中，影响谈判气氛的因素发生变化，也会使谈判气氛发生微妙的变化。谈判气氛多种多样，有热烈的、积极的、友好的，也有冷淡的、对立的、紧张的；有平静的、严肃的，也有松懈的、懒散的；还有介于以上几种谈判气氛之间的自然气氛。而谈判开局阶段气氛的营造更为关键。因为这一阶段的气氛会直接影响到双方是否有一个良好的开端。一般来说，开局气氛如果是冷淡的、对立的、紧张的，或者是松懈的，都不利于谈判的成功。谈判开局气氛也不大可能一下子就变成热烈的、积极的、友好的。什么样的开局气氛是比较合理的呢？根据开局阶段的性质、地位以及进一步磋商的需要，开局气氛应该有以下几个特点：

(1) 礼貌尊重的气氛

谈判双方在开局阶段要营造出一种尊重对方、彬彬有礼的气氛。出席开局阶段谈判可能有高层领导参加，以示对对方的尊重。谈判人员服饰仪表要整洁大方，无论是表情、动作还是说话语气都应该表现出尊重、礼貌。不能流露出轻视对方、以势压人的态度，不能以武断、蔑视、指责的语气讲话，要使双方能够在文明礼貌、相互尊重的气氛中开始谈判。

(2) 自然轻松的气氛

开局初期常被称为"破冰"期。谈判双方抱着各自的立场和目标坐到一起谈判，极易出现冲突和僵持。如果一开局气氛就非常紧张、僵硬，可能会过早地造成情绪激动和对立，使谈判陷入僵局。过分的紧张和僵硬还会使谈判者的思维偏激、固执和僵化，不利于细心分析对方的观点，不利于灵活地运用谈判策略。所以，谈判人员在开局阶段首先要营造一种平和、自然、轻松的气氛。例如，随意谈一些题外的轻松话题，松弛一下紧绷着的神经，不要过早与对方发生争论。语气要自然平和，表情要轻松亲切，尽量谈论中性话题，不要过早刺激对方。

(3) 友好合作的气氛

开局阶段要使双方有一种"有缘相知"的感觉，双方都愿意友好合作，都愿意在合作中共同受益。因此谈判双方实质上不是"对手"，而是"伙伴"。基于这一点，营造友好合作的气氛并不仅仅是出于谈判策略的需要，更重要的是双方长期合作的需要。尽管随着谈判的进行会出现激烈的争辩或者矛盾冲突，但是双方是在友好合作的气氛中去争辩不是越辩越远，而是越辩越近。因此，要求谈判者真诚地表达对对方的友好愿望和对合作成功的期望，此外，热情的握手、热烈的掌声、信任的目光、自然的微笑都是营造友好合作气氛的手段。

(4) 积极进取的气氛

谈判毕竟不是社交沙龙，谈判者都肩负着重要的使命，要付出巨大的努力去完成各项重要任务，双方都应该在积极进取的气氛中认真工作。谈判者要准时到达谈判场所，仪表要端庄整洁，精力要充沛，充满自信，坐姿端正，发言要响亮有力，要表现出追求进取、追求效率、追求成功的决心，不论有多少分歧，有多少困难，相信一定会获得双方都满意的结果。谈判就在这样一种积极进取、紧张有序、追求效率的气氛中开始。

4.2 商务谈判的磋商阶段

谈判双方报价之后，商务谈判进入了实质性内容谈判的阶段，也就是磋商阶段。它是商务谈判的中心环节，也是在整个过程中占时间比例最大的阶段。磋商是指谈判双方面对面讨论、说理、讨价还价的过程，包括诸如价格解释与评论、讨价、还价、让步、小结等多个阶段。

4.2.1 磋商的准则

在磋商各阶段中，有各个阶段的特有技巧和准则。同时，磋商作为一个总的过程，也有其准则。一般而言，磋商的准则有条理、客观、礼节、进取和重复。

(1) 条理准则

条理准则即磋商过程中的议题有序、表述立场有理、论证方式易于理解的原则。条理准则包含逻辑次序和言出有理两个部分。

(2) 客观准则

客观准则是指磋商条件过程说理与要求具有一定的实际性。只有具备实际性的说理，才具有说服人的效果；只有符合实际的要求，才会有回报的可能。

(3) 礼节准则

谈判磋商既是争论也是协商，在激烈争论的时候，应有相互尊重、谅解妥协。这就要求谈判者保持礼节准则，这一准则要求沉毅律己、尊重对方，松紧自如，且贯彻始终。

(4) 进取准则

进取准则是顽强争取与己有利的条件，千方百计地说服对方接受自己条件的精神与行为。进取准则主要体现在两个方面：高目标与不满足。

(5) 重复准则

重复准则是指在磋商中对某个议题和论据反复应用的行动准则。磋商中不要怕重复，重复的谈判是深入谈判的准备。

4.2.2 磋商的流程

(1) 报价

在任何一笔交易的谈判中,买方或卖方的报价是重要的环节。报价狭义上仅指谈判者在价格上的要价,广义上则泛指谈判一方向对方提出的所有要求:商品的质量、数量、包装、装运、支付条件、保险条款等,以及工程项目的承包条件、工期、材料质量等。

1) 报价方式

报价方式一般可以采取书面报价或者口头报价。

书面报价要提供详尽的文字材料和数据、图表等。白纸黑字的报价一方面清楚表达了己方愿意承担的义务,但同时也限制了己方企业谈判后期的让步和变化。一般而言书面报价如下情况具有适用性:实力强大或者实力相当的谈判者;在有关规则约束下别无选择只能书面报价,如招投标项目;既作为最初条件也作为最后条件,目的是不希望对方讨价还价,如供货价目表;作为一种给对方施加压力的策略而使用。

口头报价具有很大的灵活性,可以随着谈判进程调整和变更,但约束力较弱,而且有些数据、图表等信息难以口头阐述清楚,另外也容易被对方利用从而影响谈判进度。

2) 报价原则

要成功报价,必须遵循一定的原则。

其基本原则是:通过反复比较和权衡,设法找出报价一方所得利益与该报价被对方接受的成功率之间的最佳结合点。具体来说有下列原则:第一,设定最低利益标准。无论是买方还是卖方都有自己的最低利益标准,设定最低利益标准有利于避免接受不利条件或错过有利条件,也能限制谈判中鲁莽行事和谈判权力的运用。第二,强硬有节地报价。强硬是指买方报价要低,卖方要高,这样报价会为自己预留较大的余地,也是较高期望水平的体现,其最终会影响到谈判的结果。有节则是指对自己的报价要有站得住脚的理由,要言之成理。第三,明确果断地报价。报价的态度要坚决果断,毫不犹豫并充满自信,要让对方感觉我方报价是经过深思熟虑的,是认真的。报价要明确、清晰而完整,以便对方准确了解我方的交易条件和期望。第四,报价过程中不解释说明。报价过程中一般不要解释,除非对方提出质疑。解释的原则是"不问不答,有问必答,避虚就实,能言不书"。

3) 报价顺序

谈判中谁先报价是一个比较微妙的问题,一般来说,谈判发起者会先报价。先报价的有利之处在于它对谈判的进行具有较大的影响,特别是当己方时间紧迫或者对方的谈判能力弱的时候,先报价实际上等于为谈判划定了一个框架或基准线,最终谈判结果会在这个范围内达成,但是如果己方谈判实力明显弱于对方,特别是在缺乏谈判经验时应该让对方先报价这样做便于我方通过对方的报价来观察、分析对方意图,扩大自己的思路和视野,然后再确定应对我方的报价做哪些相应的调整。

4) 对对方报价的应对

要想使己方在以后的谈判中更为有利,应该正确对待对方的报价。首先不要干扰对方的报价,应认真听取,准确、完整、清楚地理解对方报价的真实内容;其次,对不清楚的地方可以提问并要求对方给予确认;最后,不贸然提出我方的还价。不要急于还价,要对对方的价格构成、报价依据和计算方法等进行了解。一方面这样可以了解对方报价的实质、意图和诚意，另一方面也可以从中寻找破绽。

（2）讨价

讨价是谈判中卖方或买方报价并进行价格解释后，买方（或卖方）认为离自己的期望目标太远或不符合自己的期望目标，在对其价格评论的基础上要求对方改善报价行为，也称为再询盘。讨价经常是和还价一起交错进行的，现实谈判中很难分开，因此人们常常将讨价和还价放在一起讨论，称为"讨价还价。"

讨价之前要明确了解对方报价的全部内容，准确了解对方提出条件的真实意图，要设法摸清对方报价的条件中哪些是关键的、主要的；哪些是附加的、次要的；哪些是虚设的或者诱惑性的条件或交换性的筹码。只有明确这些问题才能在讨价还价阶段科学而策略性地与对方谈判。

讨价既是实质性的，可以迫使对方降低价格；也是策略性的，可以误导对方的判断并降低对方的期望值。讨价可以分成全面讨价、分别讨价和针对性讨价三种。全面讨价是对总体报价进行讨价或首次讨价，分别讨价用于较为复杂的交易或不宜采用全面讨价的情况下，针对性讨价是针对价格中水分较大或者明显不合理的部分进行讨价。

（3）还价

1）还价的方式

商务谈判中的还价从本质上说有两类：按比例还价和按成本还价，还价方法要根据谈判的具体情况选择采用，不能生搬硬套，具体的还价方式分为如下三种：

① 逐项还价。对谈判中涉及的主要项进行逐一还价，尤其是我方对项目内容熟悉时，可以按我方分析的成本进行逐项还价。

② 分组还价。根据价格分析中得出的价格差价档次进行分别还价，差价大的要还得多些。

③ 总体还价，也称作一揽子还价，这是仅还一个总价的做法，可按总价下浮几个百分点来还价。

2）还价的要求

还价有如下几方面的要求：

首先，还价前要准确地弄清对方的报价内容。为此可以向对方提出必要的问题，如"价格中是否包括佣金、是否包括机器的调试及技术培训费，是否包括一切必要的零配件费用等"。以便正确地理解对方的报价，也可以把自己对对方报价的理解进行归纳总结，并加以复述，以检验双方的理解是否一致。

其次，确定适当的还价起点。以什么样的条件作为第一还价起点是非常重要的，过高的还价起点等于把利益拱手送给对方，而起点过低则可能让对方失去谈判热情，确定还价起点的总体原则是"对等还价"，即对方开价高，则还价应一低再低，值得注意的是新还的价格应是符合情理的可行价，否则让对方感觉到缺少合作的诚意。

同时，要注意还价的次数和时机。一般还价规律是"讨价次数多则还价次数少"，而还价的时机则是火候的问题，可以按照如下要求来做：一是跟着而不是带着对方走，让对方先出价，自己来还价。二是不进不退。对方不让步，我方不要轻易让步。总而言之，讨价还价是谈判双方在进行的一场重复博弈，报价一方应当尽量争取对方的还价，而还价一方尽量多讨几次价，不要轻易还价。讨价还价中还应当注意使用策略和技巧，这一点将在谈判策略这一章重点介绍。

（4）僵局

僵局是谈判各方对所谈问题期望值差距过大，且各方互不相让而使谈判出现的一种僵持局面。

1）正确认识僵局

僵局既是谈判道路上的最大障碍，也是谈判过程的必然环节。僵局可能导致谈判双方的情绪激动，甚至最终导致谈判失败；但僵局又是客观存在的，可能是谈判者故意制造的，也可能是由于误会或者立场不同而引发的，因此也无须惧怕僵局，更不应因为惧怕僵局而主动妥协。

谈判僵局会有两种结果：打破僵局继续谈判或者谈判破裂。谈判破裂是谈判双方都不愿的结果。为了避免僵局导致谈判破裂就要了解僵局的成因，运用科学的技巧和策略打破僵局，正确处理和应对僵局，使得谈判得以继续。

2）僵局成因分析

僵局可能由以下原因形成：谈判一方过分论述自己的观点，忽略对方的存在，形成一言堂；谈判双方不是在分歧中寻找解决问题的方法，而是坚持立场硬式谈判法迫使对方就范，最终导致谈判气氛紧张而陷入僵局；由于双方在文化背景、表达、人员素质等方面的差异而引发的沟通障碍也可能导致僵局的出现；处于不同地位的谈判方试图改变双方地位或者于平等地位的谈判方试图争取更有利地位时，可人为故意制造僵局，希望借助僵局向对方施压。

3）处理僵局

处理僵局的原则和思路是：①要有正确对待僵局的态度；②对对方的意见要诚恳地表示欢迎，要会换位思考，能站在对方的角度上看问题；③处理僵局头脑冷静，言语恰当，坚持"对事不对人"；④应避免出现僵局后的争吵，必要时可以考虑有效地退让。

具体来说，处理僵局可以借助幽默方法、场外沟通、改变议题、更换谈判人员、改变谈判地点、休会或暂停等方式来打破僵局。

4）利用僵局

利用僵局是指谈判一方有意识地制造僵局，给对方造成压力，从而为己方创造优势并争取利益的做法。应当注意的是利用僵局要选择适当的时机，一旦形成僵局应积极向对方人员施加影响，态度要坚决果断。另外由于僵局可能导致谈判破裂，因此对僵局的利用一定要慎重。

【案例4-1】

盖温·肯尼迪是著名的谈判专家。一次，有一家公司与盖温联系，希望盖温能为他们的高级经理举行一次有关谈判问题的研讨会。公司董事长先约见了盖温，征询他对研讨会讨论主题的意见，盖温提到了"对于谈判而言最不该做的就是接受对方第一次提出的报价"的观点，董事长表示赞同，认为这个观点"能使我的人员受益匪浅"。接下来谈了其他细节，最后告别时盖温提到了报酬问题。董事长问："你想要多少？"盖温说："通常是一天1800镑。"他心想对方大概会嫌他要价太高。哪知董事长的回答很痛快："好的！请开发票来。"最终盖温都不知道要多少劳务费才算合适。

问题：案例中盖温的做法恰当吗？如果你是盖温，你会如何做？

分析提示：从上面的案例我们可以看出，谁先报价其实是大有学问的，如果盖温让董事长先报价，也许最终他得到的报酬要大大超过 1800 镑。报价中未必是先发制人占优，有时候反而是后发优势能为己方争取更多的利益。

4.3　商务谈判的结束阶段

谈判双方经过一番艰苦的讨价还价，对所谈判的每个问题都已经谈过，并且由于双方的妥协让步而取得了一定的进展。尽管仍存在一定的障碍，但将要达成交易的趋势越趋明显，这时谈判就进入了结束阶段。

4.3.1　谈判结束阶段的判断标准

（1）谈判交易条件标准

条件标准是指以谈判所涉及的所有交易条件（文字与数字表示）解决的状况来衡量谈判是否完结的做法。在文字与数字条件的谈判点方面，如果双方达成一致的交易条件占据绝大多数，所剩的分歧只占很小数量或如果交易条件中最重要、最关键的问题已经解决，仅余非实质性的无关大局的分歧点，可以判定谈判进入了结束阶段。

（2）谈判时间标准

时间标准是以谈判可用的时间来判定谈判终局的做法。在谈判实践中，一般从三个方面来衡量，所需的时间标准、所限的时间标准和竞争的时间标准。

所需的时间标准是以双方根据谈判内容约定的谈判时间作为判定谈判结束的做法。这个时间既反映了谈判正常所需的时间，又反映了双方共识的谈判时间。如果谈判进程完全按照双方约定的时间安排进行，当谈判已接近规定的时间时，自然就进入谈判结束阶段。按照约定时间结束谈判对双方都有时间上的紧迫感，能促使双方提高工作效率。

所限的时间标准是以谈判其中一方提出的可参与谈判的时间长度作为判定谈判结束的做法。这一方谈判人员可以在谈判一开始即明确时间限定，也可以在谈判过程中明确。但对另一方谈判人员来说，判断对方的时间标准真假很重要。被限定方则要防止对方以时间限定向己方提出不合理要求。所以，无论哪方都要充分利用时间。

竞争的时间标准是以参与交易竞争的第三者的行动时间表为判定谈判结束的做法。现在的市场竞争都很激烈，几个竞争对手同时投入某项交易的谈判是常有之事，谈判进度与结束的时间就受到第三者活动时间的制约。此时，要根据实际情况来决定是抢在竞争对手前面，加快谈判进度；还是静观其变，该出手时再出手。

（3）谈判策略标准

谈判策略标准是以谈判中某些策略是否被应用来判定谈判是否结束的做法。典型的策略有两种：一是最后通牒，二是折中调和。

1）最后通牒策略

最后通牒策略是指当谈判双方因某些问题纠缠不休时，其中处于有利地位的一方向对方提出最后交易条件，要么对方接受本方交易条件，要么本方退出谈判，以此迫使对方让步的谈判策略。最后通牒策略是一种极有效的策略，它在打破对方对未来的奢望、击败犹豫中的对手方面起着决定性的作用。一般来说，只有在以下四种情况，才使用最后通牒策略。

① 谈判者知道自己处于一个强有力的地位，别的竞争者都不如他的条件优越，如果对方要使谈判继续进行并达成协议，只有找他合作。

② 谈判者已尝试过其他方法，但都未取得什么效果。这时，采取最后通牒策略是迫使对方改变想法的唯一手段。

③ 当己方将条件降到最低限度时。

④ 当对方经过旷日持久地谈判，已无法再担负由于失去这笔交易所造成的损失而非达成协议不可的时候。

2）折中调和策略

折中调和策略是指将双方条件差距之和取中间条件作为双方共同前进或妥协的策略，即双方都以同样的幅度妥协退让，以解决谈判最后分歧的做法。这一策略用于双方实力相当，对分歧又相持不下，也无法在其他方面向对方作出让步，又因为没有其他选择，无论如何也不能放弃谈判，处于焦灼状态，这时，对于双方来说，都是一种最好的谈判策略，比较有利于达成友好的谈判结局。

价格折中。这是最常见的折中调和办法，买方最低出价 50 元，卖方最高售价是 60 元，中间有 10 元差价，为了达成合作，那么各让 5 元，最后以 55 元成交。

条件折中。通常双方立足于自条件，以己方优势条件退让，换取己方其他方面的补偿。例如，己方承诺直接从对方取货，承担运费，做出让步，同时要求对方在售后服务方面提供等价值的服务。

条件与价格折中。这是指己方在降低条件要求的同时，要求对方在价格方面给予补偿。例如上例中，也可以要求对方价格降低的数额要与运费相等。该策略一般是在一定的谈判成果基础之上才开始运用的，通常是在谈判接近尾声，双方均已经到了彼此最后底线时才能运用，否则主动那一方容易陷于被动。

4.3.2 商务谈判结束的方式

商务谈判结束的方式主要取决于整个谈判过程中双方达成一致意见的程度，也取决于谈判双方对结果的不同要求。一般来说，商务谈判结束的方式有成交、中止和破裂三种情况。

（1）成交

成交是指谈判双方签订合约，交易得以实现。成交的前提是双方对交易条件经过多次磋商达成共识，对全部或绝大部分问题没有实质上的分歧，成交方式是双方签订具有高度约束力和可操作性的协议书，为双方的商务交易活动提供操作原则和方式。

（2）中止

谈判的中止是指由于某种原因造成谈判短期内无法继续，于是双方约定暂时停止谈判进程的行为。造成谈判中止的原因有谈判环境的变化、谈判主体内部发生变化、谈判策略选择不当等。例如，国家政策突然变化、经济形势发生重大变化等超越谈判人员意志之外的重大事件时，谈判双方只能约定"一旦形势许可，即择机恢复谈判"。谈判中止的形式有两种：一种是有约期中止；另一种是无约期中止。

（3）破裂

破裂是指谈判双方经过多次磋商仍有无法弥合的分歧，无法就交易条款达成一致而提前结束谈判的行为。根据双方的态度，可以把破裂分为友好破裂和对立破裂两种。

友好破裂是指谈判双方互相体谅对方面临的困难，讲明难以逾越的实际障碍而友好结束谈判的做法。友好破裂体现了"买卖不成仁义在"的原则，没有使双方关系破裂，反而通过充分的了解和沟通，产生了进一步合作的愿望，为今后双方再度合作留下可能的机会，应该提倡这种友好的破裂方式。

对立破裂是指双方或单方在对立的情绪中愤然结束未达成任何协议的谈判。造成对立破裂的原因有很多，如对对方的态度强烈不满，情绪激愤；在对待对方时，不注意交易利益实质性内容，较多责怪对方的语言、态度和行为；一方以高压方式强迫对手接受己方条件，一旦对方拒绝，便不容商量，断然破裂；双方条件差距很大，互相指责对方没有诚意，难以沟通和理解，造成破裂。

谈判实践中，在破裂不可避免的情况下，谈判人员首先要情绪冷静，不要使用过激的语言，尽量使双方能以友好的态度结束谈判，至少不要使双方关系恶化；其次要摆事实讲道理，不要攻击对方，要以理服人、以情感人、以礼待人，这样，才能体现出谈判者良好的修养和风度。

4.3.3 商务谈判的可能结果

商务谈判的结果主要有两个方面：一是双方是否达成了协议；二是经过谈判，双方的关系发生了何种变化。

（1）达成交易，并改善了关系

双方谈判目标顺利实现，达成交易，双方的关系在原有的基础上得到改善，促进今后进一步的合作。这是最理想的谈判结果，既实现了眼前利益，也为双方的长远合作奠定了良好的基础。

（2）达成交易，但关系没有变化

双方谈判达成了交易，但是双方关系没有改善也没有恶化。这是不错的谈判结果，双方此次交易实现了各自利益，没有刻意去追求建立长期合作关系，也没有太大的矛盾造成不良后果，双方平等相待，互有让步，实现交易成功。

（3）达成交易，但关系恶化

虽然达成了交易，但双方付出了一定的代价，双方关系遭到一定的破坏或者产生了阴影。这种结果从眼前利益看是不错的，但对今后长期合作是不利的，或者说是牺牲了双方关系换取交易的结果。这种谈判属于短期行为，是"一锤子买卖"，对双方的长远发展没有好处。

（4）没有成交，但改善了关系

虽然双方未达成交易，但双方通过交流，建立了良好的关系，为双方将来的合作奠定了良好的基础。

（5）没有成交，关系也没有变化

这是一种毫无结果的谈判，双方既没有达成交易，也没有改善或恶化双方的关系。即谈判没有任何成果，也没有任何不良后果，在今后的合作中，双方也有可能进一步发展关系。

（6）没有成交，但关系恶化

这是最差的结果，双方既没有达成交易，又使原有关系遭到破坏；既没有实现眼前利益，也对长远合作关系造成了不良影响，所以，应该避免出现这种结果。

【案例 4-2】

一位年轻的先生谈起他买房子的经验。当他和售楼小姐杀价到 590 万元，想再往下杀时，对方的老板亲自出马了。这时买方就开始嫌弃了，嫌房子颜色不对，梁柱不对称等。俗话说，会嫌货的才是会买货的。那老板也心知肚明，后来同意以 580 万元成交，但有一个条件，就是必须当场做决定。

买方说要回去考虑考虑，毕竟买房子花的不是小钱。但老板很坚决，如果他回去了，隔天再来，还想再杀价，那就免谈，也就是说，出了这个门再回来价钱就回到 590 万元，绝无二价。

因为买方嫌东嫌西，而老板已经照买方的要求减价了，如果还不买，出了这个门，就不是理想的买主了，老板要买方自己想清楚。

看起来，老板的要求似乎一点也不过分。于是，这位先生迫于情势，当场决定买下来。

事后，他和朋友说起这件事，问为什么那老板不让他舒服呢？朋友问他，你买这个房子后悔吗？他说，不后悔！朋友问，那贵吗？他说，不贵，附近的房子都要价 600~700 万元，这房子质量好、价钱优。但因为始终有被老板强迫的感觉，虽然买了，却总觉得老板的方法不妥，使他心里老有疙瘩。

朋友最后说他为什么要让你舒服呢？对买方来说，到底务实重要，还是面子重要？

4.3.4 谈判合同的拟定与履行

谈判合同也称谈判协议或成交确认书，是交易双方为明确各自的权利和义务，以书面形式确定下来的文件。合同一经谈判双方签字确认，就将成为对双方具有约束力的法律文件。

(1) 拟定合同的基本要求

合同的条款要符合有关法律规定和要求，不得违反法律和社会公共利益；要围绕谈判各方的目的，有条理地把各条款内容组织起来；合同的内容要措辞准确，特别是权利义务、违约责任等相关条款应全面、明确、具体；对对方提出的免责条款要慎重研究，搞清其适用范围；适用的法律条件和仲裁条件要仔细拟定。

(2) 谈判合同的构成

1) 约首

一般包括合同的名称、编号、订立合同的时间和地点、签订合同双方的名称等内容，有时还需注明据以签订合同有关函电的日期及编号，以及合同中有关概念的定义与解释等。

2) 正文

它是合同或协议的主要部分、核心部分。内容包括合同或协议的目标和范围、数量与质量及其规定、价格与支付条款及相应条件，以及违约责任、不可抗力等规定。正文部分是合同或协议的关键构成，书写时，要准确、具体、严谨。

3) 约尾

它是合同或协议的结束部分，内容包括合同或协议文本的份数、合同或协议的有效期、通信地址、合同或协议的签署与批准等。若合同或协议有附件，还应有关于附件的说明。若为涉外合同，还应包括合同或协议使用的文字及其效力的说明和规定。

4）附件

它是对合同或协议的有关条款做进一步的解释与规范，对有关技术问题做详细阐述与规定，对有关标的操作性细则做说明与安排的部分。附件是合同或协议不可分割的重要组成部分，与合同或协议正文具有同等的法律效力。

（3）合同的审核与签约

审核合同是指签字前，应对合同内容进行审核，包括审核合同是否合法；是否体现平等互利、等价有偿；是否具备主要条款，如商品的数量、质量、价款、违约责任等，是否与谈判内容一致；是否有歧义等，在审核中，如果发现问题，要及时通知对方，调整合同内容。

一般合同或协议的签订，只需谈判负责人或主谈人与对方签字即可。地点可在谈判处或在举行宴请的饭店，签字仪式比较简单。重大合同或协议由领导出面签字，仪式比较隆重，要安排好签字仪式。签约场所要准备专门签字台，安排高级领导会见对方代表团成员，需要邀请新闻界人士参加。宴会前，双方代表致辞，席间祝酒，宴会桌次、座次严格按照来宾身份安排。

（4）合同的履行

合同的履行是指双方当事人按照合同的条件、时间、地点、方法完成己方承担的义务并取得应有的权利。为了保证合同的发行，合同的双方当事人还必须加强合同的管理，竭尽全力保证谈判成果的最后实现。

4.3.5　商务谈判结束的谈判总结

谈判结束后，参与谈判各方应该对谈判工作进行总结和反思，对谈判的目标、谈判的效率和谈判的人际关系进行分析，包括以下内容：

（1）己方的准备情况，对比谈判前制定的目标和谈判结果，分析谈判准备工作的得失，寻找漏洞，避免在以后的谈判中再次出现。

（2）己方的战略。包括谈判对手的选择、谈判目标的确定，谈判各阶段策略的组合等，对照谈判结果，总结分析谈判对企业的影响。

（3）己方谈判小组配合的情况。包括小组成员权利和责任的划分，成员的工作作风、成员的工作能力和在谈判中的表现，找出优点和缺点，供以后谈判参考。

（4）谈判对手的情况。包括对方小组成员的工作作风、小组及各成员的工作效率、所采用的策略与技巧等。通过这方面的总结，明确对方小组成员的性格、爱好、谈判能力等，以便在今后的谈判中对症下药，有的放矢地采取相应的策略。

对以上内容进行总结分析后，将分析结果和总结报告（包括对谈判人员以后谈判的建议）作为谈判资料保存，以备日后查阅和参考。

本章内容总结：

一般来说，一场正式而完整的商务谈判的过程由相互联系的四个阶段衔接而成，分别是谈判的开局阶段、报价阶段、磋商阶段和结束阶段。

开局阶段对于整个谈判具有非常重要的意义，包括营造恰当合适的谈判气氛、协商谈判议程和开场陈述己方的观点、立场。

报价阶段根据谈判内容不同，有各自不同内容，但报价的基本原则是一致的。在报价时，选择恰当的报价形式、报价顺序及报价方法是非常重要的。

磋商阶段的主要内容包括对商品的数量、价格、质量、支付条件、包装等条款进行全面磋商和讨价还价。在磋商过程中，应该把握一定的准则，并采用讨价还价的方法和技巧，化解可能产生的冲突，推进谈判朝着积极的方向发展。

结束阶段有三种结束方式：成交、中止和破裂。双方的谈判目标顺利实现，达成交易，而且双方的关系在原有的基础上得到改善，这是最理想的谈判结果。商务谈判合同的拟定必须遵守相应的原则，在细节上做到完善、全面、准确、肯定和严密，为合同的顺利履行做好安排和准备。

核心概念：

报价；磋商；讨价还价；最后通牒策略；折中调和策略

课堂讨论：

(1) 谈谈商务谈判流程是什么？

(2) 商务谈判开局阶段的基本任务有哪些？

(3) 如何学习磋商的流程？

(4) 谈判结束阶段的判断标准是什么？

课后自测：

一、单选题

1. 为谈判过程确定基调是在（　　　）。

　A. 准备阶段　　　　　　　　　　B. 开局阶段

　C. 正式谈判阶段　　　　　　　　D. 成交阶段

2. （　　　）即谈判的最后结束阶段。

　A. 准备阶段　　　　　　　　　　B. 开局阶段

　C. 正式谈判阶段　　　　　　　　D. 成交阶段

3. 根据价格分析时划出的价格差距的档次，分别还价的是（　　　）。

　A. 逐项还价　　　　　　　　　　B. 分组还价

　C. 总体还价　　　　　　　　　　D. 美式还价

4. 高调气氛不包括（　　　）。

　A. 感情攻击法　　　　　　　　　B. 称赞法

　C. 幽默法　　　　　　　　　　　D. 沉默法

5. 谈判中讨价还价集中体现在（　　　）。

　A. 问　　　　　　　　　　　　　B. 答

　C. 叙　　　　　　　　　　　　　D. 辩

二、多选题

1. 开局阶段主要有（　　　）基本任务。

　A. 谈判通则的协商　　　　　　　B. 营造适当的谈判气氛

　C. 开场陈述和报价　　　　　　　D. 开局谈判的格调

2. 谈判开局气氛的营造包括（　　　）。

　A. 礼貌尊重的气氛　　　　　　　B. 自然轻松的气氛

　C. 友好合作的气氛　　　　　　　D. 积极进取的气氛

3. 磋商过程中的流程是（　　　）。

A. 报价	B. 还价
C. 讨价	D. 僵局

4. 商务谈判合同的构成有（　　）。

A. 约首	B. 正文
C. 约尾	D. 附件

5. 商务谈判结束的方式有（　　）。

A. 成交	B. 中止
C. 破裂	D. 僵局

6. 谈判磋商的准则是（　　）。

A. 条理准则	B. 客观准则
C. 礼节准则	D. 进取准则

三、简单题

1. 商务谈判的基本过程包括哪几个阶段？
2. 作为一名谈判人员，怎样营造谈判初期的良好气氛？
3. 报价的形式、原则、方法有哪些？
4. 谈判结束的方式有哪些？

案例分析：

与北京拓展训练学校的谈判

纪晓文（化名）是某合资企业的人事部门经理，他在参加了为期三天的商务谈判培训以后，感受最深的是在理论的高度上对谈判有了全面的把握，能够将过去发生在身边的谈判，重新从理论的角度进行审视，总结过去的经验，并从中获取新的认识，指导未来的再实践，以下是纪晓文经理在和北京拓展训练学校的谈判过程和分析应用情况。

（1）准备阶段

在公司新员工培训项目计划中，纪晓文经理安排了一天的拓展训练。为此，他比较早就开始了解关于拓展训练学校的情况，对他们的培训实力、教学条件、价格都获得了必要的信息。过去公司的员工曾经和该校有过接触，并且该校的负责人还在公开场合和私下曾经和公司的高层经理有过接触。

经过了准备阶段后，纪经理以咨询的方式同北京拓展学校开始了接触。首先，纪经理向他们讲述了公司的新员工培训项目计划，并指出他们学校的一些活动和公司项目中的内容很相像，使他们对公司产生了浓厚的兴趣。然后，纪经理提到公司高层曾经和他们的接触，使双方在感情上拉近了距离。最后，谈话转到双方是否可以在此次培训项目上进行合作，并以此为长期合作的基础。

（2）报价阶段

拓展学校的第一次报价是每人每天400元。由于根据事前对市场行情的了解，该校的基本价格区间在300～400元，该报价是他们的最高要价，存在较大的砍价空间。另外，纪经理掌握了一个重要的信息，该校曾经因为朋友的缘故以250元的最低价为某高校的一个班做过培训。在没有透露该信息的前提下，纪经理要求对方给予一定的折扣。拓展学校的第二次报价是打九折，每人每天360元。

此价格虽然偏高。但考虑到还有其他要求，在对策上不宜此时继续要求对方在价格上让步，因此纪经理控制谈判内容，由对价格的讨论转向对训练内容和其他诸如交通、食宿条件的讨论，并提出要去培训基地参观。

8月初，纪经理及其助手一同前往拓展学校，参观学校后。双方的谈判在友好的气氛下开始，纪经理和他们一起讨论了每一个训结内容中所蕴含的管理理论，渊博的管理知识给对方留下了深刻的印象，使对方认为和公司的合作会是一次能有价值的合作，并可以成为拓展学校开辟合资企业市场的契机，为以后的市场拓展提供很好的范例。这时纪经理认为可以提出还价了。纪经理还价250元。

对方首先表示不可接受，当得知公司了解了详细的内部情况后，即声称价格只是一种特殊情况，不是市场价格，甚至从成本的角度和保护中国拓展事业的高度否定了这一低价格。此时纪理继续强调双方的合作，表示双方的合作不应被简单地认为是一个一次性的商业行为，而是拓展学校开辟合资企业市场的机会。拓展学校再一次在价格上让步，给出了他们所认为的最低价320元。纪经理认为在该价格基础上的合作，从拓展学校可以积累案例并打开市场的角度看，公司无法接受，并推说需要向公司领导请示而终止了谈判。

谈判到此时，纪经理他们总体上处于主动的位置。但值得总结的是：纪经理无意中让对方了解到入学培训的计划和时间上的劣势，尽管对方没有马上发现这点，但今后对方可能利用有限的时间拖到不利的位置。

（3）磋商之僵持阶段

回到公司后，总结经验，纪经理和手下员工分析对策，决定采用不理不睬的策略。因为在对方得知公司的培训计划后，认为公司会先坐不住。会在培训来临之前首先和他们联系，使他们处于有利位置。

采用冷战策略，第一是反向思维定式，即你希望我先开口，我偏不开口；第二可以给对方造成公司正在和其他学校联系的假象。长达一个月的沉默，因为新员工的培训计划是不能有大的变更的，时间的临近有点让纪经理坐立不安。期间纪经理到美国和欧洲出差两次。9月14日，纪经理返回公司的当天。接到了拓展学校的电话，并且得知他们在纪经理回来之前曾联系了多次，看来策略是成功的，对方先坐不住了。

（4）磋商之让步阶段

尽管是他们先打破僵局，但时间仍然是他们可利用的工具。为了变被动为主动，纪经理抓住了他们急于想知道这一个月以来的变化，向他们讲述了公司的进展。

首先，公司进一步了解了更多关于北京拓展培训市场的情况。其次，海外出差的过程中，纪经理了解了国外的员工培训，并且接触了很多关于拓展训练的内容，指出在美国有很多活动是新员工自己完成的，虽然不如专业培训机构做得好，但一样可以使员工领会管理精髓，暗示公司有依靠自身力量的可能。此举基本打破了对手想利用时间来要挟的想法。

另外，也向他们进一步表达了希望合作的愿望，提出可以共享在美国学到的新培训方法。

9月16日，拓展学校第三次让步，报价300元。在此期间，纪经理和对方通过多次电话，并且从和对方的谈话中又发现了一条有价值的信息：对方以前和别人合作时，曾采用了通过赠送名额的方式达成妥协，以避免双方不愿在价格上让步导致谈判破裂。纪经理趁机提出了邀请新闻机构跟踪报道、将拓展学校列为合作单位、请部分公司的商业客户代表参观拓展训练等一系列条件，要求对方赠送名额，同时表示愿意在此基础上接受300元的价格。

拓展学校在经过协商后，提出在公司方所报30人的培训规模上，可以赠不超过5人的名额。5个名额显然还没有达到纪经理的最高目标，但已经基本可以接受。

最后一个星期，纪经理决定再接再厉，向对方提出5人的名额太少，理由是公司已向新闻单位、商业客户代表发出了邀请，如果名额无法保证，只好通知他们不能参加当天的活动。该理由合情合理，提出进一步增加名额是为了记者和嘉宾，显然对拓展学校有利，对方很难回绝。果然，拓展学校反应很快，双方经过又一轮协商，决定赠送的名额增加至10个。

（5）结束、签约阶段

谈判到此时距培训时间只有六天了。双方达成口头协议后，拓展学校迅速拟出合同书。谈判书尽管在价格上没有了争议，但是在其他条款上拓展学校显然经过精心设计。

首先，合同书具体注明公司"必须邀请三家以上的新闻单位参加全天的活动，并且保证报道"。其次，要求公司"必须邀请三家以上的商业客户代表参加"。最后，要求公司新员工"当天穿着的上衣上必须印有拓展学校的标志"。

对于上述三项，纪经理的意见分别是：第一，基于双方的信任，公司会尽力邀请赞助商和商业客户参加，也许多于三家也许少于三家，但公司无力承诺数字；第二，新闻媒体有报道的自由，公司可以邀请他们参加活动，但干涉对方报道的行为违反有关法律，并且超出公司行为范围；第三，公司员工可以佩戴有关拓展学校的标志，但考虑成本和本公司的形象，可以考虑其他方式解决该问题，如帽上印有拓展学校的标志。

经过若干次修改后，合同书的相关条款分别变更为：

第一，公司"必须尽力邀请三家以上的新闻单位参加全天的活动，保证拓展学校在报道后可以获取优惠价格的复制品（例如录像），但是该产品所有用于商业用途的行为必须经过公司、拓展学校和该新闻单位三方同意"；第二，公司"力争邀请三家以上的商业客户代表参加"；第三，公司"员工当天佩戴拓展学校提供的帽子，并付加工费用"。最后，双方正式签署了合同书。

阅读完本案例后，请思考：

（1）分析此案例中谈判过程有哪些？

（2）试评价纪经理的谈判表现？

5　商务谈判的策略

能力目标

通过本章的学习，你应该能够：
1. 掌握商务谈判策略的含义；
2. 理解商务谈判策略类型；
3. 掌握商务谈判开局阶段、磋商阶段、成交阶段中的策略与技巧；
4. 掌握根据商务谈判进程，谈判对手的地位、作风和性格类型选择相应的策略；
5. 掌握价格谈判中的有关策略，如讨价策略、还价策略、让步策略等。

案例导读：

霍华·休斯买飞机谈判中的先苦后甜

美国大富豪霍华·休斯是一位成功的企业家，但他也是一个脾气暴躁、性格执拗的人。一次，他要购买一批飞机，由于数额巨大，对飞机制造商来说是一笔好买卖。但霍华·休斯提出要在协议上写明他的具体要求，内容多达34项，而其中11项要求必须得到满足。由于他态度飞扬跋扈、立场强硬，方式简单，拒不考虑对方的面子，也激起了飞机制造商的愤怒，对方拒不相让。谈判始终冲突激烈。最后，飞机制造商宣布不与他进行谈判。霍华·休斯不得不派他的私人代表出面洽商，条件是只要能满足他们要求的11项基本条件，就可以达成他认为十分满意的协议。该代表与飞机制造商洽谈后，竟然达成了霍华·休斯希望载入协议34项要求中的30项，当然那11项目标也全部达到了，当霍华·休斯问他的私人代表如何取得这样辉煌的战果时，他的代表说："那很简单，在每次谈不拢时，我就问对方，你到底是希望与我一起解决这个问题，还是想最后与霍华·休斯来解决。"结果对方自然愿意与他协商，条款就这样逐项地谈妥了。

商务谈判策略是谈判人员为达到预期的谈判目标而使用的一系列手段和方法的总称。在现代经济生活中，商务谈判已成为经济交易必不可少的前奏，也是企业获取经济利益的首要条件，而如何获取更多的经济利益，就要看如何去谈判，采取什么策略和技巧来达到自己的目的。伴随着人类的发展，谈判活动也总结和积累了越来越多的策略与技巧，这些策略和技巧被人们创造性地运用。优秀的谈判者仅仅了解谈判技巧是不够的，还要审时度势、灵活运用。

正式的商务谈判是一个循序渐进的过程。从双方谈判人员第一次接触开始，到最后交易的达成签约成交，要经历复杂而充满冲突的过程，商务谈判人员要想在全局上掌握整个谈判进程，有效地处理谈判中出现的各种问题，就必须掌握和熟练运用不同阶段应该采取的谈判策略和技巧。

5.1 商务谈判流程中的策略

5.1.1 商务谈判开局策略

商务谈判开局策略是谈判人员为谋求谈判开局中有利地位和实现对谈判开局的控制采取的行动方式或手段。

商务谈判开局策略一般有以下几种：

(1) 坦诚的开局策略

坦诚的开局策略是指以开诚布公的方式向谈判对手陈述自己的观点和条件，尽快打开谈判局面。

坦诚的开局策略比较适合双方过去有过商务往来，而且关系很好，互相比较了解，能够很自然地将这种友好关系作为谈判基础，在陈述中可以真诚、热情地畅谈双方过去友好合作关系，适当地称赞对方在商务往来中的良好信誉。由于双方关系比较密切可以省去一些礼节性的环节，坦率地陈述己方的观点以及对对方的期望，使对方产生好感。

坦诚的开局策略有时也可用于实力弱于对方的谈判者。双方实力的强弱彼此都了解，因此，没有必要掩盖。坦率地表明己方存在的弱点，使对方理智地考虑谈判目标。这种坦诚也表达出实力较弱一方不惧怕对手的压力，充满自信和实事求是的态度，这比虚张声势掩饰自己的弱点要好得多。

(2) 协商的开局策略

协商的开局策略是指以协商、肯定的语言进行陈述，使对方对己方产生好感，创造双方对谈判充满一致性的感觉，从而使谈判双方在友好、愉快的气氛中展开谈判工作，又称一致式谈判，其目的是为了创造取得谈判胜利的条件。

协商式开局策略比较适用于谈判双方实力比较接近，双方过去没有业务往来的情况。因为是第一次接触，所以双方都希望有一个良好的开端。要多用外交礼节性语言、中性话题，使双方在平等、合作的气氛中开局。比如，谈判一方以商量的语气来征求谈判对手的意见，然后对对方意见表示赞同或认可，最终双方达成共识。语言要友好礼貌，表示充分尊重对方的意见，但又不刻意奉承对方。沉稳中不失热情，不卑不亢，自信但不自傲，把握住适当的分寸，顺利打开局面。

(3) 谨慎的开局策略

谨慎的开局策略又称保留式开局，是指对谈判对手提出的关键性问题不做彻底、确切的回答，而是以一种严谨、慎重的态度和语言进行陈述，有所保留，从而给对手造成神秘感。其目的在于使对方放弃某些不适当的意图，以达到控制、吸引对手步入谈判的目的。

谨慎的开局策略适用于谈判双方过去有过商务往来，但对方曾有过不太令人满意的表现，己方要通过严谨、慎重的态度，引起对方对某些问题的重视。当然谨慎并不等于没有谈判诚意，也不等于冷漠和猜疑，这种策略正是为了寻求更有效的谈判成果而使用的。如可以对过去双方业务关系中对方的不妥之处表示遗憾，并希望通过本次合作能够改变这种状况。可以用一些礼貌性的语言提醒对方应该注意的问题，不急于拉近关系注意与对方保持一定的距离。这种策略也适用于己方对谈判对手的某些情况存在疑问需要经过简短的接触摸底的情况。

(4) 进攻的开局策略

进攻开局策略是指通过言行来表达己方强硬的态度,从而获得谈判对手必要的尊重并借此给对方制造心理压力,使谈判顺利进行下去。

这种进攻式开局策略,只有在特殊情况下使用。例如发现谈判对手居高临下,以某种气势压人,有某种不尊重己方的倾向,如果任其发展下去,对己方是不利的,因此要争取主动,不能被对方气势压倒。采用此策略是为了捍卫己方的尊严和正当权益,使双方站在平等的地位上进行谈判。当然,在运用进攻策略时,必须注意有理、有利、有节,不能使谈判一开始就陷入僵局。要切中问题要害,对事不对人,既表现出己方的自尊自信和认真的态度,又不能过于咄咄逼人,使谈判气氛过于紧张。一旦问题表达清楚对方也有所改观,就应及时调节一下气氛,使双方重新建立起一种友好、轻松的谈判气氛。

(5) 提问式开局

提问式开局策略是指以提问、试探性的语言进行陈述,表达出对谈判的疑问,目的在于了解对方的真正意图,为下一步的报价探清虚实。

提问式开局策略适用于谈判双方没有商务往来或过去有过商务往来,但对方曾有过不太令人满意表现的情况,己方要通过提问、反问的方式了解对方的真实想法,引起对方对某些问题的重视。例如,为了让对方对上次交易的商品或服务品质引起重视,可以说:"难道贵公司的产品和服务就那样的水平吗?";"我相信贵公司一定是把顾客放在第一位的。"再如,"能请您谈谈贵公司和其他竞争对手的产品比较有什么优势和特点吗?"提问式开局不宜使用非常强硬的口气,如果让对方感觉到这种提问不够友善时,对方一方面不会正面回答问题,另一方面也让对方提高警惕,增加了谈判的难度。

(6) 幽默式开局

幽默式开局是指用幽默的方式来消除谈判对手的戒备心理,使其积极参与谈判中,从而营造适宜开局气氛的方法。有人说,幽默是一种特性,一种引发喜悦,以愉快的方式娱人的特性;幽默感是一种能力,一种了解并表达幽默的能力;幽默是一种艺术,一种运用幽默感来增进你与他人关系的艺术。在商务谈判中,幽默是谈判者关系的润滑剂,它以善意的微笑代替抱怨,避免争吵,使你与他人的关系变得更有意义。幽默可以帮助人们压力,摆脱困境。当你把你的幽默作为礼物奉献给他人时,你会得到相应的甚至更多的回报。

幽默是人类语言艺术和智慧的体现,如果很好地加以利用,在商务谈判中能取得意想不到的效果,对化解谈判时的尴尬、减轻谈判压力、调节谈判气氛有着十分重要的作用。

5.1.2 商务谈判磋商阶段策略

商务谈判磋商阶段又称为实质性谈判阶段,是指谈判双方就各项交易条件反复进行磋商和讨论,最后经过一定的妥协让步,确定一个双方都能接受的交易条件的阶段。磋商阶段是商务谈判的核心环节,也是商务谈判过程中最困难、最紧张的阶段。磋商过程及其结果直接关系到谈判双方所获得的利益大小,决定着双方各自需要的满足程度。因而,选择恰当的谈判策略来规划这阶段的谈判行为,有着重要的意义。

(1) 掌握己方让步策略

没有让步,也就没有谈判的成功。在许多情况下,谈判双方常常要做出多次让步,才能逐步趋于一致。但何时让步、在哪些方面做出多大让步，却又是极为复杂的问题。有经验的谈判人总是能掌握让步的条件、时机、原则，以灵活的让步方法、微小的让步幅度，换取对方较大的让步。因此，谈判中的让步是每个谈判人员都必须面对的棘手问题。

1) 确定己方让步的条件

① 列出让步磋商的清单。在详细分析谈判形势后，确定哪些条件是必须坚持的，哪些条件是可以适当让步的，并尽可能正确地预测让步的程度。

② 考虑让步后对方的反应。在做出让步决策时，谈判人员要结合谈判前和谈判开始后对对方的观察了解，考虑己方在某些方面的让步会引起对方怎样的反应。一般来说，对方的反应有以下三种：对方很看重己方所做出的让步，并感到心满意足，甚至会在其他方面也做出让步作为回报，这是己方最希望的结果；对方对己方所作的让步不很在乎，对方态度或其他方面没有任何改变或让步的表示；己方的让步使对方认为，己方的报价中有很大的水分，甚至认为只要他们再加以努力，己方还会做出新的让步。

后两种反应及结果都是己方所不愿意看到的。在谈判中，让步时考虑对方的反应是非常重要的。有些谈判人员仅从己方角度考虑，认为有些让步对自己是微小的、不足惜的。但殊不知，有些对己方微小的让步却正是对方重大价值所在，是谈判中对方希望获得的重大利益。因此，在谈判中，谈判人员若能时时处处考虑己方让步后对方的反应，就能加重己方赢得对方重大让步的砝码。否则，己方的让步只会被对方装作"视而不见"，进而要求己方做出更多、更大的让步。

2) 让步的基本原则

每一次让步，都包含了己方的一些利益损失，因此，让步必须遵循以下原则：

① 让步不要太快。不要让对方轻易得到己方的让步，以免对方得寸进尺。让步要使对方感到艰难，哪怕是微小的让步也一样。从心理学的角度分析，人们对轻易得到的东西往往不珍惜。

② 让步的幅度不能过大。否则将使对方怀疑己方最初的报价中含有太多的水分。

③ 绝不能无偿让步。谈判中无论做出何种让步，都必须从对方那里取得足够的回报。没有得到交换条件，永远不要轻易让步。如果做出让步，却得不到任何回报，那就可能给对方留下一个无须给出什么就能从己方得到让步的印象，在接下去的谈判中对方就更不会让步了。

④ 不承诺做同等级的让步。如果对方要求让 50%，己方可以考虑让 30%。

⑤ 让步要恰如其分。以己方较小的让步换取对方较大的满足。

⑥ 让步可以推倒重来。如果做出了让步后又考虑欠妥，完全可以推倒重来，不要不好意思，因为这毕竟不是最后的决定。

⑦ 不要忘记己方让步的次数。因为这关系到己方的议价力量。要保持一份完整的记录，记住全部让步的次数。

3) 让步的方式

在实际谈判中，让步的"量"的规定要综合考虑市场需求状况、谈判策略等多种因素的影响。下面以让步尺度为 80 元为例（分四次让步来实现），介绍让步的几种方式。具体见表 5-1。

5 商务谈判的策略

常见的让步方式 表 5-1

让步方式	让步尺度	第一次让步	第二次让步	第三次让步	第四次让步
①	80	0	0	0	80
②	80	20	20	20	20
③	80	13	18	22	27
④	80	27	22	18	13
⑤	80	40	22	14	4
⑥	80	59	20	0	1
⑦	80	60	20	−1	1
⑧	80	80	0	0	0

① 冒险型（0-0-0-80）

这种方式在开始就给人态度强硬、立场坚定的感觉，直到谈判的最后时刻才一次让步到位。如果对方比较软弱，有可能得到很大利益。采用这种方式时，应注意两个问题：第一，对方在再三要求让步遭到拒绝的情况下，可能等不到最后，就会离开谈判桌；第二，最后一次让步的幅度过大可能会鼓励对方进一步纠缠，且攻势会更猛烈。这种让步通常比较少使用，且常用于特殊场合，由于冒很大的风险，应该慎重使用。

② 均值型（20-20-20-20）

这种方式每次让步的幅度是一个均值，以求均匀地满足对方的需求，并赢得对方的好感。应注意的是，采用这种方式时必须让对方认识到己方所作出的最后让步是最低的价格，否则容易让对方争取进一步的让步，在无任何暗示且让步幅度比较大的情况下，不再让步，较难说服对方有可能会使谈判陷入僵局。

③ 诱发型（13-18-22-27）

这种方式让步幅度具有递增的趋势，一方面逐渐让步会让对方看到己方的成交诚意，但是也会刺激对方寻求进一步的让步，而且胃口越来越大，最终也可能会使谈判陷入僵局，难以收场。

④ 希望型（27-22-18-13）

这种方式让步的幅度具有递减的趋势，比较符合常理，显示出让步态度越来越强硬，但是不利于向对手施加成交压力，而很容易让其产生"应该还能再让一次"的推断。

⑤ 强势递减型（40-22-14-4）

这是一种比较稳妥的让步方式，同时表现出强烈的妥协性和艺术性。它一方面告诉对方：我们已经尽了最大努力让步，表现了强烈的合作意愿；另一方面又暗示对方：让步的幅度越来越小已经基本到了极限，不能再让，最后成交的时机已经到来。

⑥ 不定型（59-20-0-1）

这种方式的风险体现在：前两次让步幅度太大，势必会大大提高对方的期望值，而第三次突然坚决不让步，使对方难以接受，最后又给予了小小的让步，表达了成交的诚意，但是可能会因为难以满足对方过高的期望值而使谈判陷入僵局。

⑦ 反弹型（60-20-(-1)-1）

这是一种虚伪的让步，先在前两次使让步幅度达到极限，使对方欣喜，但是第三次让步时突然宣称由于某种原因（如计算错误、市场价格变化等）提高报价，显然很难让对方接受，甚至会使对方误解和气愤，第四次又纠正前面的"失误"，提供一个小小的让步，可能会使对方得到一点安慰，从而达到最初的交易目标。

⑧ 危险型（80-0-0-0）

这种方式在一开始就把所有的让步幅度都给了对方，目的是尽快达成协议，提高谈判效率争取时间。但是，这种方式会带来很大的风险：使对方逼迫你再做让步，怀疑你的坦诚。所以，这方式适用于双方有比较良好亲密的合作关系的谈判。

在实际谈判中，第④种和第⑤种方式，步步为营，使买方的期望值逐渐降低，符合一般人的心理，比较容易接受。而第⑦种和第⑧种方式在使用时需要有较高超的艺术技巧和冒险精神。

4）让步的策略

① 情绪爆发让步策略

情绪爆发让步策略是指谈判者突然爆发出激烈的情绪，威胁和影响对手，从而迫使对方，具体有以下两种方式：A. 情不自禁地爆发。一般来说，因为在谈判过程中，一方的态度和行为引起另一方的反感，或者一方提出的谈判条件过于苛刻而引起的另一方的反对，是一种自然的、真实的情绪发作。B. 有目的的爆发。有目的的爆发主要是谈判人员为了达到自己的谈判目的而有意识进行的情绪发作。准确地说，这是情绪表演，是一种谈判的策略。当对方利用情绪爆发来向己方进攻时，己方最好的应对办法是泰然处之，冷静处理。宣布暂时休会，让对方冷静下来，然后再指出对方行为的无礼，重新进行实质性问题的谈判。

② 丝毫无损让步策略

丝毫无损让步策略是指谈判一方以不作任何让步为条件而获得对方让步的一种策略。在谈判过程中，当谈判的对方就某个交易条件要求己方做出让步，其要求的确有些道理，而对方又不愿意在这个问题上做出实质性的让步时，首先认真地倾听对方的诉说，并向对方表示："我方充分的理解，也认为您的要求是有一定的合理性的，但就我方目前的条件而言，因受种种因素的限制，实在难以接受您的要求。我们保证在这个问题上我方给予其他客户的条件绝对不比给您的好，希望您能够谅解。"如果不是什么大的问题，对方听了这一番话以后，往往会自己放弃要求。

③ 互利互惠让步策略

互利互惠让步策略强调以己方的让步，换取对方在某一问题上的让步的策略。例如，选择横向式谈判，即将多个谈判议题同时加以讨论，也就是使每个议题同时取得进展，然后再统一向前推进，这种方式将整个谈判的内容、议题集中在一起同时展开商谈，所以双方很容易在各个不同议题上进行利益交接，从而达到互利互惠的目的。

④ 予远利谋近惠让步策略

在商务谈判中，参加谈判的各方均持有不同的愿望和需要，有的对未来很乐观，有的则很悲观；有的马上达成交易，有的却希望能够等上一段时间。因此，谈判者自然也就表现为对谈判的两种满足形式，即对现实谈判交易的满足和对未来交易的满足，而对未来的满足程度完全凭借谈判人员自己的感觉。

对于有些谈判人员来说，可以通过给予其期待的满足或未来的满足而避免给予其现实的满足,即为了避免现实的让步而给予对方以远利。比如,当对方在谈判中要求己方在某一问题上做出让步时,己方可以强调保持与己方的业务关系将能给对方带来长期的利益,而本次交易对能否成功地建立和发展双方之间的这种长期业务关系至关重要,向对方说明远利和近惠之间的利害关系。如果对方是精明的商人,是会取远利而弃近惠的。其实,对己方来讲,采取予远利谋近惠的让步策略,并未付出什么现实的东西,却获得近惠,何乐而不为。

⑤ 坦率式让步策略

坦率式让步策略是指以诚恳、务实、坦率的态度,在谈判进入让步阶段后一开始就亮出底牌让出全部可让利益,以达到以诚制胜的目的。这种策略的优点是由于谈判者一开始就向对方亮底牌,让出自己的全部可让利益,率先做出让步,给对方一种信任感,促使对方尽快采取相应的让步行动,提高谈判效率。这种策略的缺点是由于让步比较坦率,可能给对方传递一种尚有利可图的信息,从而提高其期望值,继续讨价还价。

⑥ 以攻对攻让步策略

以攻对攻让步策略是指己方让步之前向对方提出某些让步要求,将让步作为进攻手段,变被动为主动。当对方就某一个问题逼迫己方让步时,己方可以将这个问题与其他问题联系在一起加以考虑,在相关问题上要求对方做出让步,作为己方让步的条件,从而达到以攻对攻的效果。例如,在商品买卖谈判中,当买方向卖方提出再一次降低价格的要求时,卖方可以要求买方增加购买数量,或是承担部分运输费用,或是改变支付方式,或是延长交货期限等。这样一来,如果买方接受卖方条件,卖方的让步也会得到相应补偿;如果买方不接受卖方提出的相应条件,卖方也有理由不做让步,使买方不好再逼迫卖方让步。

(2) 迫使对方让步策略

1) 迫使对方让步策略的含义

谈判是一项互惠的合作事业,谈判中的让步也是相互的。但在现实的谈判活动中,谈判双方又各有其追求的目标,在许多情况下,谈判者并不会积极主动地做出退让,双方的一致是在激烈讨价还价中逐步达成的。所谓迫使对方让步策略就是谈判一方运用诱导或施压等手段迫使对方做出让步,从而为己方争取尽可能多的利益。诱导就是通过给予好处引诱对方让步。施压就是施加各种压力迫使对方让步。

2) 迫使对方让步的策略

① 制造竞争策略

制造和利用竞争永远是谈判中逼迫对方让步的最有效的武器和策略。当谈判的一方存在竞争对手时,其谈判的实力就大为减弱。买方把所有可能的卖家请来,同他们讨论成交的条件,利用卖方之间的竞争各个击破,为自己创造有利的条件。有的时候,对方实际不存在竞争对手,但谈判者仍可巧妙地制造假象迷惑对方,以此向对方施压。

② 虚张声势策略

在有些谈判中,双方一开始都会提出一些并不期望能实现的过高要求,随着时间的推移,双方再通过让步逐步修正这些要求,最后在两个极端之间的某一点上达成协议。谈判人员可能会将大量的条件放进谈判议程中,其中大部分是虚张声势,或者是想在让步时给对方造成一种错觉,似乎他们已经做出了巨大牺牲,但实际上只不过舍弃了一些微不足道的东西。

谈判人员要学会"逢场作戏"。例如,为了使出浑身解数压低价格,谈判人员虚张声势:"看起来不错,不过我要先向董事会汇报一下,这样吧,我明天给你最终答复。"第二天,该谈判人员告诉对方:"天啊,董事会真不好对付。我原以为他们会接受我的建议,可他们告诉我,除非你们能把价格再降 200 元,否则这笔生意恐怕是没希望了。"其实该谈判人员根本没有向董事会汇报,对手往往心甘情愿地让步。

③ 最后期限策略

在谈判双方争执不下,对方不愿做出让步以接受己方交易条件时,为了逼迫对方让步,己方可以向对方发出最后期限的通知。

在多数情况下最后期限是一个非常有效的策略。在谈判中人们对时间是非常敏感的,特别是在谈判的最后关头,双方已经过长时间紧张激烈的讨价还价,在许多方面已经达成一致或接近一致的意见,只是在最后的一两个问题上相持不下。如果这时一方给谈判规定了最后期限,另一方就必须考虑自己是否准备放弃这次机会,牺牲前面已投入的巨大谈判成本,权衡做出让步的利益牺牲与放弃整个交易的利益牺牲谁轻谁重,以及坚持不做让步、打破对方的最后通牒而争取达成协议的可能性。

运用最后期限策略来逼迫对方让步,必须注意几点:己方的谈判实力应该强于对方,特别是该笔交易对对手来讲比对己方更为重要,这是运用这一策略的基础和必备条件;最后期限策略只能在谈判的最后阶段或最后关头使用。因为这时对方已在谈判中投入大量的人力、物力、财力和时间,花费了很多成本,一旦谈判真正破裂,这些成本也将付诸东流,这样可以促使对方珍惜已花费的劳动,使之欲罢不能。同时,只有在最后关头,对方才能完全看清楚自己通过这笔交易所能获得的利益;最后期限的提出必须非常坚定、毫不含糊,不让对方存留幻想。

④ 积少成多策略

积少成多策略,也称蚕食策略,是指谈判中一方对某项谈判条件,一点一点向对方施加压力,迫使对方一点一点做出让步,最终得到很大实惠的策略。其做法是不向对方提出过分条件,而是分多次,从不同的侧面向对方提出一些似乎微不足道的要求。随着时间的推移,对方可能会做出一系列小小的让步,到最后才发现,实际上对方已做出极大的让步。蚕食策略利用了人们心理上对微小让步的承受能力,步步为营,在对方不经意间,取得了对方的较大让步。有时,使用策略一方往往突破了自己的预想,获得出人意料的结果。

3) 防止对方进攻策略

① 防止对方进攻策略的含义

防止对方进攻策略就是谈判者运用各种有关手段构筑起有效的防线,以应对对方的进攻,保护自己利益的策略。在商务谈判中,任何一方都可能受到对方的攻击,承受各种直接或间接的压力,或者在对方的逼迫下,或者在无意识中做出某些让步。但一味地让步又会直接损害己方的利益。防止对方进攻就是要善于运用各种策略,会拒绝对方的要求和条件。这就要求谈判人员在谈判中,要树立"双赢"的指导思想,坚持"人事分开"的原则,采取灵活的策略和技巧,做到既拒绝对方,又能把对方留在谈判桌上。

② 防止对方进攻策略

A. 权力极限策略。权力极限策略是利用控制己方谈判人员的权力来限制对方的自由，防止其进攻的策略。如果你告诉对方"我没有权力批准这项费用，只有我们的董事长能够批准，但目前他正在国外，联系不方便"，那么对方就会意识到，在这件事上你不会让步。如果你是老总，你可以说："我虽然是老板，但是我要问一下营销副总。"

较为弱势的谈判者，并不一定就处在谈判的劣势，可以把有限的权力当作阻止对方进攻的坚固盾牌。有时在关键情况下使用，可以收到很好的效果。

B. 政策极限策略。政策极限策略是己方以企业在政策方面的有关规定作为无法退让的理由，阻止对方进攻的一种策略。如"我们公司没有这方面的政策""我们暂时没有这方面的计划"等。有限的政策也可以直接转化为阻止对方进攻的盾牌。

C. 财政极限策略。财政极限策略是利用己方在财政方面所受的限制，向对方施加影响，达到防止其进攻目的的一种策略。比如买方可能会说："我们很喜欢你们的产品，也很感谢你们提供的合作，遗憾是，我们的预算只有这么多。"卖方则可能表示："我们成本就这么多，因此价格不能再低了。"

向对方说明你的困难甚至面临的窘境，往往能取得比较好的效果。在许多情况下，人们对弱者抱有怜悯与同情之心，并乐于提供帮助。当对方确信你目前的财政情况，他可能会放弃进一步进攻的方法。

D. 先例控制策略。先例控制策略是指谈判的一方用"先例"去约束对手，达到防止其进攻的目的的一种谈判策略。所谓先例是指过去的习惯做法。在谈判中优势的一方可以用己方的先例、对方的先例或外界先例去与对手谈判，以遏止对方的进攻，从而保护自己的利益。先例控制策略之所以起作用，是利用了人们的习惯性心理，认为过去是这样，现在也应该是这样，未来更应该是这样，一旦先例被证明是真实的，对手就会被迫作出让步。

E. 疲惫策略。疲惫策略是指通过软磨硬泡的办法去消磨对方的意志，削弱对方的斗志，从而拖垮对方以阻止对方进攻的一种策略。在商务谈判中，有时会遇到锋芒毕露、咄咄逼人的谈判对手，用这种方法十分有效。

疲惫策略的运用要注意以下问题：要做好打持久战的思想准备；要有足够人力、物力和财力准备；要善于转变谈判主题。

（3）化解谈判僵局策略

在商务谈判进行过程中，当谈判双方所谈问题的利益条件相距较大，且各方又都不愿做出妥协退让时，就会导致谈判双方因暂时不可和好的矛盾而形成暂时的对峙，而使谈判呈现出一种不得不退的僵持。通常谈判僵局会有两种后果：一是打破僵局继续谈判；二是谈判破裂。当然，后一种结果是双方都不愿看到的。出现僵局不等于谈判破裂，但它严重影响谈判的进程，如不能很好地解决，就会导致谈判破裂。当然并不一定在每次谈判中都会出现僵局，但也可能一次谈判出现几次僵局。

1）商务谈判僵局产生的原因

① 谈判一方故意制造谈判僵局。这是一种带有高度冒险性和危险性的谈判战略，是谈判一方为了试探对方的决心和实力，而有意给对方出难题，扰乱视听，甚至引起争吵，迫使对方放弃自己的谈判目标而向己方目标靠近。使谈判陷入僵局，其目的是使对方屈服，从而达成有利于己方的交易。

② 双方观点对立、争执导致僵局。在讨价还价的谈判过程中，如果双方对某一问题各持己见，出现意见分歧，那么，越是坚持各自的立场，双方之间的分歧就会越大。这时，双方真正的利益被这种表面的立场所掩盖，于是，谈判变成了一种意志力的较量，当冲突和争执激化，互不相让时，便会出现僵局。

③ 沟通障碍导致僵局。沟通障碍就是谈判双方在交流彼此情况观点、洽商合作意向、交易条件等的过程中，可能遇到的由于主观或客观原因所造成的理解障碍。僵局产生的原因是由于双方文化背景的差异，如一方语言中的某些特别表述难以用另一种语言准确表述出来，就会造成误解。

④ 谈判人员的偏见或成见导致僵局。偏见或成见是指由感情原因所产生的对对方及谈判议题的一些不正确的看法。由于产生偏见或成见的原因是对问题认识的片面性，因而很容易形成僵局。僵局产生的原因是由于谈判人员对信息的理解受其职业习惯、受教育程度以及特定领域内的专业知识所制约，从表面上看来谈判人员对对方所讲的内容似乎已完全理解，而实际上这种理解却常常是主观的、片面的，甚至往往与信息内容的实质情况完全相反。

⑤ 环境改变导致僵局。当谈判的外部环境等因素发生变化，谈判者对已做出的承诺不便反悔，但又无意签约，于是采取不了了之的拖延战术，最终使对方忍无可忍，造成僵局。例如，市场价格突然发生变化，如按双方原洽谈的价格签约，必给一方造成损失。若违背承诺又恐对方不接受，双方都不挑明议题形成僵局。

⑥ 谈判人员失误导致僵局。有些谈判者想通过表现自我来显示实力，从而使谈判偏离主题；或者争强好胜，提出独特的见解令人诧异；或者设置圈套，迷惑对方，使谈判的天平向着自己倾斜，以实现在平等条件下难以实现的谈判目标。但是在使用这一策略时，因时机掌握不好或运用不当，也往往会导致谈判过程受阻及僵局的出现。

⑦ 谈判人员的强迫手段导致僵局。谈判中，人们常常有意或无意地采取强迫手段而使谈判陷入僵局。特别是涉外商务谈判，由于不仅存在经济利益上的争夺，还有维护国家、企业及自身尊严的需要，因此，某一方越是受到逼迫，就越是不退让，谈判僵局也就越容易出现。

⑧ 谈判人员素质低下导致僵局。谈判人员素质的高低往往成为谈判顺利与否的决定性因素。无论是谈判人员工作作风方面的问题，还是谈判人员知识经验、策略技巧方面的不足或失误，都可能导致谈判陷入僵局。

2）谈判僵局的破解策略

① 以硬碰硬策略。当对方通过制造僵局，给己方施加太大压力时，妥协退让已无法满足对方的欲望，应采用硬碰硬的办法予以反击，让对方自动放弃过高的要求。

谈判陷入僵局时，如果双方的利益差距在合理限度内，即可明确表明己方已无退路，希望对方能让步，否则情愿接受谈判破裂的结局。这样做的前提是：双方利益要求的差距不超过合理限度。只有在这种情况下，对方才有可能忍痛割舍部分期望利益，委曲求全，使谈判继续进行下去。相反，如果双方利益的差距太大，只靠对方单方面的努力与让步根本无法弥补差距时，就不能采用此策略，否则就只能使谈判破裂。当谈判陷入僵局而又实在无计可施时，以硬碰硬策略往往成为一个可供选择的策略。在作出这一选择时，必须做最坏的打算，以免措手不及。切忌在毫无准备的条件下盲目运用，因为这样只会吓跑对手,结果将是一无所获。

② 第三方调解策略。当谈判陷入僵局,双方都没有有效的办法解决时,信息沟通就会产生严重的障碍、双方互相存有偏见甚至敌意,互不信任。这时,由第三方人士出面调解可以为双方保存颜面,使双方都感觉公平、可信,信息交流也可以因此变得畅通。

作为调解人或仲裁人的第三方可以是组织内部的人,也可以是组织外部的其他人,最好是与双方都没有直接关系的第三人,一般要求具有丰富的社会经验、较高的社会地位、渊博的知识和公正的人格(以律师、顾问或教授为宜)。总而言之,第三方的威望越高,越能获得双方的信任,越能调解双方的冲突,从而打破僵局。

③ 更换谈判人员策略。谈判中出现僵局有时并不全是因为双方的利益冲突,也有可能是谈判人员失职或素质不高等因素引起的。类似于这种由于谈判人员的性格、年龄、学识、生活背景、民族习惯、随意许诺、对专业问题一无所知、好表现自己等因素所致的僵局,虽然经过多方努力,仍无实质性进展时,可以征求对方的同意,及时更换谈判人员,消除不和谐因素,缓和紧张对立谈判气氛,就有可能轻而易举地打破僵局。

④ 借题发挥策略。在特定的形势下,抓住对方的漏洞小题大做,会给对方一个措手不及。虽然这种策略有时会被误解为无事生非、伤感情,然而对于谈判对手中某些人的不合作态度或恃强凌弱的做法,运用这种方法可有效地使对方有所收敛。

⑤ 孤注一掷策略。当谈判陷入僵局时,己方认为自己的条件是合理的,无法再做让步,而且又没有其他可以选择的方案,可以采用孤注一掷、背水一战的策略。将己方条件摆在谈判桌上,明确表示自己已无退路,希望对方能做出让步,否则情愿接受谈判破裂的结局。当谈判陷入僵局而又没有其他方法解决的情况下,这种策略往往是最后一个可供选择的策略。

这种策略使用的前提条件是己方的要求是合理的,而且也没有退让的余地,因为再退让就损害己方根本利益。另一前提条件是己方不怕谈判破裂,不会用牺牲企业利益的手段去防止谈判破裂。如果对方珍惜这次谈判和合作机会,在己方最后摊牌之后,有可能选择退让的方案,使僵局被打破,达成一致的协议。

5.1.3 商务谈判成交阶段策略

成交阶段即达成协议阶段,即谈判双方通过中间阶段艰苦的讨价还价,取得一致意见后,进入成交阶段,也是谈判的最关键阶段。在这个阶段,谈判人员首先要明确是否具备了一定的成交条件。

(1) 成交应具备的条件

1) 使对方必须完全了解企业的产品及产品的价值

在实际谈判过程中,可以假设,如果对手比较熟悉己方的商品,就会表现出购买的热情,容易接受谈判人员的建议。因此,作为谈判人员,应该主动地向谈判对手展示自己的商品,主动地介绍商品的各种优势、性能、用途等问题,尽可能消除对手的疑虑。一句话,根据对手的不同心理,多给对方一个了解己方的时间和机会。

2) 使对方信赖自己和自己所代表的公司

如果对手对己方及所代表的公司没有足够的信心,那么即使商品质量再好价格再优惠,对手成交的要求也会产生动摇、变化。因此,谈判人员在谈判时,必须取得对方的信任,这是成交的必要条件。

3）使对方对你的商品有强烈的购买欲望

根据市场营销学原理，人类的需要有限，但其欲望却很多，当具有购买能力时，欲望便转化成需求，这就说明市场营销者连同社会上的其他因素，只是影响了人们的欲望，并试图向人们指出何种特定商品可以满足其指定需要，进而使商品更有吸引力适应对手的支付能力，且使之容易得到，影响需求。因此，作为谈判人员，工作重心应放在做好谈判说明中的工作，这样才能影响和带动顾客的购买欲望。

4）准确把握成交时机

俗话说："事在人为"，只要通过努力，都有可能改变或影响某一事物的发展和变化。因此，作为谈判人员，要等待合适的时机，必要时，要想办法制造合适的时机，促使对方作出成交的决定。

5）掌握促成交易的各种因素

谈判者对商品的认识、谈判者有购买意图、谈判人员的性格、情绪、工作态度及谈判人员的业务能力都会影响成交。在谈判实践中，经常出现这样一些情形，如果谈判人员业务能力较强，则对商品的介绍、分析非常合理、科学，让人深信不疑，反之则会给人一种"听不明白""越听越糊涂"或"听了以后反增加疑虑"的感受，必然会影响商品的成交机会。如果谈判人员善于创造一种氛围，有效地诱导对方，则这肯定会给商品多一些成交机会；反之，即使有了成交机会，可能也会丧失。另外，商品的因素也会影响交易的达成，谈判者多数都比较看重商品自身的质量，如果商品质量低劣，即便是其价格特别优惠，也不愿意购买。许多时候，商品的价格实际反映了商品的质量问题，然而即使商品质量可靠、耐用，但其价格过高，对手也会感到可望而不可即，这也是影响成交的一个主要因素。一般来讲，商品品牌好、知名度高，成交的可能性就相对大些，在成交时商品品牌效应影响较大。

6）为圆满结束做出精心安排

谈判人员应对谈判工作有一个全面的安排方案，根据方案明确自己的工作目标和方向，同时也明确自己下一步的工作规划和要求。尤其是在洽谈的最后阶段，对对方提出的意见要处理好，使他们自始至终对谈判工作及所谈判的商品保持浓厚的兴趣，要引导他们积极参与工作。

（2）成交的策略与技巧

谈判的结果，只有达成协议、签订合同才有实际意义。所以，为达成协议，谈判者需要采取一定的策略和技巧来给整个谈判画上完美的休止符。

1）感情攻势

一般在谈判开始，双方都会有相互寒暄、酒宴、舞会等感情交流活动，尤其是异地商家。当一方到另一方所在地进行谈判时，主方一般都会有住宿、酒宴、娱乐等活动，有时也会在这些活动中就一些问题达成共识。当谈判进入最后的收尾阶段时，双方基本上达成一致意见，此时经历了长时的交锋，双方可能都比较疲劳和紧张，此时把谈判桌转移到场外，如酒桌、宴会、娱乐场所等，就会缓解针锋相对的情绪，使双方建立一种友好、融洽的气氛。在这样的气氛下，双方不但会加深理解，强化对谈判结果的满足感，还会增进双方的友谊，为以后的合作打下良好的基础。哪怕谈判最后未能达成协议，也不能与对方对立、讥讽、嘲弄或冷淡对方。"买卖不成仁义在"，从长远来说，维系情感远远重于一次谈判的成败。

2）庆祝与赞美

商务谈判是一项劳心劳力的活动，当谈判结果确定，签订协议后，谈判双方都付出了巨大的体力和脑力的代价。成功完成交易对双方来说都是一项成就，此时双方都可以从交易中获得一定的利益，可能会暗自盘算我方所获利益的大小。此时，如果真诚地赞美对方谈判人员的才干，强调交易给双方带来的好处，庆祝谈判的成功，就会使对方心里获得平衡和安慰，哪怕对方获得的利益少于我方。通过庆祝和赞美就可以强化双方谈判者的成就感，提高对方对谈判结果的满足感，有利于促进以后的进一步交易。

3）慎重对待协议

谈判的最后阶段是签订协议，而后续就是协议的履行。协议是以法律形式对谈判结果的记录和确认，受法律保护。谈判的成果需要严密的协议来确认和保证，双方的交易关系也要以协议内容为准。因此，最后签订的协议内容必须和谈判结果完全一致，不能有半点误差。否则，一旦有人故意在协议的价格、数量、日期及一些关键性的条款或概念上做文章，就可能完全扭转谈判结果，一旦因为疏忽而在被恶意更改过的协议上签字，就会使之前的谈判成果付诸东流，给企业带来巨大的无法挽回的损失。所以，在签订协议前，一定要就双方所有谈判内容与最后协议仔细对照查看，确认无误才能签字。

5.2 应对不同商务谈判对象的策略

5.2.1 不同地位者的谈判策略

由于谈判双方的谈判实力不尽相同，据此分为主动地位、平等地位和被动地位。所以在不同地位的谈判者所运用的谈判技巧也应有所不同，可以说五花八门，数不胜数，而且因为谈判人员的经验与擅长，运用上也会有些差别。

(1) 平等地位的谈判策略

谈判的目的是为了达成某种协议。在双方地位平等条件下，谈判的基本原则是平等互利，求同存异。按照这个原则，首先要建立一种热情友好的合作气氛与环境，然后双方才能融洽地进行工作。在这种条件下，谈判的策略有以下几种：

1）抛砖引玉策略

抛砖引玉策略是指在商务谈判中主动地提出各种问题，但不提解决的办法，而让对方去解决的一种战术。它一方面可以达到尊重对方的目的，使对方感觉到自己是谈判的主角和中心；另一方面，自己又可以摸清对方底细，争得主动。但该策略在两种情况下不适用：一是在谈判出现分歧时不适用；二是在了解到对方是一个自私自利、寸利必争的人时不适用，因为对方会乘机抓住对他有利的因素，令己方处于被动地位。

2）避免争论策略

谈判人员在开谈之前，要明确自己的谈判意图，在思想上进行必备的准备，以创造融洽活跃的谈判气氛。然而，谈判双方为了谋求各自的利益，必然要在一些问题上产生分歧，分歧出现以后，要防止感情冲动，保持冷静，尽可能地避免争论。因为，争论不仅于事无补，而且只会使事情变得更糟。最好方法是采取下列态度：

① 冷静地倾听对方的意见。在谈判中，最好的方法是对方陈述完毕之后，先表示同

意对方意见，承认自己在某些方面的疏忽，然后提出对对方的意见进行重新讨论。

② 婉转地提出不同意见。在谈判中，当己方不同意对方意见时，切忌直接提出自己的意见。最好的方法是先同意对方的意见，然后再做探索性提议。

③ 分歧产生之后谈判无法进行，应马上休会。休会策略不仅可以避免出现僵持局面和发生争论，而且可以使双方保持冷静，调整思绪，平心静气地考虑双方的意见，达到解决问题的目的。

3）声东击西策略

在军事上，该策略被称作"明修栈道，暗度陈仓"。在商务谈判中该策略指己方为达到某种目的和需要，有意识地将洽谈的议题引导到无关紧要的问题上故作声势，转移对方注意力，以求实现自己的谈判目标。具体做法是在无关紧要的事情上纠缠不休，以分散对方对自己真正要解决的问题的注意力，从而在对方不警觉的情况下，顺利实现己方的谈判意图。比如，对方最关心的是价格问题，而己方最关心的是交货时间。这时，谈判的焦点不要直接放到价格和交货时间上，而是放到价格和运输方式上。

（2）被动地位的谈判策略

当己方在谈判中处于被动地位时，应避其锋芒，设法改变谈判力量的对比，以达到尽量保护自己，满足己方利益的目的。具体运用的策略是：

1）沉默策略

谈判开始就保持沉默，迫使对方先发言。沉默是处于被动地位的谈判者常用的一种策略。运用沉默策略要注意审时度势，运用不当谈判效果会适得其反。要有效地发挥沉默策略的作用，首先，要做好准备。要明确在什么时机运用该策略。事先要准备好使用哪些行为语言。在沉默中，行为语言是唯一的反映信号，是对手十分关注的内容。如果是多人参加的谈判，要统一谈判人员的行为语言口径。其次，要耐心等待。只有耐心等待，才可使对方失去冷静，形成心理压力。

2）忍耐策略

商务谈判中，占主动地位的一方会以一种咄咄逼人的姿态来表现自己。这时如果表现反抗或不满，对方会更加骄横，甚至退出谈判。在这种情况下，对对方的态度不作反应，采取忍耐的策略，以我之静待"敌"之动，以我方的忍耐来磨对方的棱角，挫其锐气，使其筋疲力尽之后，我方再作反应，以柔克刚，反弱为强。如果被动的一方忍耐一下，对方得到默认和满足之后，反而可能通情达理，公平合理地与你谈判。同时，对自己的目标，要求也要忍耐，如果急于求成，反而会更加暴露自己的心理，进一步被对方所用。

3）多听少讲策略

处于被动地位的谈判者，应让对方尽可能多地发言。这样做既表示出对对方的尊重也使自己可以根据对方的要求，确定自己应对的具体策略。对方多谈，可以大大减少对方的反抗心理和戒备心理，他就会因暴露过多而回旋余地较小。

4）迂回策略

如果与对方直接谈判的希望不大，就应采取迂回的策略，即通过其他途径接近对方，彼此了解，联络感情，沟通了情感之后，再进行谈判。人都具有七情六欲，满足人的感情和欲望是人的一种基本需要。在谈判中利用感情的因素去影响对手是一种可取的策略。这种策略的方法很多，可以有意识地利用空闲时间，主动与谈判对手一起聊天、娱乐或谈论对方感兴趣的问题，也可以馈赠小礼品，请客吃饭，提供交通食宿的方便，还可以通过帮助解决一些私人的疑难问题，从而增进了解，联络感情，建立友谊，从侧面促进谈判的顺利进行。

（3）主动地位的谈判策略

处于主动地位的谈判者，可以利用自己的优势，迫使对方做出更大的让步，以谋取更多的利益。具体可以采取以下几种策略：

1）先苦后甜策略

在谈判中先给对方提出全面苛刻的条件，造成一种艰苦的局面，恰似给对方一个苦的信号，在这一先决条件下再做出退让，使对方感到欣慰和满足。先苦后甜的策略只有在谈判中处于主动地位的一方才有资本使用。同时，在具体运用该策略时，开始向对方提出的方案不要过于苛刻；否则，对方就会退出谈判。

2）以战取胜策略

当己方在谈判中处于主动或优势地位时，通过战胜对方来赢得谈判目标，满足自己的需要。使用这一策略会有许多弊端，在应用时应多加注意。

5.2.2　应对不同风格谈判者的策略

我们将商务谈判中常见的谈判风格可以归纳为强硬型、不合作型、阴谋型、合作型等几种类型，我们下面分别就其特点与应对策略进行论述：

（1）应对强硬型谈判风格的策略

这种谈判风格最突出的特点是，主谈判人很自信，态度傲慢。这种人最常用语言或肢体暴力威胁对方，譬如说："这是什么话""我现在就要……"或者说："如果你不让我……"，面对这种谈判对手，寄希望于对方的恩赐是枉费心机。因而想登上谈判的理想之峰，须以策略为向导。总的指导思想是：避其锋芒，设法改变谈判力量的对比，以达到尽量保护自己、满足己方利益的目的。

1）沉默是金

沉默乃是指在谈判中不开尊口，观看对方的表情。这种策略用来对待"强硬型"对手不失为一个十分有力的谈判工具。

上乘的沉默策略会使对方受到冷遇，造成心理恐慌，不知所措，甚至乱了方寸，从而达到削弱对手谈判力量的目的。沉默策略要注意审时度势、灵活运用，运用不当，谈判效果会适得其反。例如，在还价中的沉默，对方会认为是默认。又如，沉默的时间较长，对方会认为你是慑服于他的恐吓，反而增添了对手的谈判力量。

2）争取承诺

这种策略是指，在谈判中利用各种方法获得对方对某项议题或其中一部分的认可。例如，"这种产品的外形设计很别致。"对方答道："我也有同感。"在商务谈判中争取对方的口头承诺，作用很大。因为在正式谈判中无论哪方谈判代表，什么性格的谈判者，从信誉出发，通常总要维护自己已经承诺的条件，争取到有利于自己的承诺，就等于争取到了有利的谈判地位。再如，在谈判中，需方向供方指出："你方某某的产品功能少，而且外观颜色陈旧。"供方当即回："颜色是陈旧些，但这种产品质量好。"供方谈判人员同意了对方的观点。实际上就是一种口头承诺，这无疑增加了需方的议价力量。用这种方法对付"强硬型"谈判人员效果可能会更好。因为"强硬型"谈判人员的特点之一就是严肃而正直，给人一种可以信赖的感觉，所以争取这种人的承诺，乃是己方议价力量的重要来源。

认真考虑对方承诺的原因和内容，见机行事，以取得有利的谈判效果。

3）软硬兼施

这个策略是指将组成的谈判班子分成两部分，其中一个成员扮演强硬型角色即"鹰派"。鹰派在谈判某一议题的初期阶段起主导作用。另一个成员扮演温和的角色即"鸽派"。鸽派在谈判某一议题的结尾阶段演主角。这种策略是商务谈判中常用的策略，而且在多数情况下能够生效。因为它利用了人们避免冲突的心理弱点。

具体在洽谈某项议题时，担任强硬型角色的谈判人员，毫不保留余地果断地提出有利己方的要求，并且坚持不放。要注意的是，谈判中的承诺有真也有假。所谓假承诺是指谈判者为了加快谈判进程或躲避对方的追问而有意识地犯错。为此，对待承诺要善于区分，既不盲目听信，也不全盘否定。承担温和角色的谈判人员则保持沉默，观察对方的反应，寻找解决问题的办法。到谈判空气十分紧张时，鸽派角色出面缓和局面，一方面劝阻自己的伙伴，另一方面进而明确地指出，这种局面的形成与对方也有关系，最后建议双方都做些让步。

4）以柔克刚

这种策略是指，对咄咄逼人的谈判对手，可暂不作出反应，以我之静待"敌"，以持久战磨其棱角，挫其锐气，使其筋疲力尽之后，我方再发起进攻，反弱为强运用以柔克刚策略必须树立持久战的思想，还要学会运用迂回策略和反守为攻策略。

5）制造竞争

这种策略是指在谈判中创造一种竞争的姿态。例如，"这种订单，我已经接到了几份，他们都希望得到我们的合作。"这种做法可以转变谈判中所形成的局面。运用这种策略的前提条件是，让对方知道你对所谈问题确实有多项选择。切忌不要在没有选择的情势下运用这种策略。

6）引起注意

对付强硬型谈判者，特别有效的方式是引起对方的注意，必须把他们吓醒，让对方知道己方忍耐的底线在哪里。其目的不是惩罚，而是要让对方知道己方忍耐的极限。

7）指责对方

指出对方行为的失当，并且建议双方应进行更富建设性的沟通，如指出对方态度过于凶悍。一般说来，在这种情况下对方也会收敛火气。这时最重要的是提出进一步谈话方向，给对方一个可以继续交涉下去的台阶。

（2）应对不合作型谈判风格的策略

这种谈判风格的主谈人的突出特点是，以我为中心，善用谈判技巧。这种人采取的不见面或拖延战术。他们会说："明天再说吧""我没时间"或"这不归我管"，对不合作型的谈判代表，要坚信他是可以改变的，因为他的谈判目的是通过此次谈判获得经济利益。那么如何与之交锋呢？总的策略思想是求同存异、适度冒险、利益具体运用如下：

1）真情感化

感化策略的思想是在商务谈判中不能把谈判对手看成"抽象代表"。人是有感情的，在谈判过程中经过接触，相互尊敬和体谅，就能建立良好的工作关系，从而使每次谈判变得顺利和有效率。"感化"作用的发挥要求谈判者在任何场合、任何内容的谈判中，切忌不要使对方难堪,即使对手语言过激也要忍耐,不要因个人的情绪问题影响谈判的进行,要把对手看成解决问题的伙伴,想方设法用坦诚的态度和诚恳的语言感化对方,把对方拉回共同解决问题的轨道上来。

2)用心改良

在商务谈判中与"不合作型"的对手谈判是非常伤脑筋的事情。采取敌对态度可能使关系僵化;采取软弱态度,一味退让,会使自己遭受利益损失。这样,即使达成了协议,合作关系也是不稳定的。比较理想的做法之一就是改良。改良策略的作用是将自己的观点能更多地为对方所接受,从而达到由不合作转变为合作的谈判。

3)制造僵局

在特殊情况下,人为制造僵局可以作为一种威胁对方的策略。"以毒攻毒"有时可以取得意想不到的效果。因为谈判双方一般都不希望出现僵局,不愿轻易失去一次成交机会。

4)人为"搅和"

所谓"搅和"就是打乱原有的秩序,把要讨论的议题搅在一起,将事情弄得复杂。谈判通常应该以一种有秩序的方式进行,但是懂得"搅和"策略的人却知道没有秩序的状况反而对他有利。例如,搅和可能会形成僵局,也有可能促使对方在困惑时犯错误,还可能借此机会反悔已经答应的让步,有时候还可以趁机试探对方在压力下保持机智的能力。

5)"荆棘地"

这种策略的思想是将对方的注意力吸引到看起来对己方深具威胁,而事实上对己方较为有利的事情上,对方很可能因此而被说服不致采取己方所真正害怕的行动。例如"这次谈判千万不能拖到节日之后"。"不合作型"的主谈人听了后,以为对方希望在节日前结束谈判,就会以种种借口拖到节日之后再谈。对方得到了这个喘息机会,很可能就会使下次谈判出现新的转机。

6)出其不意

这种策略是指在谈判过程中,突然改变谈判的方法、观点或提议,使对方为之惊奇或震惊,以达到对方折服、陷入混乱或迫使其让步等目的。对于"不合作型"谈判风格的主谈人,在必要的时候不妨以出其不意的手法施加压力,可以起到软化立场的作用。

出其不意策略包括以下内容:提出令人惊奇的问题,如新要求、新包装等;提出令人惊奇的时间,如截止日期的改变、谈判速度的突然改变等;采取令人惊奇的行动,如不停地打岔、退出商谈等;做出令人惊奇的表现,如提高嗓门、人身攻击等;聘用令人惊奇的人物,如专家、权威的突然加入;确定令人惊奇的地点,如杂乱无章的办公室或豪华的办公室等。

如何抛出这些令人惊奇的内容呢?通常的方法是突然性的或戏剧性的。例如,谈判有一方突然毫无理由地大发雷霆,行为很不理智,让对方难以招架。

(3)应对阴谋型谈判风格的策略

正规的谈判应是光明正大,公平协商。但是在商务谈判中,有的人为了满足自身的利益和欲望,常使用一些诡计来诱惑对方达成不公平的协议。为了使谈判能公平协商,下面介绍几种对付"阴谋型"谈判者的策略:

1)反车轮战的策略

所谓的车轮战术是指谈判的一方采用不断更换谈判人员的一种方法。其目的是使对方精疲力竭，从而迫使其做出某种让步。

对付这种策略的反策略是：及时揭穿对方的诡计，敦促其停止车轮战术的谈判；以借口拖延谈判，直到原来的对手重新回到谈判桌上；对更换上来的谈判对手拒绝重复以前的陈述，应静静地听对手替你做报告，一是可以挫其锐气，二是可以得到保存精力的机会；如果新对手否认过去的协定，己方也可以用同样的方法否认你所许过的诺言；在消极对抗中，不要忽视对方提出的新建议，抓住有利时机立即签约；采用私下会谈的形式与新对手谈话。其用意是了解情况，另外是为对方的谈判设置障碍。

2）对付滥用权威的策略

在商务谈判中，人们对专家权威的意见往往是比较看重的，有些谈判者就是利用人的这种心理，在谈判中对某个重要议题出现争论时，便请出"权威"给对方施加压力。

应对这种做法的策略是：沉着应战。面对"权威"不要畏惧，要用你熟悉的业务知识与专家交谈，抓住某些"权威"不太熟悉的技术难点向"权威"进攻，使其难堪，达到使"权威"失其权威的目的；向对方表明，即使对手请出来的是位专家，他的观点只是个人的学术观点并不是谈判的协议，要想达成协议还需要达成洽谈双方都可接受的条件；如果确认自己不是"权威"的对手，不妨可用无知作为武器。表明这些东西我们不懂，无法确认真伪，也无法对此做出什么承诺。这种做法可以为你带来许多好处，它能够使你有足够的时间去思考，去请教专家，并考验对方的决心，还可以造成对方"权威"的失落感。

3）对付"抬价"的策略

抬价策略在商务谈判中经常遇到或用到，它是否符合谈判惯例要看如何运用。

不合理的抬价策略是指当谈判双方已经谈完价格条款，第二天供方却又突然要求提价，己方尽管很生气，但为了避免谈判破裂或减少损失，也只好再和供方磋商，最后结果肯定以较高的价格成交。

对付抬价策略的基本原则是：若看出对方的诡计，应直接指出，争取主动；在讨价还价中，要争取让对方达到临界的边缘；尽早争取让对方在协议书或合同上签字，这样可以防止对方以种种借口推翻；必要时可以向对方要求某种保证，以防反悔；中止谈判。

4）对付既成事实再谈判的策略

严格地说，既成事实再谈判是一种不讲道理的策略，但在特定条件下，使用它也可讲出一些正确的道理来。

为了防止既成事实再谈判造成损失的现象出现，谈判人员应掌握以下策略：对谈判者爽快地答应己方提出的要求要有戒心；一旦不利情况发生，要敢于向对方的领导抗议，若不能解决，可向当地的司法机构提出诉讼。切记在没有获得对方押金或担保时，不要预付货物或付款。

5）兵临城下

这种策略意思是，采取大胆的胁迫做法，看对方如何反应。这一策略虽然具有冒险性，但对于"阴谋型"的谈判代表常常有效。因为对方本身想通过诡计诱使己方上当，一旦被己方识破反击，一般情况下会打击对方的士气，从而迫使对手改变态度，或是重新谈判。例如，对于送来的一份协议，上面有一条或几条己方不太喜欢的条款，可以径自将该条款删除，然后签字送还。这种做法必然会迫使对方重新考虑协议条款。

（4）应对"合作型"谈判风格的策略

"合作型"谈判风格的主谈人是人们最愿意接受的，其最突出特点是合作意识强，能给谈判双方带来皆大欢喜的满足。所以，对付"合作型"的主谈人的总的策略思想是互利互惠。

1) 设定期限

明确某一谈判的结束时间是很有必要的，这样可以使谈判双方充分利用时间，在不违背互利互惠原则的前提下，灵活地解决争议问题，适时做出一些让步，使谈判圆满结束。必须指出的是，最后期限若运用不好，便会适得其反。怎样运用才会合理呢？运用时应注意两点：①提出的时间要恰当，如果过早地提出最后期限，会给双方或一方造成时间上的压力，造成消极的影响；②提出的说法要委婉，强硬提出最后期限，会引起对方不满，使谈判向不利于自己的方向发展。

2) 假设条件

假设条件是指在谈判的过程中，向对方提出一些假设条件，用来探知对方的意向。这种做法比较灵活，使谈判在轻松的气氛中进行，有利于双方达成互利互惠的协议。例如，"假如我方增加一倍订货数量，价格会有什么变化？"

3) 适度开放

适度开放是指谈判人员在谈判过程中坚持开诚布公的态度，尽早向对方吐露自己的真实意图，从而赢得对方的通力合作。必须提出的是，开放策略的运用要适度。"度"的大小要视情况而定。例如，在谈判中遇到"不合作型"的谈判代表，开放策略的度就应掌握得小些，即将自己方面有关的情况让对方知道越少越好，以免言多必失。如果遇到老朋友，这个度就要放得大一些，以增强协作意识，取得皆大欢喜的效果。

4) 缓冲摩擦

缓冲摩擦是指在谈判气氛紧张时，适时采取调节手段，使之缓和。在实际的商务谈判中，尽管是"合作"模式的谈判，由于谈判人员的性格差异，对问题的看法、理解不同，时常也会出现一些摩擦，使谈判空气带些火药味，在这种情况下，运用缓冲策略无疑是明智的。缓冲的主要手段有：转移话题，如讲些当前国内外的事情或名人轶事，说些比较轻松的玩笑等；临时休会，使谈判人员适当休息，以便达到平衡；还可以谈些双方比较容易达成一致意见的议题。

5.3 商务谈判中的价格磋商

商务谈判过程中的价格谈判，事关交易双方的切身利益，因此，是商务谈判中的核心。考察商务谈判过程，要进一步研究这一过程的价格谈判。

商务谈判中的价格谈判，实际上是交易利益的分割过程。其中包括：初始报价，即提出开盘价格；之后多回合的讨价与还价，即再询盘与还盘，以及双方的让步与交换；直至相互靠拢，达成成交价格等一系列环节。同时，它也涉及各个环节的策略和技巧。

5.3.1 卖方与买方的价格目标

价格磋商开始之前，卖方与买方都会为或者都应为各自准备好几种价格的选择方案，从而确定谈判的价格目标，以便为讨价还价和最终达成成交价格所遵循。

一般来说，卖方与买方的价格目标都各有三个层次，这就是临界目标、理想目标和最高目标。其中：第一个层次的价格目标是双方的临界目标，即由双方各自的临界价格规定的目标。如前所述，临界价格即卖方的最低售价或买方的最高买价，这是双方的保留价格，也是价格谈判各自坚守的最后一道防线和被迫接受的底价，一般不能突破。由此，确定了价格谈判的合理范围。第二个层次的价格目标是双方的理想目标，即由双方各自的理想价格所规定的目标。这一目标有重要意义。它不仅是谈判双方根据各种因素所确定的最佳价格备选方案和双方谈判所期望达到的目标，而且通常也是双方通过价格磋商达成的成交价格的实际接近目标，并决定了双方的盈余分割。第三个层次的价格目标是双方的最高目标，即双方初始报价的价格目标。这一目标，实际上是在双方理想价格及理想目标的基础上，加上策略性虚报部分形成的。它一般不会为对方所接受，因而不能实现，但是，由此可展开双方的讨价还价，成为价格谈判中的讨价还价范围。

卖方与买方的价格目标如图 5-1、图 5-2 所示。

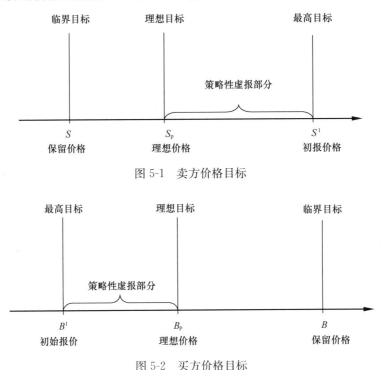

图 5-1　卖方价格目标

图 5-2　买方价格目标

5.3.2　讨价策略

讨价指要求报价方改善报价的行为。谈判中，一般卖方在首先报价并进行价格解释之后，买方如认为离自己的期望目标太远，或不符合自己的期望目标，必然在价格评论的基础上要求对方改善报价，这也称为"再询盘"。这种讨价要求，既是实质性的，即可迫使报价降低，又是策略性的，即可误导对方对己方的判断，改变对方的期望值，并为己方的还价作准备。如果说，报价后的价格解释和价格评论是价格磋商的序幕，那么，讨价便是价格磋商的正式开始。

讨价策略的运用，包括讨价方式、讨价次数、讨价技巧等方面。

(1) 讨价方式

讨价方式可以分为全面讨价、分别讨价和针对性讨价三种。第一，全面讨价，其常用于价格评论之后对于较复杂的交易的首次讨价；第二，分别讨价，其常用于较复杂交易时对方第一次改善报价之后，或不便采用全面讨价方式的讨价；第三，针对性讨价，其常用于在全面讨价和分别讨价的基础上，针对价格仍明显不合理和水分较大的个别部分的进一步讨价。

从讨价的步骤来看，一般第一阶段采用全面讨价，因为正面交锋的战幕刚刚拉开，买方总喜欢从宏观的角度先笼统压价。第二阶段再按价格水分的大小分别讨价。第三阶段进行针对性讨价。另外，不便采用全面讨价的，第一步可以按照交易内容的具体项目分别讨价；第二步再按各项价格水分的大小分别讨价；第三步进行针对性讨价。需要说明，在按价格水分分别讨价时，一般成功的讨价规律是：先从水分最大的那一类讨价，再讨水分中等的价，最后讨水分最小的价。否则，任意起价，往往事倍功半。

(2) 讨价次数

所谓讨价次数，是指要求报价方改善报价的有效次数，亦即讨价后对方降价的次数。讨价作为要求改善报价的行为，不能说只允许一次。究竟讨价可以进行几次，依据讨价方式及心理因素，一般有以下规律：

从全面讨价来分析，一般价格谈判的初始报价都包括一个策略性的虚报部分，同时报价方又都有愿意保持自己的"良好形象"和与客户的"良好关系"的心理，因此，讨价中对方"姿态性的改善"往往是会做出的。不过，常言道："事不过三。"讨价一次当然；讨价两次，可以；若第三次讨价，就可能引起反感了。所以，对于全面讨价，从心理因素的角度来看，一般可以顺利地进行两次讨价。当然，经两次改善后的报价，如果还存在明显的不合理，继续讨价仍完全必要。

从分别讨价来分析，当交易内容按照价格中所含水分分为三类时，就意味着至少可以讨价三次，其中，水分大的、水分中等的又可至少谈两次，这样算来，按三类分别讨价，实际上可能讨价五次以上。若按照交易的具体项目分为五项，就意味着至少可以讨价五次，其中有的项目肯定不可能只讨一次价，而是要攻击两次以上，这样算来，按五项分别讨价，实际上可能共讨价八次以上。

从针对性讨价来分析，因为这种讨价一般是在全面讨价和分别讨价的基础上有针对性地进行的，所以，无论从实际出发还是从心理因素考虑，讨价次数基本"事不过三"，即通常一两次而已。

(3) 讨价技巧

1) 以理服人

讨价是伴随着价格评论进行的，所以，应本着尊重对方和说理的方式进行，同时，讨价不是买方的还价，而是启发、诱导卖方自己降价，以便为买方还价作准备，所以，此时"硬压"对方降价，可能过早地陷入僵局，对买方也不利。因此，特别是初期、中期的讨价，务必保持信赖平和的气氛，充分说理，以理服人，以求最大的收益。即使对"漫天要价"者，也应如此。

一般来说，在报价太离谱的情况下，其价格解释总会有这样那样的矛盾，只要留心不难察觉，所以，当以适当方式指出报价的不合理之处时，报价者大都有所松动。如会以

"我们再核算一下""我们与生产厂商再研究研究""这项费用可以考虑适当降低"等为遁词,对报价做出改善。此时,即使价格调整的幅度不是很大,或者理由也不甚合乎逻辑,作为买方,也应表示欢迎。而且,可以通过对方调整价格的幅度及其解释,估算对方的保留价格,确定进一步讨价的策略和技巧。

2) 见机行事

买方做出讨价表示并得到卖方回应后,必须对此进行策略性分析。若首次讨价,就能得到对方改善报价的迅速反应,这可能说明报价中策略性虚报部分较大,价格中所含虚头、水分较多,或者也可能表明对方急于促成交易的心理,同时,还要分析其降价是否具实质性内容等。这样,通过对讨价后对方反应的认真分析,判定或改变己方的讨价策略。

不过,一般有经验的报价方,开始都会严守其价格立场,不会轻易降价,并且往往会不厌其烦地引证那些比他报价还要高的竞者的价格,用以解释其报价的合理性和表示这报价的不可改变。对此,只要善于通过分析抓住了报价及其解释的矛盾和漏洞,就应盯住不放。而对于那些首次讨价即许诺降价者,也应根据其实际情况或可能,继续采取相应讨价对策。

3) 投石问路

价格谈判中,当遇到对方固守立场、毫不松动,己方似乎无计可施时,为了取得讨价的主动权和了解对方的情况,此时不妨"投石问路",即通过假设己方采取某一步骤,询问对方作何反应,来进行试探。下面都是可供"投石问路"的方式,例如,"如果我们与贵方签订为期一年的合同,你们的价格能优惠多少?""如果我们对原产品作如此改动,价格上如何变化?""如果我们买下你们的全部存货报价又是多少?""如果我方为贵方提供生产产品所需的原材料,那么,成品价又是多少呢?""如果我方有意购买贵方其他系列的产品,能否价格上再优惠些?""如果货物运输由我们解决,价格多少?"等。一般来说,任何一块"石头"都能使讨价者进一步了解对方,而且对方难以拒绝。

5.3.3 还价策略

还价也称"还盘",一般是指针对卖方的报价买方做出的反应性报价。还价以讨价为基础。卖方首先报价后,买方通常不会全盘接受,也不至完全推翻,而是伴随价格评论向卖方讨价;卖方对买方的讨价,通常也不会轻易允诺,但也不会断然拒绝,为了促成交易,往往伴随进一步的价格解释对报价做出改善。这样,在经过一次或几次讨价之后,为了达成交易,买方就要根据估算的卖方保留价格和己方的理想价格及策略性虚报部分,并按照既定策略与技巧,提出自己的反应性报价,即做出还价。如果说,卖方的报价规定了价格谈判中讨价还价范围的一个边界的话,那么,买方的还价将规定与其对立的另一个边界。如此,双方即在这两条边界所规定的界区内,展开激烈的讨价还价。

还价策略的运用包括还价前的筹划、还价方式、还价起点的确定、还价技巧等方面。

(1) 还价前的筹划

还价策略的精髓在于"后发制人"。为此,就必须针对卖方的报价,并结合讨价过程,对己方准备做出的还价进行周密筹划。首先,应根据卖方的报价和对讨价做出的反应,并运用自己所掌握的各种信息、资料,对报价内容进行全面的分析,从中找出报价中的薄弱环节和突破口,以作为己方还价的筹码。其次,在此基础上认真估算卖方的保留价格和对己方的期望值,制订出己方还价方案的起点、理想价格和底线等重要的目标。最后,根据己方的谈判目标，从还价方式、还价技法等各方面设计出几种不同的备选方案以保证己方在谈判中的主动性和灵活性。

还价的目的绝不是仅仅提供与对方报价的差异，而应力求给对方造成较大的压力并影响或改变对方的期望，同时，又应着眼于使对方有接受的可能，并愿意向双方互利性的协议靠拢。因此，还价前的筹划就是要通过对报价内容的分析、计算，设计出各种相应的方案、对策，以使谈判者在还价过程中得以贯彻，发挥"后发制人"的威力。

(2) 还价方式

还价中，谈判者要确保自己的利益要求和主动地位，首先就应善于根据交易内容、所报价格以及讨价方式，采用不同的和对应的还价方式。

按照谈判中还价的依据，还价方式有按可比价还价和按成本还价两种：可比价还价是指己方无法准确掌握所谈商品本身的价值，而只能以相近的同类商品的价格或竞争者商品的价格作参照进行还价。这种还价方式的关键，是所选择的用以参照的商品的可比性及价格的合理性，只有可比价格合理，还价才能使对方信服；按成本还价这是指己方能计算出所谈商品的成本，然后，以此为基础再加上一定比率的利润作为依据进行还价。这种还价方式的关键，是所计算成本的准确性，成本计算得比较准确，还价的说服力就比较强。

按照谈判中还价的项目，还价方式又有总体还价、分别还价和单项还价三种：总体还价即一揽子还价，它是与全面讨价对应的还价方式；分别还价是指把交易内容划分成若干类别或部分，然后按各类价格中的含水量或按各部分的具体情况逐一还价。分别还价，是分别讨价后的还价方式；单项还价是指按所报价格的最小单位还价，或者对某个个别项目进行还价。单项还价一般是针对性讨价的相应还价方式。

(3) 还价起点的确定

还价方式确定后，关键的问题是要确定还价的起点。还价起点即买方的初始报价。它是买方第一次公开报出的打算成交的条件，其高低直接关系到己方的经济利益，也影响着价格谈判的进程和成败。

还价起点的确定，从原则上讲有两条：第一，起点要低。还价起点低，能给对方造成压力并影响和改变对方的判断及盈余要求，能利用其策略性虚报部分为价格磋商提供充分的回旋余地和准备必要的交易筹码，对最终达成成交价格和实现既定的利益目标具有不可忽视的作用。第二，不能太低。还价起点要低，但也不是越低越好。还价起点要接近成交目标，至少要接近对方的保留价格，使对方有接受的可能性。否则，对方会失去交易兴趣而退出谈判，或者己方不得不重新还价而陷于被动。

还价起点的确定，从量上来讲有三个参照因素：①报价中的"含水量"。价格磋商中，虽然经过讨价，报价方对其报价做出了改善，但改善的程度各不相同，因此，重新报价中的含水量是确定还价起点的第一项因素。对于所含水分较少的报价，还价起点应当较高，以使对方同样感到交易诚意；对于所含水分较多的报价，或者对方报价只作出很小的改善便千方百计地要求己方立即还价者，还价起点就应较低，以使还价与成交价格的差距同报价中的含水量相适应。同时，在对方的报价中，会存在不同部分含水量的差异，因而，还价起点的高低也应有所不同，以此可增强还价的针对性并为己方争取更大的利益。②成交差距。对方报价与己方准备成交的价格目标的差距，是确定还价起点的第二项因素。对方报价与己方准备成交的价格目标的差距越小,其还价起点应当越高;对方报价与己方准备成交的价格目标的差距越大,其还价起点就应越低。当然,不论还价起点高低,都要低于己方准备成交的价格,以便为以后的讨价还价留下余地。③还价次数。这是影响确定还价起点的第三项因素。同讨价一样,还价也不能只允许一次。在每次还价的增幅已定的情况下,当己方准备还价次数较少时,还价起点应当较高;当己方准备还价的次数较多时,还价起点就应较低。总之,通盘考虑上述各项因素,确定好还价起点才能为价格谈判中的讨价还价范围划出有利于己方的边界。

(4) 还价技巧

1) 吹毛求疵

在价格磋商中,还价者为了给自己制造理由,也为了向对方表明自己是不会轻易被人蒙骗的精明的内行,常常采用"吹毛求疵"的技巧。

其做法通常是:百般挑剔。买方针对卖方的商品,想方设法寻找缺点,"横挑鼻子竖挑眼,鸡蛋里挑骨头",并夸大其辞、虚张声势,以此为自己还价提供依据;言不由衷。本来满意之处,也非要说成不满意,并故意提出令对方无法满足的要求,表明自己"委曲求全",以此为自己的还价制造借口。商务交易中的大量事实证明,"吹毛求疵"不仅是可行的,而且是富有成效的,它可以动摇卖方的自信心,迫使卖方接受买方的还价,从而使买方获得较大的利益。需要注意的是:"吹毛求疵"不能过于苛刻,应合乎情理和取得卖方的理解。否则,卖方会觉得买主缺乏诚意,甚至会被卖方识破。

2) 积少成多

积少成多作为还价的一种技法,是指为了实现自己的利益,通过耐心地一项一项地谈、一点一点地争取,达到聚沙成塔、集腋成裘的效果。

积少成多的可行性在于:人们通常对微不足道的事情不太计较,比如对区区蝇头小利不太在乎,也不愿为了一点儿利益的分歧而影响交易关系,这样,买方便可以利用这种心态将总体交易内容进行分解,然后逐项分别还价,通过各项获得的似乎微薄的利益,最终实现自己的利益目标。细分后的交易项目因其具体、容易寻找还价理由,使自己的还价具有针对性和有根有据,从而易于被卖方所接受。

3) 最大预算

运用"最大预算"的技巧,通常是在还价中一方面对卖方的商品及报价表示出兴趣,另一方面又以自己的"最大预算"为由来迫使卖方最后让步和接受自己的出价。例如,经过讨价,卖方已将某货物的报价由 10 万元降至 8.5 万元,买方便说:"贵方这批货物我们很想购买,但是,目前我公司总共只有 7.8 万元的购货款了,如果能按这个价格成交,我们愿今后与贵方保持合作关系。"这样,买方采用"最大预算"的技巧做出了 7.8 万元的还价,实现了交易。运用这种技巧应注意:首先掌握还价时机。经过多次价格交锋,卖方报价中的水分已经不多,此时"最大预算"的技法还价,乃最后一次迫使卖方做出让步。其次判断卖方意愿。一般卖方成交心切,易于接受己方"最大预算"的还价。否则,卖方会待价而沽,"少一分钱也不卖"。其次准备变通办法。万一卖方不管你"最大预算"真假如何,仍坚持原有立场,买方须有变通办法:一是固守"最大预算",对方不让步,己方也不能让步,只好以无奈为由中断交易;二是维护"最大预算",对方不让步,己方作适当让步,可以酌减某项交易内容或者后补价款便于以此为台阶实现交易。

4）最后通牒

最后通牒原指一国对另一国提出的必须接受其要求，否则将使用武力或采取其他强制措施的外交文书。这是一种一方向另一方施加强大压力的手段。还价中采用"最后通牒"，即指买方最后给卖方一个出价或期限，卖方如不接受，买方就毅然退出谈判这种技法，经常为还价者所施行，但要取得成功须注意以下各点：①"最后通牒"的出价应使卖方有接受的可能性，一般不能低于卖方的保留价格。②给卖方"最后通牒"的时机要恰当，一般是在买主处于有利地位或买方已将价格提高到接近理想价格时发出"最后通牒"。③发出"最后通牒"前，应设法让卖方已有所投入。例如，先就与主要问题有联系的次要问题达成协议；让卖方在时间、精力、选择余地各方面先做出耗费等。这样，待卖方的投入已达到一定程度时，再抛出"最后通牒"，可使其欲罢不忍。④"最后通牒"的依据要过硬，要有较强的客观性和不可违抗性。例如，可以援引有关的法律规定、政策条文、商务惯例、通行的价目表或本公司的财务制度等来支持己方的立场，使卖方不好反驳。⑤"最后通牒"的言辞不要过硬，言辞太锋利容易伤害卖方的自尊心，而言辞比较委婉易于为卖方考虑和接受。⑥要考虑"最后通牒"也要留有弹性。还价中的"最后通牒"并不是非要把卖方"逼上梁山"，即要么接受条件，要么谈判破裂，而是压迫卖方再作让步的一种手段。此时，如果卖方迫于压力做出较大让步并接近己方条件，应考虑适可而止；若经最后较量，卖方仍坚守立场，为实现交易，买方也可自找台阶，如可以说："这个价格贵方还不能接受的话，最多再加2%的手续费，否则，就很难再谈下去了。"

5）感情投资

在讨价还价中，双方的磋商和论辩似乎只是实力和意志的较量，谈不上感情因素的作用。其实不然，许多谈判的顺利推进，以至于一些棘手问题的最终解决，往往凭借了当事双方也已存在的感情基础和良好的关系。事实上，谈判中的人际关系因素至为重要。想要影响对方，那么，首先就应该为对方所认可、所受欢迎；使己方在谈判中提出的各种理由、各项意见能被对方认真倾听和充分接受，那么，最有效的方法是首先必须和自己的谈判对手建立起信任、建立起友情。从还价的角度来说，感情投资能够为还价被对方所接受铺平道路。还价中，感情投资的运用一般有以下要求：①要正确对待谈判，正确对待对手。整个谈判过程，要遵循平等、互利原则，从大局出发，互谅互让。要把谈判中的各种分歧视为合作的机缘，善于寻求共同利益，求同存异。同时，对于谈判对手，必须充分尊重，而绝不应敌视。要做到台上是对手，台下是朋友。②要注重展示自己的修养和人格魅力，价格谈判中，对于一些较为次要的问题，可不过分计较并主动迎合对方，使对方觉得你能站在他的角度考虑问题，从而赢得好感；③注意利用谈判中的间隙机会，谈论业务范围以外对方感兴趣的话题，如体育比赛、文艺节目、时事新闻、当地的土特产、小吃、名胜古迹等，借以增加交流、增进友情；对于彼此之间有过交往的，要常叙旧，回顾以往合作的经历和取得的成功，增强此次合作的信心。

5.3.4 讨价还价中的让步策略

如果说讨价和还价只是为价格磋商的范围设置了边界，那么，接下来双方要进行的是在这一界区被美国当代谈判学家霍华德·雷法称之为的"谈判舞蹈"，即一系列的让步与交换。让步与交换将使讨价还价的界区不断缩小，直至在价格谈判的合理范围之内确定一点，即最终的成交价格，"谈判舞蹈"的舞步方告停止。

在讨价还价中，让步是一种必然的、普遍的现象。如果谈判双方都坚守各自的边界互不让步，那么，协议将永远无法达成，双方追求的经济利益也就无从实现。只有在价格磋商中，伴随着双方的让步，进行多轮的讨价和还价，直至互相靠拢，才能最终实现交易目标。因此，从这个意义上讲，不断讨价还价的过程，就是双方不断让步的过程，也可以说，谈判就是相互让步。没有让步，谈判就会失去意义和存在的可能。

从价格谈判来看，谈判各方不仅要明确各自追求的目标，同时，应当明确为了达到这一目标必须做出的让步。可见，让步本身就是一种策略，它体现了谈判者以满足对方需要的方式来换取自身需要的满足这一实质。价格谈判中的具体让步方式是多种多样的，在前面关于商务谈判流程中的策略中已经为同学们介绍过八种让步方式。从八种让步方式可以看出：不同的让步方式传递着不同的信息，会产生不同的心理作用，也对谈判进程和结果具有不同的影响。在实际的价格谈判中，较为普遍采用的让步方式，是"希望型"和"强势递减型（妥协型）"的让步方式。它们的特点是，让步的幅度是逐轮递减的，以此向对方暗示正在逼近让步的极限值，同时为顺利达到或接近双方的成交价格铺平了道路。最后需要说明，由于交易的内容和性质不同，双方的利益需求和谈判实力不同，以及其他各方面因素的差异，价格谈判中的让步方式不存在固定的模式，而通常表现为几种让步方式的组合，并且，这种组合还要在谈判根据具体的实际情况不断地调整。

然而，无论具体情况如何，让步策略的运用都要注意遵循一些基本的原则。这些原则大体是：注意选择让步的时机；在重要的关键性问题上要力争使对方先做出让步；不要让对方轻易从手中获得让步的许诺；不要承诺做出与对方同等幅度的让步；让步要有明确性和暗示性；要注意使己方的让步同步于对方的让步；一次让步的幅度不宜过大，让步的节奏也不宜过快；让步之后如觉得不妥，可以寻找合理的借口推倒重来。

本章内容总结：

商务谈判策略是谈判人员为达到预期的谈判目标而使用的一系列手段和方法。商务谈判开局阶段、报价和磋商阶段、成交阶段，要分别采用相应的谈判策略技巧，有效地处理谈判中出现的各种问题，从而在全局上把握整个谈判进程，促进谈判的成功。

在商务谈判过程中，由于谈判人员在素质、经济实力、拥有的信息量、准备的情况等方面存在着许多差异，因此，总会存在被动、主动、和平等地位的区别。谈判人员所处的地位不同，会选择不同的谈判策略来实现自己的谈判目的。

在商务谈判中，谈判作风因人而异。就谈判人员个体和集体在谈判中所显现的态度和姿态看，主要有强硬型、不合作型、阴谋型和合作型。对于不同作风的对手，应该采取不同的策略。

价格磋商是价格谈判具体的交锋阶段。首先，双方都应明确各自不同层次的价格目标，以便在此基础上展开讨价和还价。讨价是买方要求卖方改善报价的行为，也是价格磋商的开始。讨价策略的运用包括：讨价方式、讨价次数、讨价技巧等。还价则是买方反应性报价。还价策略的运用包括：还价前的筹划、还价方式、还价起点的确定价技巧等。讨价还价中，让步是一种必然的、普遍的现象。让步有各种不同的方式，对讨价还价过程及结果也有不同的影响。价格谈判实践中的让步方式，多为几种方式的组合，根据具体情况不断调整和优化，并应注意遵循一些基本的让步原则。

核心概念：

商务谈判开局策略；商务谈判磋商阶段；商务谈判的成交策略

课堂讨论：

(1) 为什么学习商务谈判策略？

(2) 如何正确运用商务谈判策略？

(3) 商务谈判流程中的策略都有哪些？

(4) 商务谈判开局策略一般有哪几种？

(5) 讨价还价中的让步策略如何应用？

(6) 谈判双方的地位平等时，采取哪些策略比较适宜？

课后自测：

一、单选题

1. 0-0-0-100 代表(　　)。

A. 冒险型　　　　　　　　　　B. 规律型

C. 诱发型　　　　　　　　　　D. 愚蠢型

2. 100-0-0-0 代表(　　)。

A. 冒险型　　　　　　　　　　B. 规律型

C. 诱发型　　　　　　　　　　D. 愚蠢型

3. 指以诚恳、务实、坦率的态度，在谈判进入让步阶段后一开始就亮出底牌，让出全部可让利益，以达到以诚制胜的目的的让步策略是(　　)。

A. 坦率式让步策略　　　　　　B. 稳健式让步策略

C. 强硬式让步策略　　　　　　D. 以攻对攻让步策略

4. 最后期限策略是指(　　)。

A. 谈判谋略的最后一招　　　　B. 协商谈判的最后问题

C. 谈判者心里的最后防线　　　D. 谈判时间的截止期限

5. 声东击西策略最适合处于(　　)的谈判者。

A. 平等地位　　　　　　　　　B. 被动地位

C. 主动地位　　　　　　　　　D. 不平等地位

6. 在商务谈判结束阶段，可以采取的策略是(　　)。

A. 投石问路策略　　　　　　　B. 期限策略

C. 不开先例策略　　　　　　　D. 吹毛求疵策略

7. 对待"合作型"谈判作风的人应多用的原则是(　　)。

A. 团结进取　　　　　　　　　B. 互利互惠

C. 勇往直前　　　　　　　　　D. 奋不顾身

8. 在分别讨价中，如交易内容按价格所含水分分为三类，则实际讨价次数一般为(　　)。

A. 至少三次　　　　　　　　　B. 至少四次

C. 至少五次　　　　　　　　　D. 至少六次

二、多选题

1. 商务谈判开局策略，一般包括(　　)。

A. 协商式开局策略   B. 坦诚式开局策略
C. 慎重式开局策略   D. 进攻式开局策略

2. 商务谈判僵局可以分为（　　）。
   A. 执行期僵局   B. 协议期僵局
   C. 初期僵局   D. 末期僵局

3. 以下属于商务谈判僵局产生原因的是（　　）。
   A. 谈判一方故意制造谈判僵局   B. 双方立场观点对立争执导致僵局
   C. 沟通障碍导致僵局   D. 谈判人员的素质与行为导致僵局

4. 还价起点的确定，从原则上讲（　　）。
   A. 起点要低   B. 不要太低
   C. 起点要高   D. 不要太高

5. 在价格谈判中，较为普遍采用的让步方式是（　　）。
   A. 刺激型   B. 诱发型
   C. 希望型   D. 妥协型

三、简答题

1. 商务谈判僵局产生的原因有哪些？
2. 商务谈判僵局处理的原则是什么？
3. 让步的基本原则是什么？
4. 在谈判过程中，当己方遇到"不合作型"谈判对手时，应采取哪些应对策略？
5. 如何理解价格磋商中的买方和卖方的价格目标？
6. 讨价策略的运用包括哪些方面？
7. 还价策略的运用包括哪些方面？

案例分析：

百货公司与张桥村的僵局

一家百货公司计划在市郊建立一个购物中心，而选中的土地的使用权归张桥村所有。百货公司愿意出价100万元买下使用权，而张桥村却坚持要200万元。经过几轮谈判，百货公司的出价上升到120万元，张桥村的还价降到180万元，双方再也不肯调了，谈判陷入了僵局。看起来，张桥村坚持是维护村民利益的立场，因为农民已经失去了这片耕地的使用权，他们没有很多选择，只是想多要一些钱办一家机械厂，另谋出路；而百货公司站在维护国家利益的立场上，因为百货公司是国有企业，让步到20万元已经是多次请示上级后才定下的，他们在购买土地使用权上省下一些钱，用于扩大商场规模。

阅读本案例后，请思考并回答：

（1）僵局产生的原因有哪些？
（2）本案例中僵局产生的原因是什么？
（3）请你结合案例，想出办法化解百货公司与张桥村的僵局？

6 国际商务谈判

能力目标

通过本章学习，你应该能够：

1. 了解国际商务谈判的含义，理解国际商务谈判的基本特征，掌握国际商务谈判工作的基本要求，熟悉世界主要国家的商人从事商务谈判的基本风格；

2. 能够依据所了解和掌握的国际商务谈判的特征、要求、风格与道德规则，合乎规范地进行商务谈判；

3. 能够具有开展国际商务谈判的基本能力。

案例导读：

漫长的跨国收购谈判

联想收购 IBM 的 PC 业务，经过长达 13 个月的谈判后才最终达成一致。最初的谈判时间是 2003 年 11 月，联想组成了由财务总监冯总监领队的谈判队伍，飞往美国与 IBM 进行了第一次接触。按照联想集团乔副总的说法，"那个时候主要是双方的摸底"。

2003 年 11 月~2004 年 5 月，被看作是联想和 IBM 谈判的第一个阶段，联想谈判小组的主要工作是了解对方情况和提出有关收购的商业方案。联想集团王副总裁透露说，联想的谈判队伍是在不断扩大的。在联想内部，收购所涉及的部门，包括行政、供应链、研发、IT、专利、人力资源、财务等部门都派出了专门小组全程跟踪谈判过程。每个小组由 3~4 名员工组成，总人数达 100 人左右。在内部谈判团队之外，联想还聘请了诸多专业公司协助谈判。例如，麦肯锡担任战略顾问，高盛担任并购顾问，安永、普华永道作为财务顾问，奥美公司作为公关顾问。

2004 年 5 月~12 月 6 日，从联想方面提出包括收购范围、收购价格、支付方式、合作方式等内容的商业方案开始，谈判进入了艰苦的实质性磋商阶段。一直到 12 月 6 日，长达 13 个月的收购谈判才最终达成协议。

在前面的章节中，我们讨论了商务谈判的基本原理、商务谈判实务和部分艺术与技巧。这些讨论都是基于这样一个前提：我们在国内开展商务谈判，许多谈判技巧和策略都是基于我们自己的文化和地域，是我们耳濡目染的非常习惯的文化、语言和相似的逻辑判断。今天，我们面临的世界和现实的工作不可能把我们仅仅局限在国门之内开展商务活动。为了国家和民族的发展，我们必须走出去，而且也一定会不断地走出去，加入到世界经济一体化和国际经济大循环的行列中去。要在世界经济发展过程中发挥力量，贡献中华民族的才智，很显然，参与国际商务活动，开展国际商务谈判就成为必然之选。

国际商务谈判是商务谈判的重要组成部分，是国内商务谈判的延伸和发展。国际商务活动及谈判与国内商务活动及谈判既存在联系又有许多差异，所以，从事经营活动特别是跨国经营活动的人士越来越重视对它的学习与了解。

6.1 国际商务谈判概述

6.1.1 国际商务谈判的含义

国际商务谈判是一种对外经济贸易活动中普遍存在的十分重要的经济活动，是一种调整和解决不同国家和地区政府及商业机构之间不可避免的经济利益冲突的必不可少的手段。

国际商务谈判既具有一般商务谈判的特点，又具有国际经济活动的特殊性，表现在：政治性强，以国际商法为准则，坚持平等互利的原则和谈判的难度大等特点。

6.1.2 国际商务谈判的原则

(1) 平等性原则

平等是国际商务谈判得以顺利进行和取得成功的重要前提。在国际经济往来中企业间的洽谈协商活动不仅反映着企业与企业的关系，还体现着国家与国家的关系，相互间要求在尊重国格和各自权利的基础上，平等地进行贸易与经济合作事务。在国际商务谈判中，平等性要求包括以下几方面内容。

1) 谈判各方地位平等。国家不分大小贫富，企业不论实力强弱，个人不管权势高低，在经济贸易谈判中的地位一律平等。

2) 谈判各方权利与义务平等，各国之间在商务往来的谈判中权利与义务是平等的。既应平等地享受权利，也要平等地承担义务。谈判者的权利与义务，具体表现在谈判各方的一系列交易条件上，包括涉及各方贸易利益的价格、标准、资料、方案、关税、运输、保险等。

3) 谈判各方签约与履约平等。商务谈判的结果是签订贸易及合作协议或合同。协议条款的拟订必须公平合理，有利于谈判各方目标的实现，使各方利益都能得到最大程度的满足。谈判合同一经成立，谈判各方面须"重合同，守信用"，"言必信，行必果"，认真遵守，严格执行。签订合同时，不允许附加任何不合理的条件；履行合同时，不能随意违约和单方面毁约。否则，就会以不平等的行为损害对方的利益。

(2) 互利性原则

在国际商务谈判中，平等是互利的前提，互利是平等的目的。

1) 投其所需

在国际商务活动中进行谈判，说到底，就是为了说服对方，进而得到对方的帮助和配合以实现自己的利益目标，或者通过协商，从对方获取我方所需要的东西。

2) 求同存异

谈判各方的利益要求完全一致，就无须谈判，因而产生谈判的前提是各方利益、条件、意见等存在分歧。国际商务谈判，实际上是通过协商弥合分歧，使各方利益目标趋于一致而最后达成协议的过程。首先，要把谋求共同利益放在第一位；其次，努力发现各方之"同"；最后，把分歧和差异限定在合理的范围内。

3) 妥协让步

在国际商务谈判中，互利不仅表现在"互取"上，还表现在"互让"上。谈判中的得利与让利是辩证统一的。妥协能避免冲突，让步可防止僵局，妥协让步实质是以退为进，促进谈判的顺利进行并达成协议。

6.1.3　国际谈判与国内谈判的关系

国内商务谈判和国际商务谈判都是商务活动的必要组成部分，它们是企业发展国内市场和国际市场业务的重要手段。国际商务活动是国内商务活动的延伸，因而国际商务谈判也可以视为国内商务谈判的延伸和发展。尽管国内商务谈判和国际商务谈判之间存在着十分明显的区别，但两者之间也存在着十分密切的联系，存在着许多共性。

(1) 国际谈判与国内谈判的共性特征

为特定目的与特定对手的磋商。国内商务谈判和国际商务谈判同样都是商务活动主体为实现其特定的目的而与特定对手之间进行的磋商。作为谈判，其过程都是双方或多方之间进行信息交流，"取"与"予"兼而有之。谈判过程中所适用的大多数技巧并没有质的差异。

谈判的基本模式是一致的。与国内商务谈判相比，国际商务谈判中必须考虑各种各样的差异，但谈判的基本模式仍是一致的。事实上，由于文化背景、政治经济制度等多方面的差异，谈判过程中信息沟通的方式、需要讨论的问题等都会有很大的不同，但与国内商务谈判一样，国际商务谈判也同样遵循从寻找谈判对象开始，到建立相应关系、提出交易条件、讨价还价、达成协议，直至履行协议结束这一基本模式。

国内、国际市场经营活动的协调。国内商务谈判和国际商务谈判是经济活动主体从事或参与国际市场经营活动中两个不可分割的组成部分。尽管国内谈判和国际谈判可能由不同的人员负责进行，但由于企业必须保持其国内商务活动和国际商务活动的衔接，国内谈判与国际谈判之间就存在着密不可分的联系。在从事国际谈判时，必须考虑相关的国内谈判的结果或可能出现的状况，反之亦然。

(2) 国际谈判与国内谈判的区别

在认识到国际谈判与国内谈判的共性特征的同时，对于要取得国际商务谈判的成功而言，认识到这两种谈判之间的区别，并进而针对区别采取有关措施，是更为重要的。

国际谈判是跨越国界的谈判。谈判的根本区别，源于谈判者成长和生活的环境及谈判活动与谈判协议履行的环境的差异。

国内商务谈判双方通常拥有共同的文化背景，生活于共同的政治、法律、经济文化和社会环境之中，在那里，谈判者主要考虑的是双方公司及谈判者个人之间的某些差异。而在国际商务谈判中，谈判双方来自不同的国家，拥有不同的文化背景，生活于不同的政治、法律、经济、文化和社会背景之中，这种差异不仅形成了人们在谈判过程中的谈判行为的差异，而且会对未来谈判协议的履行产生十分重大的影响。比较而言，由于上述背景的差异，在国际谈判中，谈判者面临着若干在国内谈判中极少会出现的问题。

1) 语言差异

在国内谈判中，谈判双方通常不存在语言差异（谈判者通常均认同并能使用共同的官方语言），从而也就不存在由于使用不同语言而可能导致的相互信息沟通上的障碍。

但在国际谈判中，语言问题及由此而引起的其他问题始终值得谈判者注意。即便在使用同样语言的国家，如使用英语的美国和英国，在某些表达上仍存在着一定的差异。语言差异，特别是在两种语言中都有类似的表达但含义有很大差别时，以及某种表达只有在一种语言中存在时，极易引起沟通上的混淆。

例如，在中国，政府管理企业的方法之一是根据企业经营管理状况及企业规模等评定企业的等级，如"国家一级企业""国家二级企业"等，在美国则没有这种概念，简单地将"一级企业""二级企业"解释为"First Class Enterprise"" Second Class Enterprise"，很难让对方理解这种表达的含义，起不到在国内谈判中同样表达所能起到的效果，并且有可能使对方产生误解，如将"二级企业"理解为"二流企业"。在拟订谈判协议时，语言差异问题更值得予以深入的分析和研究。

2）沟通方式差异

不同文化的人群有其所偏好和习惯的沟通方式。国际谈判中的双方经常属于不同的文化圈，有各自习惯的沟通方式。习惯于不同沟通方式的双方之间要进行较为深入的沟通，往往就会产生各种各样的问题。在高内涵文化国家，如中国、日本等，人们的表达通常较为委婉、间接；而在低内涵文化国家，直截了当的表达则较为常见。高内涵文化的谈判者比较注重发现和理解对方没有通过口头表达出的意思，而低内涵文化的谈判者则偏爱较多地运用口头表达，直接发出或接受明确的信息。来自这两种不同文化的谈判者在进行谈判时，很容易想象的结果是：一方认为对方过于粗鲁；另一方则可能认为对方缺乏谈判的诚意，或将对方的沉默误解为对其所提条件的认可。

沟通的差异不仅表现为表达方式的直接或间接，还表现为不同国家或地区人们在表达过程中动作语言（肢体语言）运用上的巨大差异。有些国家或地区的人们在进行口头表达的同时，伴随大量的动作语言；而另一些国家或地区的人们则不习惯在较为正式的场合运用过多的动作语言，特别是身体动作幅度较大的动作语言。值得注意的是，与口头和书面语言一样，动作语言同样也表现出一定的地域性。同样的动作在不同的国家或地区可能出人意外地完全不同，甚至会有截然相反的含义。对动作语言认识和运用的差异，同样会给谈判中的沟通带来许多问题。

3）决策结构差异

谈判的重要准则之一是要和拥有相当决策权限的人谈判，至少必须是与能够积极影响有关决策的人员谈判。这就需要谈判者了解对方企业的决策结构，了解能够对对方决策产生影响的各种因素，由于不同国家的政治经济体制和法律制度等存在着很大的差异，企业的所有制形式存在着很大不同，商务活动中的决策结构也有着很大的不同。以在国内商务活动中习惯的眼光去评判对手，通常可能会犯各种各样的错误，例如，在有些国家，企业本身对有关事务拥有最终决策权；而在有些国家，最终决策权则可能属于政府有关主管部门，对方企业的认可并不意味着合同一定能合法履行。而同样是在企业拥有决策权的情况下，企业内部的决策权限在不同的国家和地区也会有很大的差异。

在注意到不同国家企业决策结构差异的同时，尤其要注意政府介入国际商务活动的程度和方式。政府对国际商务活动的干预包括通过制定一定的政策或通过政府部门的直接参与，来鼓励或限制某些商务活动的开展。在通常情况下，社会主义国家政府对国际和国内商务活动的介入程度较高，但这并不等于资本主义国家的政府不介入企业的国际和国内商务活动。在工业化程度较高的意大利、西班牙及法国，某些重要的经济部门就是为政府所有的。当商务活动涉及国家的政治利益时，政府介入的程度就可能更高。20世纪80年代初跨越西伯利亚的输油管道的建设问题就充分说明了这一点。

【案例 6-1】

20世纪80年代初，美国某一公司的欧洲附属公司与苏联签订了设备供应合同，但美国公司及其欧洲附属公司在美国和欧洲国家的政府分别介入的情况下，处于十分被动的局面。美国政府要求美国公司的附属公司不提供建设输油管道设备和技术，而欧洲国家的政府则要求公司尊重并履行供应合约，争议最终通过外交途径才得以解决。由于国际商务活动中可能面临决策结构差异和不同的政府介入，因此国际商务谈判可行性研究中的对手分析比国内商务谈判有关分析复杂。在某些情况下，谈判者不仅要有与对方企业谈判的安排，而且要有与对方政府谈判的准备。

4）法律制度差异

基于不同的社会哲学和不同的社会发展轨迹等，不同国家的法律制度往往存在着很大差异。要能保证谈判活动的正常进行，保证谈判协议能够得以顺利实施，正确认识法律制度的差异是不可忽视的。与此同时，一个值得注意的现象，不仅不同国家的法律制度存在着明显的不同，而且不同国家法律制度得以遵照执行程度也有很大的不同。

美国联邦沟通委员会前主席牛顿·米诺（Newton Minow）的一段戏言颇能帮助人们理解这一状况。根据他的看法，在德国，所有的事都是禁止的，除非那些得到法律许可的；在法国，每件事都允许做，除非那些被禁止的；在苏联，所有的事都是的被禁止的，包括那些被许可的东西；在意大利，所有的事都是可行的，包括那些被禁止的。表面看来，这段话显得有些混乱，但其所表明的一层意思却是很容易理解的，即不同国家的法律制度及法律执行情况有着很大的差异。

国际商务谈判中，谈判者需要遵守那些自己并不熟悉的法律制度，同时必须理解有关国家的法律制度，了解其执行情况，否则就很难使自身的利益得到切实的保护。

5）价值观念差异

不同文化中人们对参与谈判的目的及所达成的合同的认识也有很大差异。例如，在美国，人们通常认为，谈判的首要目的也是最重要的目的是与对方达成协议。人们将双方达成协议视为一项交易的结束，至少是有关这一交易的磋商结束。而在东方文化中，如在日本，人们则将与对方达成协议和签署合同视为正式开始了双方之间的合作关系。对方达成协议的这种理解上的差异直接关系到人们对待未来合同履行过程中所出现的各种变化的态度。根据完成一项交易的解释，双方通常就不应修改合同条件。而若将签署协议视为开始合作关系，则随着条件的变化，对双方合作关系做某些调整是十分合理的。

6）经营风险差异

在国内商务活动中，企业面临的风险主要是由于国内政治、经济、社会、技术等因素变化而可能导致的国内市场条件的变化。在国际商务活动中，企业在继续面临这种风险的同时，还要面对远比这些风险复杂得多的国际经营风险，包括：国际政治风险，如战争、国家之间的政治矛盾与外交纠纷，有关国家政局及政策的不稳定等；国际市场变化风险，如原材料市场和产成品市场供求状况的急剧变化；汇率风险，如一国货币的升值或贬值等。国际商务活动中的这些风险一旦成为现实，就会对合作双方的实际利益产生巨大的影响，会对合同的顺利履行构成威胁，因此，谈判者在磋商有关的合同条件时，就应对可能存在的风险有足够的认识,并在订立合同条款时,即考虑采取某些预防性措施,如订立不可抗力条款,采用某种调整汇率和国际市场价格急剧变化风险的条款等。

7) 谈判地点差异

在面对面的国际商务磋商中,至少有一方必须在自己相对不熟悉的环境中进行谈判,由此必然会带来一系列的问题,如长途旅行所产生的疲劳、较高的费用、难以便捷地获得自己所需要的资料等。这种差异往往要求谈判者在参与国际谈判时,给予更多的时间投入和进行更充分的准备工作。

8) 时间和空间概念的差异。

大量研究结果表明,在不同的国家或地区,人们的时间概念有着明显的差异。就谈判而言,有些国家和地区的谈判者时间概念很强,将严格遵守时间约定视为一种起码的行为准则,是尊重他人的表现。如在美国,人们将遵守时间约定看作商业活动及日常生活中的基本准则之一。比预定时间更早到达,经常被视为急于成交的表现,而迟到则会被看作不尊重对方,至少也是不急于成交的表现。但在一些拉丁美洲和阿拉伯国家,如果以此去理解对方在谈判桌上的行为,则可能很难达成任何交易。那些地区或国家的谈判有着完全不同的时间概念。

6.1.4 国际谈判成功的基本要求

以上分析了国际商务谈判与国内商务谈判的异同。从这一分析中,很容易得出这样的结论,即国际商务谈判与国内商务谈判并不存在质的区别。但是,如果谈判者以对待国内谈判对手、对待国内商务活动同样的逻辑和思维去对待国际商务谈判对手、去处理国际商务谈判中的问题,则显然难以取得国际商务谈判的圆满成功。在国际商务谈判中,谈判者除了要把握谈判的一般原理和方法外,还应注意以下几个方面:

(1) 要有更充分的准备

国际商务谈判的复杂性要求谈判者在谈判之前做更为充分的准备。主要有:①充分地分析和了解潜在的谈判对手,明确对方企业和可能的谈判者个人的状况,分析政府介入(有时是双方政府介入)的可能性,以及其介入可能带来的问题。②研究商务活动的环境,包括国际政治、经济、法律和社会环境等,评估各种潜在的风险及其可能产生的影响,拟订各种防范风险的措施。③合理安排谈判计划,解决好谈判中可能出现的体力疲劳、难以获得必要的信息等问题。

(2) 正确对待文化差异

谈判者对文化差异必须有足够的敏感性,要尊重对方的文化习惯和风俗。西方社会有一句俗语,"在罗马,就要做罗马人"(In Rome, Be Romans),其意思也就是中国的"入乡随俗"。在国际商务谈判中,"把自己的脚放在别人的鞋子里"是不够的。谈判者不仅要善于从对方的角度看问题,而且要善于理解对方看问题的思维方式和逻辑。任何一个国际商务活动中的谈判人员都必须认识到,文化是没有优劣的;必须尽量避免模式化地看待另一种文化的思维习惯。

(3) 具备良好的外语技能

谈判者能够熟练地运用对方语言,至少双方能够使用一种共同语言来进行磋商交流,对提高谈判过程中双方交流的效率、避免沟通中的障碍和误解,有着特别重要的意义。

6.2 世界主要国家谈判者风格

6.2.1 日本商人的谈判风格

在研究各国谈判人员的风格特点时，日本商人无疑是谈判者中最具个性和魅力的，各国的谈判专家也都公认：日本商人是最成功的谈判者。

日本商人的谈判风格，主要表现在以下几点：

(1) 具有强烈的群体意识，集体决策

日本文化所塑造的日本人的价值观念与精神取向都是集体主义的，以集体为核心。在一个企业中，如果某个职工工作出色，他并不希望上司的单独表扬或特殊奖励。他们认为这是集体智慧的结果，如果要奖励或表扬，对象往往应是整个班组。

研究日本问题的专家，美国学者马克·齐默尔曼认为：日本人认为压抑自己的个性是一种美德，人们要循众意而行，日本的文化教化人们将个人的意愿融于和服从于集体的意愿。所以，日本人认为寻求人们之间人际关系的和谐是最为重要的，任何聚会和商务谈判，如果是在这样的气氛下进行的，那么它将存在一种平衡，一切也就进行得很顺利。前美国驻日大使赖肖尔也认为：在日本，合作精神、通情达理、体谅别人是最值得称颂的品德，而个人奋斗、刚直不阿、坚持自己的权利却没有市场。正因为如此，日本人的谈判决策非常有特点，绝大部分美国人和欧洲人都认为日本人的决策时间很长，其实这就是受到群体意识的影响。

日本人在提出建议之前，必须与公司的其他部门和成员商量决定，这个过程十分烦琐。日本人决策如果涉及制造产品的车间，那么决策的酝酿就从车间做起，一层层向上反馈，直到公司决策层反复讨论协商、达成一致为止。如果谈判过程中协商的内容与他们原定的目标又有出入的话，那么很可能这一程序又要重复一番。日本人的谈判风格不是个人拍板决策，即使是谈判代表有签署协议的权力，合同书的条款也是集体商议的结果，谈判过程具体内容的洽商要随时反馈到日本公司的总部。所以，当成文的协议在公司里被传阅了一遍之后，它就已经是各部门都同意的集体决定了。需要指出的是，日本人做决策费时较长，但一旦决定下来，行动起来却十分迅速。

(2) 信任是合作成功的重要媒介

与欧美商人相比，日本人做生意更注重建立个人之间的人际关系，以至于许多谈判专家认为，要与日本人进行良好的合作，朋友之间的友情、相互之间的信任是十分重要的。许多在日本工作的外国企业家也认为，要想在日本社会取得成功，关键是看你能否成功地与日本人结交。

研究日本问题的美国著名专家马克·齐默尔曼先生指出："外国谈判者必须了解，日本人不喜欢对合同讨价还价，他们特别强调能否同外国合伙者建立可以相互信赖的关系。就我个人的经验而言，如果能成功地建立了这种相互信赖的关系，几乎可以随便签订合同。因为对于日本人来讲，大的贸易谈判项目有时会延长时间，那常常是为了建立相互信任的关系，而不是为了防止出现问题而制定细则。一旦这种关系得以建立，双方都十分注重长期保持这种关系，这种态度常常意味着放弃用另找买主或卖主获取眼前利益的做法，而在对方处于困境或暂时困难时，日本人则乐于对合同条款采取宽容的态度。"齐默尔曼用他在日本经商的经验证明了这一点。日本人与其公司签署了销售和采购协议后，尽管后来受到国际市场价格变动的不利影响，对日方不利，但日本人仍按协议购买他们的产品，而且毫无怨言。原因就是日本人与他们建立了良好的相互信任关系，他们坚信，从长期来讲，维持与美方的合作关系是十分有益的。如果他们只图眼前利益，那么以后许多共同研究项目和技术转让的机会就会丧失。所以说，日本人重信誉而不是合同。

合同在日本一向就被认为是人际关系协议的一种外在形式，如果周围环境发生变化，使得情况有损于日方利益，那么合同的效力就会丧失。如果对方坚持合同中的惩罚条款，或是不愿意放宽已签订了的合同条款，日本人就会感到极为不满。但如果根据情况的变化，体谅他们的处境，日本人也会忠诚地继续合作。我国上海一家鞋厂与日本一家企业成交了一笔布鞋生意，但当鞋运到时，已错过了销售旺季，产品大量积压，日方提出想退货。由于责任不在中方，所以，中方既可以拒绝对方的退货要求，也可以体谅日方的困难，采取一些变通的办法。经认真研究，中方接受了日方退货的要求，设法将这批货调到国内其他市场。此事被新闻媒体报道后，马上又有几家日本客户来函要与该厂合作，而原日方的企业则成为中方厂家在国外销售的总代理。

在与日本人的合作中，中间人是十分重要的。在谈判的初始阶段，或是在面对面的讨论细则之前，对谈判内容的确定往往都由中间人出面。中间人负责联络双方并告知是否有可能将洽谈推向下一步。总之，中间人在沟通双方信息、加强联系、建立信任与友谊上都有着不可估量的作用。专家建议，当外商同从未打过交道的日本企业洽商时，要想在谈判前就获得日方的信任与好感，最好的办法是取得一个日方认为可靠的、信誉甚佳的企业的支持，即找一个信誉较好的中间人，这对于谈判成功大有益处。

所以，在与日方洽商时，应千方百计地寻找中间人牵线搭桥，中间人既可以是企业、社团组织、知名人士，也可以是银行、为企业提供服务的咨询组织等。需要注意的是，利用中间人，最好寻找男性。日本公司是男性占统治地位的机构，选用女性做中间人可能不利于沟通。中间人的身份、地位要同与之打交道的日方代表地位相等。如果地位相差较大，不论高或低，都可能造成紧张或尴尬的局面。一般来讲，中间人应同中层管理人员接洽最为理想，这主要是由于在日本公司，决策的形成是从中下层开始，逐级向上反馈，而进行商贸谈判的决策也始于中层。另外，中间人与日方的首次接触，最好是面谈的形式，通信和电话联系都不理想，会面也最好在第三方场所。

(3) 讲究礼仪，爱面子

我们都知道，日本是个讲究礼仪的社会，日本人所做的一切，都要受严格的礼仪的约束。比如，见面鞠躬，不仅家里人之间如此，商店开门营业、走亲访友、见面都要行礼。再比如"对不起"是日本人的口头禅，在我们看起来是正常的要求与行动，也要附之以"对不起"。日本人对礼仪的推崇，可以从插花、茶道、婚礼、高度礼节性的谈话以及种目繁多的送礼等方面就可以领略到。许多礼节在西方人看起来有些不可理解，但日本人做起来却一丝不苟、认认真真。正因为如此，专家们认为，如果外国人不适应日本礼仪或表示出不理解、轻视，那么，他就不大可能在推销和采购业务中引起日方的重视，不可能获得他们的信任与好感。当然，尊重并理解日本人的礼仪，并能很好地适应，并不是要求谈判人员学会像日本人那样鞠躬行礼等，而是应当在了解日本文化背景基础上，理解并尊重他们的行为与文化。

首先，日本人最重视人的身份地位。在日本社会中，人人都对身份地位有明确的概念。在公司中，即使在同一管理层次中的职位也是不同的，这些极其微妙的地位、身份的差异常令西方人摸不着头脑。但是，每个日本人却非常清楚自己所处的地位、该行使的职权，知道如何谈话办事才是正确与恰当的行为，而在商业场合更是如此。

其次，充分发挥名片的作用。与日本人谈判，交换名片是一项绝不可少的仪式。所以，谈判之前，把名片准备充足是十分重要的。因为在一次谈判中，应向对方的每一个人递送名片，绝不能遗漏任何人。齐默尔曼先生就曾有过一次会面中交换112张名片的记录，他花了整整15分钟才完成这个仪式。这是因为他知道，除了走遍房间的每一个角落、向每一个人鞠躬、同其交换名片，没有其他更好的方法可以表示相互之间的尊敬和友好。其间，如果日方首先向我方递上名片，切不要急急忙忙马上塞到兜里或有其他不恭敬的表示，日本人十分看重面子，最好把名片拿在手中，反复仔细确认对方的名字、公司名称、电话、地址，既显示了对对方的尊重，又记住了主要内容，显得从容不迫。如果收到对方名片，又很快忘记了对方的姓名，这是十分不礼貌的，会令对方不快。同时，传递名片时，一般是职位高的、年长的先出示。另外，很随意地交换名片，也被认为是一种失礼。

爱面子是日本人最普遍的心理。在日本最畅销的香皂是"颜"牌，"颜"即指人的脸面，当然，无人敢指责这种产品。无论在什么情况下，日本人都非常注意留面子，或者说不让对方失掉面子，这在商务谈判中表现最突出的一点就是，日本人从不直截了当地拒绝对方。许多西方谈判专家明确指出：西方人之所以不愿意同日本人谈判，最重要的一点就是，日本人说话总是转弯抹角，含混其词。日本人认为直接的表露是粗鲁的、无礼的。有关调查资料也证明了这一点，美国人喜欢坦率、直接的交谈占大约61％，而日本人采用婉转、含混的交谈也占61％，可见美国人与日本人有着截然相反的谈判风格。

因此，在对方阐述立场、提出要求、甚至讨价还价时，日本人讲得最多的就是"是"，但实际上绝不是表示同意，它意味着"我在听着你说"。这情形经常给初次与日本人接触的外国谈判者造成了极大的误会。特别是西方人，当他们侃侃而谈，不断听到日本人的"是"之后，便以为一切都很顺利，很快就会大功告成。可是当具体落实合同条款时，却发现一切都得从头来，这使他们大为恼火，也感到不可理解。其实，问题的关键正如日本律师矢部正秋指出的："日本式谈判的最大缺点在于言行不一，尽管嘴里在答应，心里却并不认为正在作出某种承诺。这种情形无论在政府或民间都普遍地存在着。"但是深入了解日本文化的人会感受到日本人这样做是有原因的。日本人在和不太熟悉的人交往时，非常注意礼貌，绝对不会说出拒绝或不满的话，也不会流露出不满意的表情，所以，用"显象"和"意象"两种方式表达比较贴切。"显象"是指看得见听得见，注重礼貌，但并非真正的心意；而"意象"才是真正的心意，但需要对方去领悟体会。

另外，当对方提出要求，日本人回答"我们将研究考虑时"，不能认为此事已有商量的余地或有同意的表示，它只说明，他们知道了对方的要求，不愿意当即表示反对，使提出者陷入尴尬的境地。同样，日本人也不直截了当地提出建议。他们更多地是把谈判往他们期望的方向引导，特别是当他们的建议同对方已经表达出来的愿望相矛盾时，更是如此。

对此，应在专家意见的基础上，把保全面子作为与日本人谈判需要注意的首要问题：有以下四点需要注意：①千万不要直接指责日本人，否则肯定会有损于相互之间的合作关系。较好的方法是，把建议间接地表示出来或采取某种方法让日本人自己谈起棘手的话题，或通过中间人去交涉令人不快的问题。②避免直截了当地拒绝日本人。如果不得不否认某个建议，要尽量婉转地表达，或做出某种暗示，也可以陈述不能接受的客观原因，绝对避免使用羞辱、威胁性的语言。③不要当众提出令日本人难堪或他们不愿回答的问题。有的谈判者喜欢运用令对方难堪的策略来打击对方，但这种策略对日本人最好不用。如果让他感到在集体中失了面子，那么，完满的合作是不存在的。④要十分注意礼物馈赠方面的问题。赠送各种礼品是日本社会最常见的现象。日本的税法又鼓励人们在这方面的开支，因此礼物馈赠的习惯在日本已是根深蒂固了。

在日本人的商务交往中，礼物馈赠是表示对对方的看重，希望借此加深友谊。既表示一种款待客人的热情与礼貌，又表示一种心意。但日本人的礼物馈赠十分注意受礼对象的职位及其他相关因素，从而精心考虑礼品的价值。同样，馈赠给日本人礼物也要注意这一点。要注意根据日方职位的高低，确定礼品价值的大小。如果总裁收到的礼物和副总裁的价值相等，那么前者会感到不悦，后者也觉得尴尬。此外，礼物的标志也十分重要。对特殊或重要人物，最好送带有特殊标志的礼品，如高级金笔上刻有受礼者名字的缩写等；对于一般性的赠送可酌情选择如具有民族特色的纪念品等。

(4) 耐心是谈判成功的保证

日本人在谈判中的耐心是举世闻名的。我们前面提到日本人的决策过程十分缓慢，这只是对欧美人而言。欧美人注重时间效率，他们认为如果一个星期能够解决的问题，用上两个星期，就是拖延。所以他们常把耐心与拖延相提并论。但实际上日本人将这种耐心的作用极端放大，准备充分，考虑周全，洽商有条不紊，决策谨慎小心。为了一笔理想交易，他们可以毫无怨言地等上两三个月，只要能达到他们预想的目标，或取得更好的结果，付出时间是值得的。另外，日本人具有耐心还与他们谈判中注重建立个人友谊、相互信任有直接的联系。要建立友谊、信任就需要时间。像欧美人那样纯粹地进行业务往来，谈判只限于交易上的联系，日本人是不习惯的。欧美人认为交易是交易，友谊是友谊，是两码事；而在东方文化中两者是密切相连的。所以一位美国专家谈道："日本人在业务交往中，非常强调个人关系的重要性，他们愿意逐渐熟悉与他们做生意的人并愿意同他们长期打交道。"在这一点上，他们同中国人很相像，在谈判中总是为"老朋友"保留特殊的位置，所谓"老朋友"就是那些以前同他们有交往的人和那些受他们尊重或信任的人介绍来的人。

耐心使日本人在谈判中做好充分的准备，可以成功地运用最后期限策略，争取最大的利益。所以，与日本人谈判，若缺乏耐心，急于求成，恐怕会输得一败涂地。

【案例 6-2】

纽约大学打算成立一家日本经济研究中心，大约需要 300 万美元的资金，其中的 150 万美元想在日本筹集。于是他们派了一位很有名望的学者前来日本，拜会了首相和金融界、教育界的头面人物，结果得到了相当积极和热忱的回应。日本各界人士一致答复这位美国学者，认为成立这样一个中心非常有意义，他们一定会全力帮助实现这一目标。美国学者以为他得到了保证，兴冲冲地回国了。当筹建工作开始后，问题出现了，日方连"一分钱"也没捐出来,愤怒的学者马上要求拜会日本驻美大使,强烈指责日方的"背信弃义"。

问题:为什么美国人以为已经解决了一切问题,而实际上日本人什么也没做?请将日本人和美国人的谈判特点进行对比分析。

分析提示:日本是世界上礼仪最多、最顾及面子的国家之一,这一点在谈判的沟通过程中表现得淋漓尽致。日本人的"是",只表示他在听,而不代表任何承诺。这一点被认真直率的美国人误会了。日本人不会直接拒绝别人。所以,要了解日本人的真实想法,只有在合同签约时才会知道。

6.2.2 美国商人的谈判风格

美国商人的谈判风格很有特点。从我国对外贸易的角度讲,美国是我国的主要贸易伙伴,在合资、合作的项目中,美国的资金与技术的引进也占较大比重。因此,研究掌握美国人谈判的风格也是十分必要的。

(1) 自信心强,自我感觉良好

美国目前是世界上经济最发达、技术最先进的国家之一,国民经济实力也最为雄厚。英语几乎是国际谈判的通用语言,世界贸易有50%以上用美元结算。所有这些,都使美国人对自己的国家深感自豪,对自己的民族具有强烈的自尊感与荣誉感,这种心理在他们的贸易活动中充分表现出来。他们在谈判中,自信心和自尊感都比较强,加之他们所信奉的"自我奋斗"的信条,常使与他们打交道的外国谈判者感到美国人有自我优越感。美国谈判专家也认为:"他们(美国人)意识到自己是公司的一部分之前,首先想到的是,自己是某一领域的专家,他们往往认为自己的水平比对手要高。"这既可以理解为自傲,也可以理解为自信。

美国人的自信还表现在他们坚持公平合理的原则上。他们认为两方进行交易,双方都要有利可图。在这一原则下,他们会提出一个"合理"方案,并认为是十分公平的。他们的谈判方式是:喜欢在双方接触的初始就阐明自己的立场、观点,推出自己的方案,以争取主动;在双方的洽商中充满自信,语言明确肯定,计算科学准确。如果双方出现分歧,他们只会怀疑对方的分析、计算,而坚持自己的看法。正是这种自信、直率的个性,使他们对亚洲人,特别是日本人的婉转、暗示、含糊的表达式表现出某种不理解、误会,对中国人与日本人的谦恭、客气也感觉不适应,这是文化差异的表现。

美国人的自信,还表现在对本国产品的品质优越、技术先进性毫不掩饰的称赞上。他们认为,如果产品质量过硬,性能优越,就要让购买产品的人认识到;那种到实践中才检验的想法,美国人认为是不妥的。

美国人的自信还表现在他们喜欢直截了当地指出对方的不足。当谈判不能按照他们的意愿进展时,他们常常直率地批评或抱怨。这是因为,他们往往认为自己做的一切都是合理的,缺少对别人的宽容与理解。例如,当年美国总统福特出访日本,由美国CBS广播公司现场直播,而当时日本只有日本广播协会(以下简NHK)拥有卫星转播系统,所以,就必须与NHK谈判合作事宜。在福特总统预定出访的前两周,CBS从纽约派遣了一个小组到日本谈判,其负责人是一个年轻的高级官员。这位美国官员以直言不讳的态度向比他年长许多的NHK主管提出种种不合理的要求,其中包括要求配备超出实际需要近两倍的人员、车辆及通信设备等。日本人非常恼火:这哪里是请别人帮忙，分明是来讨债的。但日本人并不公开指责美国人，只是在敷衍了事。这使得一向以播送新闻迅速、全面而著称的 CBS 陷入困境，无奈只得由最高层的主管亲自出马，向 NHK 表示道歉，并一再诚恳地请求 NHK 协助转播访问事宜。NHK 这才转变态度，使事情有了圆满的结局。

此外，美国专家也指出，美国人的谈判方式往往让人觉得美国人傲慢、自信。他们说话声音大、频率快，办事讲究效率，而且很少讲对不起。他们喜欢别人按他们的意愿行事，喜欢以自我为中心。想要让美国人显得谦卑、暴露自己的不足，承认自己的无知实在太困难了。总之，美国人的自信让他们赢得了许多生意，但是也让东方人感到他们咄咄逼人。

（2）讲究实际，注重利益

美国人做交易，往往以获取经济利益作为主目标。所以，他们有时对日本人、中国人在谈判中要考虑其他方面的因素，如由政治关系所形成的"利益共同体"等表示不可理解。尽管他们注重实际利益，但他们一般不漫天要价，也不喜欢别人漫天要价。他们认为，做买卖要双方都获利，不管哪一方提出的方案都要公平合理，所以，美国人对于亚洲文化中的注重友情和看在老朋友的面子上可以随意通融的做法很不适应。

美国人做生意时，更多考虑的是做生意所能带来的实际利益，而不是生意人之间的私人交情。所以亚洲国家和拉美国家的人都有这种感觉：美国人谈生意就是直接谈生意，不注意在洽商中培养双方的友谊、感情，而且还力图把生意和友谊清楚地分开，这种观念使他们在谈判中的行为显得比较生硬，也与亚洲人的文化观念相去甚远。正如一位美国专家所指出的：美国人感到，在中国，像是到朋友家做客，而不是做生意。同中国人谈判，是"客人"与"主人"的谈判。中国人掌握着谈判日程和议事内容，他们有礼貌，或采取各种暗示、非直接的形式请客人先谈，让客人"亮底牌"，如谈判出现障碍或僵局时，东道主会十分热情地盛宴招待对方。中国人的地主之谊、客气和热情，常使美国的"客人"为顾全情面做出慷慨大方的决策。

（3）热情坦率，性格外向

美国人属于性格外向的民族，他们的喜怒哀乐大多通过他们的言行举止表现出来。在谈判中，他们精力充沛，感情洋溢，不论在陈述己方观点，还是表明对对方的立场态度上，都比较直接坦率。如果对方提出的建议他们不能接受，也是毫不隐讳地直言相告，甚至唯恐对方误会。美国《新闻周刊》在 2013 年对世界上比较有代表性的 5 个国家法国、日本、英国、巴西、墨西哥的民众对美国人的看法调查表明：美国人最有代表性的四点特征是民族性、有活力、勤奋和有创造力。所以，在某种程度上，美国人可以成为与东方文化相对立的西方文化的代表。

对于中国人在谈判中用微妙的暗示来提出实质性的要求，美国人更是感到不习惯，也因此在实际交往中，不少美国厂商因不善于领会中国人的暗示，失去了不少好的交易机会。谈判中的直率与暗示，看起来是谈判风格的不同，实际上是文化差异的问题。东方人认为直接地拒绝对方，表明自己的要求，会损害对方的面子，僵化关系，像美国人那样感情爆发、直率、激烈的言辞是缺乏修养的表现。同样，东方人所推崇的谦虚、有耐性、有涵养，可能会被美国人认为是虚伪、客套、耍花招。

(4) 重合同，法律意识强

美国是一个高度法制化的国家。据有关资料披露：平均450名美国人中就有一名律师，这与美国人解决矛盾纠纷习惯于诉诸法律有直接的关系。他们这种法律意识在商业交易中也表现得十分明显。美国人认为，交易最重要的是经济利益，为了保证自己的利益，最公正、最妥善的解决办法就是依靠法律，依靠合同，而其他的都是靠不住的。因此，他们特别看重合同，十分认真地讨论合同条款，而且特别重视合同违约的赔偿条款。一旦双方在执行合同条款中出现意外情况，就按双方事先同意的责任条款处理。因此，美国人在商业谈判中对于合同问题的讨论特别详细、具体，也关心合同适用的法律，以便在执行合同中能顺利地解决各种问题。

美国人重合同、重法律，还表现在他们认为商业合同就是商业合同，朋友归朋友，两者之间不能混淆起来。私交再好，在经济利益上也是绝对分明的。这一点也值得我们认真考虑并在谈判中加以注意。

(5) 注重时间效率

美国是一个经济高度发达的国家，生活节奏比较快，这使得美国人特别重视、珍惜时间，注重活动的效率。所以，在商务谈判中，美国人常抱怨其他国家的谈判对手拖沓，缺乏工作效率，而这些国家的人也埋怨美国人缺少耐心。常常出现这样的情况，美国人认为三天就能解决的问题，而其他国家的人在一个星期也未必能决策。所以在国际谈判中，美国人常显得不合拍。

在美国国内的企业，各级部门职责清晰，分工明确。因此，谈判的信息收集，决策都比较快速、高效。加之美国人大多个性外向、坦率，所以，他们一般谈判的特点是开门见山，其报价及提出的具体条件也比较客观，水分较少。他们也喜欢对方这样做，几经磋商后，两方意见很快趋于一致。但如果对手的谈判特点与他们不一致或正相反，那么他们就会感到十分不适应，而且常常把他们的不满直接表示出来，就更显得他们缺乏耐心。人们也就常常利用美国人夸夸其谈、准备不够充分、缺乏必要的耐心的弱点，谋取最大利益。当然，美国人的干脆利落，如果遇到同样风格的谈判对手，确实很有工作效率。

在美国人的时间观念中，"时间即是金钱，时间也是商品"，他们常以分、秒计算时间。因此，在工作中他们时间观念特别强，即使非常重要的交易谈判，他们也不喜欢进行"毫无意义"的谈话。如果占用了他的时间，在他的观念中，就认为对方偷了他的金钱。所以美国人十分珍惜时间，遵守时间，他们也希望对方如此，从而保证谈判的高效率。美国商人重视时间，还表现在做事要有一定的计划性，一切井然有序，不喜欢事先没安排妥当的不速之客来访。与美国人约见，早到或迟到都是不礼貌的。

与美国人谈判，最好不要指名批评某人，或指责对方公司的某些缺点，也不要把以前与某人有过摩擦的事作为话题，还要避免把处于竞争关系的公司的问题披露出来，加以贬损。这样做有时不仅不会达到预想的目的，甚至还会得到相反的效果。

【案例6-3】

20世纪70年代中期，世界上实力最雄厚的大公司之一美孚石油公司想购并美国西方石油公司。一天，美孚石油公司的董事长约翰·斯韦林根从芝加哥打来电话给西方石油公司董事长哈默，希望第二天能到洛杉矶他的办公室洽谈双方合作事宜，哈默表示欢迎与对方见面。

第二天，斯韦林根董事长与他的助手如约来到公司。寒暄之后他说："哈默博士，我们想买下贵公司。"哈默回答："敝公司不卖。"美孚的掌门人笑道："你还是听完我的开价再拒绝也不迟。我们将以每股17美元的价格买下你们的全部股票，同时也买下你们的优先股。"

当时西方石油公司的股票在纽约证券交易所的市场价为14美元。西方石油公司公开发行并出售5500万股普通股和1500万股优先股。这样美孚的出价是11.9亿美元。董事长接着说："我们会照顾西方石油公司的主要职员，当然也包括你自己在内，我将支持你们在北海和其他地区的开发项目，合并后的公司将是美国十大工业公司之一，我们的销售额合起来将达到170亿美元。"哈默在西方石油公司的股票能使他个人在这次交易中获利2亿美元。但哈默的回答是："我愿意把这项建议提交董事会讨论，但我把话说在前头，我是不会为它说好话的。我公司的价值可不止17美元一股。"

哈默立即召集公司所有高级经理人员以及董事参加会议。会上，哈默说："我们就要打一仗了。"因为，使哈默气恼的是美孚的董事长不是在征求他的意见，而是在通知他：美孚要接管西方石油公司。斯韦林根在当天下午给哈默打电话说："根据证券交易所有关信息披露的规定，我们应该公开声明我们已经商讨过合并的可能性。"

哈默回答说："我无法阻止你发布消息，但我会坚决否认我们对你的建议有任何兴趣。"后来，消息公布了，哈默立即指示律师发表声明，否认对他们的建议有任何兴趣。当然，西方石油公司同时还控告摩根斯坦利公司充当印第安纳州美孚石油公司的代理人，犯有利益冲突罪，因为他们在一宗重要的房地产交易中时充当西方石油公司的代理人。与此同时，哈默向美国联邦贸易委员会控告印第安纳州美孚石油公司违反托拉斯法的规定，这立即在华盛顿引起轩然大波。

同年9月3日，哈默出席参议院石油工业小组委员会举行的会议。他的发言有这样一段内容："我相信这一听证会比我以往参加过的任何一次听证会都具有更大的全国性意义。西方石油公司的自由和独立处在生死存亡的关头。这对于本公司30万股东、32000名职工来说，对于同我们做生意的许多大大小小公司来说，是个至关重大的问题。一旦西方石油公司落入某个大石油公司之手，那么美国人将失去最大的独立石油公司，进而在石油、煤炭、化学、肥料和国际贸易领域失去一名有竞争力的坚强战士。"这样一来，本来在外界看来是一桩不错的合并案，却由于西方石油公司董事长哈默的极力反对而告吹。

问题：美孚石油公司董事长在这样收购案中表现如何？为什么在美孚董事长看来不错的合并案却未能如愿以偿？

分析提示：美孚石油公司董事长处处表现出傲慢、高人一等的强势气焰，这是引起西方石油公司董事长不满与警惕的主要原因。这个案例典型地再现了美国商人的谈判特点：直率、自大与傲慢。

6.2.3 俄罗斯商人的谈判风格

我国与俄罗斯有较长的边境线，双方贸易历史也较为悠久，近几年贸易额急剧增加，双方合资合作范围不断扩大。特别是俄罗斯在从计划经济向市场经济的过渡中，私有化程度高，加之政府对引进外资的优惠政策，进一步鼓励和促进了俄罗斯对外贸易的发展。因此，研究俄罗斯人的谈判风格，具有较大的现实意义。

(1) 固守传统，缺乏灵活性

曾经，苏联是个外贸管制的国家，拥有高度计划的外贸体制。企业或个人都不可能自行进口或出口任何产品，所有的进出口计划都是经过专门部门讨论决定，并经过一系列环节审批、检查、管理和监督。在这种高度计划体制，人们已习惯于照章办事，忽视了个人创造性的发挥。

苏联解体后，俄罗斯在由计划经济向市场经济的转变过程中发展很快，外贸政策有了巨大变化，企业有了进出口自主权，对外贸易大幅度增长，政府给予外国投资者的优惠政策大大地吸引了欧美投资者。但是，人们观念的转变是缓慢的，需要有一个过程。在涉外谈判中，一些俄罗斯人还是带有明显的计划经济的烙印。在进行正式洽商时，他们喜欢按计划办事，如果对方的让步与他们原定的具体目标吻合，容易达成协议；如果是有差距，使他们让步特别困难，甚至明知自己的要求不符合客观标准，也拒不妥协让步。例如，曾有一个俄罗斯代表团到中国洽商一个生产方便面的合资项目，由中方提供设备和人员培训，需中方投入120万元人民币，俄方以厂房、土地作价投资共计40万人民币。按国际惯例，双方合资项目，利润分成是按投资比例确定，但俄方坚持得80％利润，中方得20％利润，这种明显不合理的要求自然导致谈判破裂。为什么会这样？就是因为他们事先定的目标是获得80％利润。要俄罗斯人改变原来的打算是困难的，这是诸多谈判者与俄罗人打交道的一致结论。

俄罗斯人谈判缺乏灵活性，还因为他们的计划制定与审批要经过许多部门、许多环节。这必然要延长决策与反馈的时间，这种传统体制也僵化了人的头脑。

正如一位美国专家指出的，由于旧体制严格的计划性，束缚了人的个性、能力的发挥，而且这种体制要求经办人员对所购进商品的适用性、可靠性和质量进行审查，并要对所做出的决策承担全部责任。因此，他们非常谨慎，缺少敏锐性和创新精神，喜欢墨守成规。

近几年，随着俄罗斯经济体制改革的不断深入，国际贸易的不断扩大，这种情况有所改变。但不能否认，俄罗斯人是强劲的谈判对手，尽管他们有时处于劣势，如迫切需要外国资金、外国先进的技术设备，但是他们还是有办法迫使对方让步。

(2) 对技术细节感兴趣

俄罗斯人特别重视谈判项目中的技术内容和索赔条款，这是因为引进技术要具有先进性、实用性。由于技术引进项目通常都比较复杂，对方在报价中又可能会有较大的水分，为了尽可能以较低的价格购买最有用的技术，他们特别重视技术的具体细节，索要的资料也包罗万象，如详细的车间设计图纸、零件清单、设备装配图纸、原材料证明书、化学药品和各种试剂、各种产品的技术说明、维修指南等。所以，在与俄罗斯人进行洽商时，要有充分的准备，可能要就产品的技术问题进行反复大量的磋商。另外，为了能及时准确地对技术问题进行阐述，在谈判中要配置技术方面的专家。同时要十分注意合同用语，语言要准确，不能随便承诺某些不能做到的条件，对合同中的索赔条款也要十分慎重。例如，在出口一方国家的气候条件下，产品可能不会出问题，但不轻易保证机器在任何温度下工作都没问题，更不能做产品出现问题就赔偿一切损失的承诺。这种情况下，出口方可能会十分被动，因为其产品有可能被送到西伯利亚雅库茨克的工厂去，如果其产品在零下30℃的气温中被冻住了，使生产线停产，并使工厂没有达到生产规模，那么毫无疑问，应按合同约定支付赔偿金。

（3）善于在价格上讨价还价

俄罗斯人十分善于与外国人做生意。他们非常善于寻找合作与竞争的伙伴，也非常善于讨价还价。如果他们想要引进某个项目，首先要对外招标，引来数家竞争者，从而不慌不忙地进行选择，让争取合同的对手之间竞相压价，最后从中渔利。

许多比较务实的欧美商人都认为：不论报价是多么公平合理、怎样精确计算，俄罗斯人也不会相信，会千方百计地挤出其中的水分，达到他们认为理想的结果。所以，专家建议，对俄罗斯人的报价策略有两种形式：第一种是报出标准价格，然后力争做最小的让步。可以事先印好一份标准价格表，表上所有价格都包含适当的溢价，给以后的谈判留下余地。第二种策略是公开在标准价格上加上一定的溢价（如15%），并说明这样做的理由是同其做生意所承担的额外费用和风险。一般地讲，第二种策略要好些，因为如果在报价之初就定死一个价格，几个星期甚至数月后，情况可能会发生很大变化。

俄罗斯人开低价常用的一个办法就是："我们第一次向你订货，希望你给个最优惠价，以后我们会长期向你订货"或是"如果你们给我们以最低价格，我们会在其他方面予以补偿"以此引诱对方降低价格。要避免这种价格陷阱，专家的忠告是：应坚持最初报价的底线和标准。

6.2.4　欧洲商人的谈判风格

（1）英国商人的谈判风格

英国是老牌资本主义国家，等级观念较强。在对外交往中，英国人比较注重对方的身份、经历、业绩，而不像美国人那样更看重对手在谈判中的表现。他们谈判态度谨慎、认真、也不轻易相信别人。英国人性格保守、传统，具有优越感，但与他们一旦建立了友谊，他们会十分珍惜，长期信任你。

英国人不像日本人、美国人那样看重谈判本身，对于物质利益的需求也不如日本人和美国人表现得那样强烈和直接。他们宁愿做风险小、利润少的生意，也不喜欢做风险大、利润大的生意。与此相应，他们对谈判准备工作也不充分。他们善于简明扼要地阐述立场、陈述观点。在谈判中，他们表现更多的是沉默、冷静、自信、谨慎，而不是激动、冒险和夸夸其谈。

英国人做生意颇讲信用，凡事规规矩矩，具有较强的时间观念，通常与他们进行商务活动一定要事先预约，并严格遵守约定的时间，最好提早到达，以取得他们的信任和尊重。在商务活动中，接待客人的时间往往较长，当受到英国商人款待后，要给对方写信以表示感谢，否则会被视为不懂礼貌。

（2）德国商人的谈判风格

德国人严谨认真，准备周密，办事谨慎，富有计划性。他们在谈判前准备充分，对所要谈判的标的物以及对方公司的经营、资信情况等均进行详尽认真的研究，掌握大量详实的第一手资料，以便在谈判中得心应手，左右逢源。德国人对企业的技术标准要求相当严格，缺乏妥协性和灵活性，往往自信固执，对自己的产品极有信心，在谈判中常会以本国的产品为衡量标准，如果要与德国人谈生意，务必要使他们相信你公司的产品可以满足他们要求的标准。德国商人自信固执、缺乏灵活性和妥协性，还表现在他们不太热衷于在谈判中采用让步的方式。他们考虑问题比较系统，他们总是强调自己方案的可行性，千方百计迫使对方让步。

德国人诚实，崇尚契约，重视合同的履行，严守信用，权利和义务意识很强。德国人订合同之前，往往要仔细研究合同的每一个细节，并认真推敲，感到满意后才会签订合同。他们会严守合同条款，一丝不苟地去履行。他们不轻易毁约，同样他们对对方履约的要求也极其严格。

德国人注重效率，认为那些"研究研究、考虑考虑、过段时间再说"等拖拖拉拉的行为，对一个商人来说是不能接受的，他们判断一个谈判人员是否有能力，只需看其办公桌上的文件是否能被快速、有效地处理。不论是工作还是其他事情，他们的座右铭是马上解决。德国人时间观念强，处理事情都是一本正经，因此与他们打交道，最好不要迟到，对于迟到的谈判人员，德国人对之不信任的反感心理会无情地流露出来，破坏谈判气氛。

(3) 法国商人的谈判风格

尽管平等主义一词来自法国，但法国仍然是欧洲国家中社会等级制度中最为明显的国家。法国的管理者也具有独裁管理的风格，他们不愿意采取委托管理的方式，重视个人力量，很少有集体决策的情况。在商务谈判中，多实行个人负责制，因此谈判效率较高。法国商人很重视交易过程中的人际关系，因此，通过内部关系来办事比通过正常渠道要容易和迅速很多。在谈论业务之前法国人希望对对方谈判代表有一定的了解，并建立和谐的关系。

与美国人逐个议题磋商的方式不同，法国商人偏爱横向式谈判，喜欢先为谈判协议勾画出一个轮廓，然后达成原则协议，最后再确认谈判协议各方面的具体内容。另外，法国商人习惯于集中精力磋商主要条款，对细节问题不是很重视，并在主要条款谈成后急于签订合同，而后又常常会在细节问题改变主意，要求修改合同或重新签订。

法国人时间观念不强，在公共场合下，如正式宴会，会有一种非正式的习俗，那就是主客身份越高，他就来得越迟。所以要与他们做生意，就需要学会忍耐。但法国人对他人的迟到往往不予原谅，对于迟到者，他们会很冷淡地接待。法国人工作期间态度极为认真，工作强度也很高。但是每年8月份，大部分法国人都放下手中的工作去旅游度假。因此，与法国人做生意还要注意避开其假期。

(4) 意大利商人谈判风格

意大利商人时间观念一般，他们有时不遵守约会时间，甚至有时候不打招呼即不赴约，或单方面推迟会期。他们工作效率不高。罗马的谈判代表迟到一会儿，并不意味着冒犯你。

意大利领导人与下属打交道比较独断，与企业外的其他人打交道时，也是刻板、僵硬，缺乏民主色彩。他们情绪多变，特别喜欢争论，他们常常大声争吵，互不相让，在价格方面，更是寸步不让。做手势时特别激动，肩膀、胳膊和手随着说话声音的节拍挥动不止。虽然他们希望所买或销售的产品能正常使用，但是他们对产品质量、性能以及交货日期等事宜都不太关注。

意大利人之间的身体接触比较多，但如果作为访问者，不要首先拥抱或是亲吻对方，要等到对方首先表示拥抱或亲吻，然后做回应。无论是社交还是商务场合，意大利人站着的时候，个人之间的距离比其他国家要近，这样近的距离可能会使其他国家的访问者觉得不安。

6.2.5 其他地区商人的谈判风格

(1) 阿拉伯商人的谈判风格

由于地理、宗教和民族等问题的影响，整个阿拉伯民族具有较强的凝聚力。阿拉伯人以宗教划派，以部落为群，他们性情固执，比较保守，家族观念、等级观念很强，不轻易相信别人，不希望通过电话来谈生意。当外商想向他们推销某种商品时，必须经过多次拜访，有时甚至第二次、第三次拜访都接触不到实质性的问题，通常要花很长时间才能做出谈判的决策。与他们打交道，必须先争取他们的好感和信任，建立朋友关系。只有这样，下一步的交易才会进展顺利。

几乎所有阿拉伯国家的政府，都坚持让外国公司通过代理商来开展业务，代理商从中获取佣金。一个好的代理商对业务的开展大有裨益，他可以帮雇主同政府有关部门取得联系，促使有关方面尽早做出决定，帮助安排货款的收回、劳务使用、物资运输、仓储等诸多事宜。在他们看来，没有讨价还价就不是一场严肃的谈判。无论是大商店还是小商店均可讨价还价，标价只是卖主的报价，在商务谈判中更是如此。他们甚至认为，不还价就买走东西的人，不如讨价还价后什么也不买的人受卖主的尊重。

(2) 澳大利亚商人的谈判风格

澳大利亚商人重视办事效率，他们往往和第一次见面的客人进行简短的寒暄后，即着手进行谈判。因重视办事效率，派出的谈判人员一般都具有决定权，同时也希望对方的谈判代表同样具有决定权。他们也不喜欢开始报价高再慢慢讨价还价的方法，而一般会采用招标的方式，最低价成交。澳大利亚商人待人随和，公私分明。他们在签约时非常谨慎，不太容易签约，但是一旦签约，发生毁约现象也相对较少。

(3) 犹太商人的谈判风格

犹太人有"世界商人"的美称，具有很强的商业意识，经商才华出众。犹太人参加谈判时总是有备而来，他们会在谈判之前阅读大量的相关资料，搜集相关情报。他们认为，在谈判中能做到从容不迫、应对自若，就能够随心所欲地控制谈判气氛，但前提和关键就是付出艰辛的前期努力，尽可能地做好一切准备。同犹太人做生意会很难讨价还价，交易条件也会比较苛刻，并且在谈判中也不会轻易接受对方的条件。他们对于协议条款总是认真斟酌，以便市场行情变化时，能够作出有利于己方的解释或寻找漏洞而拒绝履行合同。

在谈判中，他们常能根据得到的数据立即计算出结果和利润，能在谈判中抢先作出判断，使对方陷于被动。即使在谈判中犹太人往往会为某一问题与对方争执得不可开交，但之后还是会与对方温和友善地打招呼，因为他们认为，如果对方感到失了面子，会变得充满敌意，冷漠无情，这样可能会危及眼前和长远的合作。

6.3 中国商人的谈判风格

6.3.1 中国商人谈判风格

(1) 谈判关系的建立

我国商人十分注重人际关系。在中国，建立关系是寻求信任和安全感的一种表现。在商业领域和社会交往的各个环节，都渗透着"关系"。"关系"成为人们所依赖的与他人、与社会进行沟通联系的一个重要渠道。在商务交往中建立业务关系，一般情况下，应该借助于一定的中介，找到具有决策权的主管人员。建立关系之后，中国商人往往通过一些社交活动来达到相互的沟通与理解。这些活动通常有宴请、参观等。

(2) 决策程序

决策结构和关系一样，人的因素始终是决定性的。从某种程度上说，中国企业的决策系统比较复杂，改革过程中企业的类型多，差异大。企业的高层领导往往是谈判的决策者，争取他们的参与，有利于明确彼此所需要承担的义务，便于执行谈判协议。

(3) 时间观念

中国人大多喜欢有条不紊、按部就班。在商务交往中，对时机的判断直接影响到交易行为。信奉欲速则不达，防止拔苗助长、急躁妄为。如果时机不成熟，他们宁可按兵不动，也不草率行事。随着市场经济的确立和深入，中国人的时间观念正在逐渐加强，工作效率正在不断提高。

(4) 沟通方式

中国文化追求广泛意义上的和谐与平衡。受儒家文化的影响，"面子"观念深入社会生活的各个方面与层次，并直接影响商务谈判。在商务谈判中，商人不喜欢直接、强硬的交流方式，对对方提出的要求常常采取含糊其辞、模棱两可的方法作答，或利用反问把重点转移。名片被广泛使用在商业往来中。备好自己的名片是聪明的做法。通过名片的交换，可以了解到双方各自的等级地位，以便注意相应的礼节。在沟通过程中，一些被西方人认为是交谈禁区的话题，如家庭状况、身体状况甚至年龄、收入等，都可以作为很好的加深了解的话题。不过，无论什么话题，都要表现得谦虚有礼。谦虚是儒家思想提倡的美德。

(5) 对合同的态度

传统中国社会重视关系胜于重视法律。改革开放后，中国加强了法制建设和执法的力度，人们的法制观念和合同意识不断增强。中国正处于快速发展时期，大量条件发生变化后，政府和企业都可能对某些方面作调整，从而影响对事先签订的协议的履行。

6.3.2 中西方商务谈判风格比较

当我们考察了世界上部分国家的商务谈判风格之后，有了对商务谈判风格的感性认识和了解。下面，我们进一步从中西方文化划分的角度，再简略地比较一下基于中西方文化的商务谈判风格。

(1) 先谈原则与先谈细节

中国商人喜欢在处理细节问题之前先就双方关系的一般原则取得一致意见，把具体问题安排到以后的谈判中去解决，即"先谈原则，后谈细节"。而西方商人如美国人则往往是"先谈细节，避免讨论原则"。西方人认为细节是问题的本质，细节不清楚，问题实际上就没有得到解决，原则只不过是一些仪式性的声明而已。所以，他们比较愿意在细节上多动脑筋，对于原则性的讨论比较松懈。事实表明先谈原则必然会对后面的细节讨论产生制约作用。然而中西方对谈判原则的重视程度不同，常常导致中西方交流中的困难。美国一些外交官曾感受到中国人所具有的谈判风格对西方人的制约。专门研究中国谈判风格的美国学者查尔斯·弗里曼告诫西方外交界，在与中国人打交道时应"坚持先谈具体而特定的细节，避免关于一般原则的讨论"。中国人重视"先谈原则，再谈细节"的原因在于：首先，先谈原则可确立细节谈判的基调，使它成为控制谈判范围的框架。其次，可以利用先就一般原则交换意见的机会来估计和试探对方，看看对方可能有哪些弱点，创造一些利于自己的机会。第三，可以很快地把原则性协议转变成目标性协议。第四，先谈原则可以赢得逻辑上或道德上的优势。第五，通常原则问题的讨论可以在与对方的上层人物的谈判中确立下来，从而既避免了与实质性谈判中的下层人员（这些人对具体问题很精明）可能的摩擦，又能在一定程度上控制他们举动。应当指出，先谈原则的谈判作风，虽然对于具体细节谈判有着某种制约作用，但是在协议的执行过程中，如果对方对于自己的违约站定脚跟而对中国的批评不予理睬，那么这种手法就不会特别有效，因为毕竟依照原则精神来谈细节与依照原则精神来执行协议是两码事。

（2）重集体与重个体

中西方在谈判中都既重集体，又重个体。但西方人比较强调集体的权力，即"分权"；强调个体的责任。中国人比较强调集体的责任；强调个体的权力，即"集权"。

（3）重立场与重利益

中国人比较重立场，而西方比较重利益。西方人对利益看得比立场更为重要。对任何人，评价其工作绩效的标准是看其谈判成果。一个在谈判中"勤恳稳重"有余而低效无利的谈判者，在西方人看来是绝对不能容忍的。"苦劳"在西方人眼睛里不可能被记入"功劳"簿。因此，一个在谈判中过分坚持立场而不能获得利益或放弃了应得利益的人在西方是不可能被重用或提拔的。由于西方的谈判者重效果而轻动机，他们对立场问题往往表现出极大的灵活性，在谈判中努力追逐利益。他们对待事物的态度，取决于其是否能为自己带来好处，是否会损害自己的利益。

本章内容总结：

国际商务谈判是商务谈判的重要组成部分，是国内商务谈判的延伸和发展，是国际商务理论的主要内容和核心。它是指在国际商务活动中，不同国家之间的商务活动主体为满足某一需要或达到某一目标而进行的讨论和洽谈的商业活动的总称。

从理论上讲，在国际商务活动过程中需要进行磋商的方方面面都是国际商务谈判的内容。国际商务谈判具有国际性、跨文化性、复杂性、政策性和困难性等特征。学好外语，正确认识并对待文化差异，熟悉国家政策和国际贸易惯例，具备正确的国际商务谈判意识，是谈判人员持续努力的方向。

不同国家的商人有不同的谈判风格。谈判风格具有对内的共同性、对外的独特性、成因的一致性等特点。了解谈判风格对从事国际商务谈判具有十分重要的指导意义。从"谈判关系的建立、决策程序、时间观念、沟通方式、对合同的态度"等角度，我们比较容易理解和把握不同国家商人的谈判风格。

因为文化的差异，中西方的谈判风格差异较大。中国人喜欢先谈原则后谈细节；西方人喜欢先谈细节再谈原则。中西方在谈判中都既重集体又重个体。但西方人比较强调集体的权力，即"分权"；强调个体的责任。中国人比较强调集体的责任；强调个体的权力，即"集权"。在利益与立场方面，中国人比较重立场，而西方人比较重利益。

谈判人员在谈判中要树立道德伦理观念。

核心概念：

国际商务谈判；谈判风格

课堂讨论：

(1) 学习国际商务谈判的含义?
(2) 谈谈国际商务谈判的原则?
(3) 如何理解国际谈判和国内谈判的关系?
(4) 讨论日本商人、美国商人、俄罗斯商人的谈判风格?
(5) 我国的谈判风格有哪些?

课后自测:

一、单选题

1. 下列商人中表示拒绝时可以直截了当地对其说"不"的是( )。
   A. 美国商人　　　　　　　　B. 西班牙商人
   C. 日本商人　　　　　　　　D. 韩国商人
2. 与法国商人洽谈生意时要严禁过多谈论的是( )。
   A. 法国的艺术　　　　　　　B. 法国的建筑
   C. 法国的历史　　　　　　　D. 个人私事
3. 讲究节俭、反对浪费,把浪费看成"罪恶"的是( )。
   A. 德国人　　　　　　　　　B. 美国人
   C. 韩国人　　　　　　　　　D. 南美人
4. 集体意识强,采用自下而上的决策制度的是 ( )。
   A. 日本人　　　　　　　　　B. 美国人
   C. 印度人　　　　　　　　　D. 阿拉伯人

二、多选题

1. 下列选项中,( )属于德国商人的谈判风格。
   A. 开放随意　　　　　　　　B. 严谨保守讲究效率
   C. 讲究效率　　　　　　　　D. 自信固执
   E. 出言谨慎,崇尚契约
2. 日本人的谈判特点有( )。
   A. 注重合同中的法律术语　　B. 注重私人关系
   C. 集体决策　　　　　　　　D. 委婉间接交流
   E. 决策过程缓慢
3. 关于谈判文化和风格,下列选项中,正确的有( )。
   A. 美国人喜欢很快进入主题,不太重视谈判前个人关系的建立
   B. 英国人常常是比较冷静、稳健,喜欢按部就班
   C. 法国人往往十分健谈,口若悬河,不大注意生意上的细节
   D. 德国人此较谨慎、保守、严谨,办事有计划,雷厉风行
   E. 意大利人时间观念强,与人打交道时较僵硬、刻板,缺乏民主色彩

三、简答题

1. 与国内商务谈判相比,国际商务谈判有哪些特殊性?
2. 国际商务谈判成功的基本要求有哪些?
3. 举例说明不同国家的人们时间观念的差异?
4. 简述日本商人的谈判风格和特点?

案例分析：

美国石油公司经理的自述："我会见石油输出国组织的一位阿拉伯代表，商谈协议书上的细节问题，谈话时，他逐渐向我靠拢过来，直到离我只有 15cm 才停下来。当时，我对中东地区风俗习惯不太熟，我往后退了退。这时，只见他迟疑了一下，皱了皱眉头，随即又向我靠近过来。我不安地又退了一步。突然，我发现我的助手正焦急地盯着我，并摇头向我示意，我终于明白了他的意思，我站住不动了。在一个我觉得最为别扭、最不舒服的位置上谈妥了这笔交易"。

分析思考：

（1）该项谈判最终成功的关键是什么？

（2）在关于国际商务谈判文化差异方面，本案例给了我们哪些启示？

第2篇 推 销 理 论

7 推销的基本理论

能力目标

通过本章学习，你能够：
1. 了解推销观念的产生与发展过程；
2. 熟悉推销的含义、特点与功能；
3. 理解现代推销与市场营销的关系。

案例导读：

矿泉水推销员的上门推销

下面是矿泉水推销员与一位家住六楼的家庭主妇的对话：

推销员："夏天到了，自来水供应正常吗？水质如何？"

家庭主妇："供应不正常，水质也不好。"

推销员："如果有一种既纯净又有保健功能的饮用水，您的家庭愿意接受吗？"

家庭主妇："可以考虑"。

推销员："如果我们每周两次送水上门，很经济，也很方便，这样的服务方式您会满意吗？"

家庭主妇："非常好。那我就订一个季度的用量吧。"

7.1 推 销 概 述

推销学是市场营销学理论体系中的一门分支学科，它运用市场营销学、心理学、谈判学、商品学等多学科的知识，研究分析推销人员向顾客推销商品的理论、方法和技巧。

7.1.1 推销学的产生与发展

（1）推销学的产生

推销学是在资本主义经济迅速发展和市场问题日益尖锐化的过程中所形成和发展起来的。19世纪末，各主要资本主义国家经过工业革命，生产迅速增长，商品需求量急剧增加。由于需求增加，市场的基本特征是求过于供的卖方市场，企业只能增加产量，降低成本，产品销路就不成问题，因而企业没有必要研究推销的方法和技巧。20世纪20年代初，泰罗"科学管理"理论和方法在美国许多大企业的推广和应用，使生产效率大为提高，生产能力的增长速度超过市场需求。在这种情况下，少数有远见的企业主在经营管理上，开始重视商品推销和刺激需求，注意研究推销术和广告术。例如，当时的美国国际收割机公司，在销售上开始采用市场分析、明码标价、提供服务和分期付款等办法，并且把"当面看货，出门不退"改变为"货物出门，包退包换"来扩大销路。与此同时，一些经济学家根据企业销售实践活动需要，着手从理论上研究产品销售问题。美国哈佛大学的赫杰特齐（J. E. Hegertg）走访了大量企业主，了解他们如何进行市场销售活动，于1912年写出了第一本以"销售学"命名的教科书。这本书的问世，被视为销售学作为一门独立学科出现的里程碑。但是它的内容与现代营销学、推销学的原理和概念都不相同，实际上只是分配学和广告学。这个时期，美国宾夕法尼亚大学、威斯康星大学等高等院校，先后开设了销售学课程，并且形成了若干研究销售学的中心。

1929年至1933年的世界性经济危机，震撼了各主要资本主义国家。由于生产过剩。商品销售困难，企业纷纷倒闭，这时企业面临的已经是供过于求的买方市场，此时与企业相关的首要问题是如何把产品卖出去。因而，销售学的研究逐步受到美国企业界的重视。1931年美国销售学协会成立，专门设立了为企业管理人员讲授销售学的讲习班。但在这个时期，企业重视的是如何在更大的规模上推销已经生产出来的产品，销售学的研究仍然局限于商品推销术和广告术以及推销产品的组织机构和推销策略等，还没有超越商品流通的范围。

第二次世界大战以后，随着第三次科技革命的深入，劳动生产率大幅度提高，社会产品的数量急剧增加，花色品种日新月异；同时，资本主义国家吸取20世纪30年代大危机的教训，推行所谓高工资、高福利、高消费以及缩短工作时间政策，刺激人们的购买力，使市场需求在量和质的方面都发生了重大变化。这时市场的基本趋势是产品进一步供过于求，消费者的需求和欲望不断变化，竞争范围更加广阔，原有的销售学愈来愈不能适应新形势的要求。为此，美国销售学家奥尔德逊（W. Aldegson）和科克斯（K. Cox）在《销售学原理》一书中提出了新的销售学概念。他们认为，市场应是生产过程的起点，销售职能首先必须调查、分析和判断消费者的需求和欲望，将信息传递到生产部门，据以提供能满足消费者需求的产品和劳务。这样一来，销售学自然突破了流通领域，而参与了企业的生产经营管理。销售学这一基本概念的变革。被西方称为"销售革命"，从此，原有的销售学便发展成现代市场营销学。在此期间，越来越多的学者和企业家参与到对产品推销活动的研究，欧美很多发达国家纷纷成立了推销培训中心，各种关于推销的书籍相继增加。其中最具代表性的推销学专著是世界著名的欧洲推销专家海因·兹·戈德曼（Heinz. M. Goldmann）所著的《推销技巧——怎样赢得顾客》（The classic manual of succesaful selling——How To Win Customers）。许多学者认为，这本书的问世是现代推销学产生的重要标志。因为这本书是作者30多年推销经验的总结，它自1958年出版以来，已被译成18种文字，受到学者和企业家的普遍欢迎，经过多次修订再版，使得推销学的理论体系和方法技巧日臻完善，为推销学从营销学中独立出来奠定了理论基础。

（2）推销学的发展

第二次世界大战后，一方面，由于消费需求的多样化、丰富化以及市场竞争的日益激烈，客观上要求发展和完善传统的推销术；另一方面，系统科学、心理学、管理学等学科的研究成果又为发展和丰富推销学理论体系和内容提供了理论和方法上的可能性。推销学的发展可以概括为以下六个特点：

1) 推销学的导向发生了根本性的变化

20世纪40年代以前,相继在西方企业占主导地位的经营观念是生产观念、产品观念和推销观念。尽管受这三种不同经营观念所支配的推销活动在推销的方式、方法和技巧方面有较大区别,但这一时期推销活动的导向是相同的,即企业推销活动的起点是企业现有的产品,而不是顾客需求。到了20世纪40年代末,资本主义企业逐渐用"营销观念"(Marketing Concept)取代推销观念(Selling Concept)。这种观念强调"顾客需求什么,就卖什么"或者"能卖什么,就生产什么"。这就使得顾客导向推销学取代了产品导向推销术,从而保证了一切推销策略的应用,旨在满足顾客的需要、欲望,解决顾客问题,以达到企业的获利目标。

2) 推销学研究的重点由物转向人

在产品、推销等观念支配下,推销术研究的重点是现有产品的性能和特点以及有利于这些产品销售的推销工具,并没有研究顾客的需要个性等特点,更没有研究推销员的个性心理特征。而以顾客为导向的现代推销观念,在推销活动过程中重点研究人的特点,即通过对人的特点的研究推动或确保产品的销售。现代推销学对人的研究表现在两个方面:首先是对于推销员的研究,包括推销员从事推销工作应具备的基本素质、能力、推销观念、对顾客的态度等个性心理特征和知识、技能;其次,研究顾客的需要、动机和购买行为等特点及影响因素,研究推销员和顾客之间相互关系的规律性。推销学研究重点的转变反映了人们对推销活动本质的认识,只有抓住了人,才算抓住了推销活动的关键环节;只有抓住了人,才能把握住各种推销方法和技巧运用的时机。

3) 由零散的推销术发展为一门较为完善的知识学

早期推销术主要是一些推销方法和技巧,这些方法和技巧之间缺少内在的联系,而且很零碎,缺少活动中心,因而对推销实践的指导作用很有限。现代推销学以满足顾客需要为核心,以对人的研究为重点,以说服为推销工作的重点,成为由现代推销观念、推销理论、推销公式、推销方法和技巧等要素组成的,活动目标明确,理论、方法和手段协调、统一的,能够有效指导推销实践活动的理论知识体系。

4) 推销学研究的内容不断丰富

传统推销活动的起点是从企业现有的产品出发,以推销员与客户接触促进交易为终结。因而,推销员工作的重点是怎样实现本次成交,他们不重视调查、了解客户的需求,一般很少考虑本次成交对今后活动的影响。现代推销活动则以了解顾客需要,分析环境为活动起点,以为用户提供售后服务,使其获得最终的满足为活动终点,每次推销活动之间有很强的连续性,彼此间有较密切的联系和影响,是一个周而复始的不断循环的过程。

5) 推销工作的重要性和复杂性受到企业界的高度重视

传统观念认为推销是一项对知识、技能和素质要求很低的、任何人都可以承担的工作。随着市场竞争的加剧,企业家们逐渐认识到现代推销活动的艰巨性和复杂性,认为对一位成功的推销员必须在资格、学识、贡献等方面有严格的要求,如在资格方面要求推销员有科学家的才智,能循序渐进,推陈出新;有实干家的精神,能乐观进取,奋斗不懈;有社会改良家的抱负,能大公无私,服务人群;有哲学家的思想,能择善固执,求知求真;有运动员的体魄,能不畏艰难,任劳任怨;有雄辩家的口才,能说服顾客,促成交易。许多现代企业家认为,推销员的学历并不重要,重要的是必须通过训练和教育,对相关学科有一定程度的了解；并注意自身技能的培养，态度和性格的修炼，习惯的养成。现代社会的推销员是一种令人羡慕的职业，有着很高的社会地位和丰富的经济收入。据美国民意测验有关资料显示，在 54 种职业中，推销员的社会地位排在第 11 位，和教师、医生、企业家等前后排列。经济地位可以排在前 6 名。推销员的年均收入超过 25 万美元，经过训练的优秀推销员，要超过这个平均数的一倍，甚至高于美国总统的年薪。

6）关系营销将现代推销学进一步引向深入

关系营销产生于 20 世纪 80 年代，强调在产品或服务的整个生命周期期间，销售应该集中在买卖双方之间的关系上。传统的营销是交易性的，强调获得销售订单，忽视销售以后的时间，其销售方法是确保产品在保质期内不会损坏。尽管传统营销会有某些售后服务，但决不能与关系营销同日而语。关系营销比以往任何时候都能把买卖双方紧紧地捆绑在一起。在关系营销中，买卖双方的销售人员与顾客不再是对立的，而是合作伙伴关系。

7.1.2 推销的概念

"推销"作为一种实践活动，和人类社会几乎是同时产生的，有着悠久的历史。作为"产品（包括商品和劳务）推销"，它随着产品生产的产生而产生，随着商品生产的发展而发展，它与每个人的现实生活密切相关。

从广义的角度讲，推销是指发出信息的人运用一定的方法与技巧，说服、诱导与帮助接收信息的一方接受自己的建议、观点、愿望、形象或产品等，使之按自己的意愿行事。

从狭义的角度讲，推销是指推销人员在变化的推销环境中，在一定的科学理论方法和程序指导下，旨在满足顾客需要，激发顾客购买欲望，不断促成购买行为的一项系统活动。现代推销学正是从狭义的角度研究推销活动过程及其一般规律。

对推销的认识应把握以下几点：

（1）推销是由相互作用的三个要素构成的整体

三个要素是推销主体（各类企业的推销人员）、推销客体（顾客）、推销的标的物（所推销的具体产品或劳务），它们在推销活动中互相联系、相互制约、相互作用。推销主体运用各种理论、方法和技巧吸引、说服并引导推销客体。推销客体通过自己的购买体验和搜集到的信息来感知、理解、辨认主体的说服和引导。主体活动的效果或影响力大小不仅受其主观因素影响，还在较大程度上受制于推销标的物的质量好坏。在不同推销环境影响下，推销主体将采用不同的推销策略与技巧，竞争环境的变化是影响推销主体活动效果的重要因素。正如美国销售专家阿·拉伊斯所指出的：为了在现今的销售中取胜，公司必须提出"竞争者第一"的口号。它一定要在竞争对手的触角中寻觅弱点，然后对那些弱点发起进攻。

（2）推销是三种过程的统一

即推销是买卖过程、信息传递过程和心理活动过程的统一体。商品交换过程的直接目的就是把商品卖出去，获得利润。在这个过程中除了要循序价值规律、供求规律等商品经济规律外，还必须认识这个过程的双重目的性，即推销主体要卖出产品的目的和推销客体购买产品的目的，这两种目的既对立又统一。现代推销学要求改变以往把买与卖对立起来的做法，这里推销不仅是"卖"的过程，而且还是帮助、引导顾客购买，最大限度满足顾客需要的过程，这样做的目的是使推销主体和客体的目的、需要相吻合，为达成交易创造条件。

把推销看作信息传递过程，是从传播学角度来考虑的。即把推销员和客户之间的关系看作信息传递关系，这是一个信息双向运动的过程。在这个运动过程中推销主体和客体借助语言、文字或非语言文字方式，直接和间接地进行信息、思想和感情的交流，并在此基础上形成买卖双方的特定关系。

推销是心理活动过程是指推销员要更好地满足顾客需要，必须了解和把握顾客心理活动的结果，即购买行为是购买心理的外在表现，购买心理是购买行为的内在反映。顾客产生购买行为的心理活动过程是：受到刺激，产生需要，形成购买动机，进一步搜集信息或受到外来刺激，对已掌握的信息进行分析、比较和评价，购买动机得到强化，最后产生购买行为。

（3）推销是推销产品和推销观念的统一

美国著名推销专家吉姆·史耐德经常劝说推销员："你在推销观念，而不是产品。"推销观念就是推销员在推销产品过程中，首先让顾客知晓或回答顾客，诸如你所推销的产品对顾客有何用，你的产品能干什么等问题。即让顾客理解并熟悉你所推销产品的核心利益和延伸效益，激发顾客对产品的购买欲望。如果只重视推销产品，过多地向顾客介绍产品的有形部分如结构、技术性能等，而忽视观念的推销就很难取得好的推销效果，因为顾客实际要购买或最关心的是产品的核心利益和延伸利益，并非产品的有形部分。

7.1.3 推销的作用

推销大师乔·吉拉德（他因在1976年推销出1425部新车而被列入《吉尼斯世界纪录大全》）说："每一个推销人员都应以自己的职业为傲。推销人员推动了整个世界。如果我们不把货物从货架上、仓库中运出来，美国整个社会体系就要停摆了。"这段话足以说明推销的重要。

（1）从宏观经济角度来看，推销是社会经济发展的一个重要推动力，是实现社会再生产良性循环的重要环节。只有借助推销，产品才能有流动的可能，进而实现价值和使用价值的统一。此外，推销还有引导与影响消费、促进社会进步、繁荣经济、提升社会文明等作用。

（2）从微观经济角度来看，推销是企业输入系统转化为输出系统，企业的生产经营活动得到社会承认的重要途径。同时，有效的推销活动有助于企业推出适销对路的产品，提高企业经济效益，并建立、维护、发展良好的顾客关系。

（3）就推销员个人而言，推销活动是一种具有挑战性、刺激性、创造性的职业。在美国等发达国家，优秀推销员的收入和社会地位都是令人羡慕的。此外，推销活动有利于提高推销人员素质和社交能力，磨炼意志，陶冶情操，发挥个人潜能，实现个人美好的理想。

7.1.4 推销学的研究对象及内容

（1）推销学研究的核心

1）推销学研究的核心是需求的满足

人们只会对能满足其需求的产品感兴趣，人们因为需要而了解信息，因为需要而购买，为此，要想推销产品，必须寻找到需要它的顾客。想让顾客购买产品，就必须让顾客相信你的产品能最好地满足其需要。

2）推销的手段是说服

推销的过程是一个充满矛盾斗争与利益冲突的过程，表现在一方面推销活动双方主体均从各自的立场与利益出发，另一方面推销活动双方主体内部又各自存在着矛盾、困难、冲突。要解决双方矛盾必须抛开自己的立场，寻找推销双方主体利益的互惠点，促使双方在利益互惠点上统一起来，这就是说服的作用。因此，说服是一种科学与艺术的结合，是智慧与辛劳的结晶。一方面推销人员必须以科学技术及其发展为依据去分析市场，分析顾客，分析需求及其影响因素，分析特定目标的具体需求与各种关系的影响，才有说服的科学依据与基础。另一方面推销人员又必须结合具体的时间、地点、具体对象及其特点灵活应变，才可以把客观存在的需求变为推销与成功的机会。

3）推销成功的关键是令推销对象的各方面需求得到满足

首先，必须明确推销的基础是顾客存在着需求；其次，推销要满足顾客的主要需求即头等重要的需求；第三，推销必须满足购买主要决策人的需求；最后，推销要满足顾客还没有发现和还没有认识的需求。

因此，推销的过程就是以说服为手段，不断满足顾客需求的过程。

（2）推销学研究的对象

推销学作为一门独立的学科而客观存在，有着它自身特有的研究对象、学科体系和研究内容。推销学的研究对象是：在商品流通领域中，推销人员为满足顾客需求而最终实现商品交换活动的全过程及其内在规律性、条件、技巧和管理。

具体而言，推销是以具体顾客、推销人员和企业的推销活动为主要研究对象。

（3）推销学研究的内容

1）对推销环境的研究

主要考虑政治、法律、经济、人口、社会文化、科学技术和竞争等环境对推销活动的影响。研究推销环境的主要目的是通过对环境的认识分析，很好地把握各种推销机会，避免或预见推销活动可能造成的损失。例如，推销人员可以通过对经济环境的分析了解消费者实际收入增长和居民储蓄增长的现状及趋势，为确定不同收入水平的目标顾客、了解顾客需求结构、对某种产品的购买倾向、货币支付能力提供依据。

2）对顾客需要和购买行为的研究

推销活动能否取得好的效果在很大程度上取决于推销人员对顾客需求特点和购买行为规律性认识的真实性、全面性和深刻性。所以，推销员要在认识环境的同时，真正了解顾客需要，把握顾客购买行为的规律性。

3）推销理论研究

推销理论包括两部分：一是推销基础理论，如市场营销理论、推销的概念和作用、推销学研究的核心、推销系统理论等。推销基础理论贯穿于本学科的始终，是推销学的基本出发点和推销活动的根本指导思想。二是推销的具体理论，如推销方格理论、关系管理理论等。

4）对推销基本步骤的研究

推销的步骤是国内外推销理论工作者和推销员对多年来有效推销活动经验和体会的概括和总结，有利于推销人员在活动前就对涉及如何满足特定客户需要、提高说服效果等方面的具体问题做详细的准备和深入的考虑。

5）对推销公式的研究

推销公式是对某些特定推销形式或特定产品成功推销步骤的概括或总结。国际上通用的推销公式一般以推销各步骤英文单词的第一个字母代表公式的名称。如 AIDA 公式、DIPADA 公式等。

6) 对推销人员的研究

推销人员是推销活动的主体,推销人员的仪表、言谈举止、基本素质、应变能力、知识的深度和广度以及自我控制、自我开发和绩效评估等都对推销活动的成败起着至关重要的作用。所以,推销学还应专门研究一个合格的推销员应该具备的品质和能力以及如何科学地对推销人员加以引导和管理等问题。20 世纪 80 年代以来,社会上把推销人员称为销售工程师,这一名称的变化反映了人们对推销员认识上的两大变化:①现代市场经济客观上要求推销人员不仅要了解和掌握能反映推销活动规律的理论、方法和技巧,而且需要掌握包括产品的设计、加工、安装和维修知识在内的多种学科知识,并能将各学科知识融为一体,综合应用。②人们对推销工作重要性和推销员社会地位的认识发生了重大变化,认识到要搞好推销工作必须掌握运用系统的知识和技能,推销工作并非任何人都可以胜任的。因为推销是一门深奥的学问,任何行业的推销员非但必须经过长期的专门训练,而且必须精通心理学、营销学、表演学、口才学、人际沟通以及资讯学等方面的知识。

7.2 顾客需求与购买行为分析

7.2.1 顾客需求理论

顾客的需求是顾客参与推销活动和进行交易的原始动力,因此推销人员必须研究顾客需求规律。

(1) 顾客需求的产生规律

研究顾客需求的产生规律,可以为促销和推销活动的开展以及需求的管理提供依据,顾客需求产生的形式主要有:

1) 自然驱动力产生的需求

这是人生来就有的本能需求,这种需求的产生不受外界影响,是人的器质性器官通过人的自主神经作用而诱发形成的需求。如人肚子饿就是肠胃等器质性器官蠕动产生的一种对食物和其他充饥物的需求。

2) 功能驱动力产生的需求

这是人的功能性器官通过动物神经作用,经大脑反应后形成的内在驱动力所诱发的需求。功能性器官主要指人的视觉、听觉、味觉、嗅觉与触觉器官。如人看到名山大川的景色就会产生旅游的需求。

3) 经验总结而产生的需求

这是人们曾经购买与消费过某个产品,经感受总结后认为好的,便将记忆储存于大脑,后经诱导而产生的需求。一遇到提示物的提醒或是类似消费情况诱导时,人们就会产生对该产品的需求。

4) 人际交往引发的需求

人在交往中从多个角度可向他人学到购买与消费的经验,从中加以感受,引发需求。在消费攀比成为一种风气的地区与人群中,人际交往已成为产生需求的主要形式。

5) 经营活动所引发的需求

企业或推销人员通过有意识组织的市场营销活动,诱发顾客被动的产生需求,如企业采取一些促销手段。

(2) 需求的层次性规律

1) 需求层次的内容

需求的层次性规律是美国心理学家马斯洛及其学生提出并说明的。人的需求从低到高分为七个层次,即生理需求、安全需求、友爱与社交的需求、尊敬的需求、求知的需求、对美的需求、自我实现的需求。

2) 需求层次与推销

需求层次对推销的启发有:①明确人们存在着不同层次内容的需求,因而也就存在着对满足这些不同层次需求的各种产品的需求。②在市场经济条件下,各种需求层次内容的满足是以社会及人们自身劳动价值为基础的,大多是通过购买与消费而实现的,需求的满足往往表现为购买与消费行为的实施。③具有不同需求层次内容的人,会有不同的购买与消费内容,会在不同的时间、地点购买不同的产品以满足不同的需求。

(3) 顾客需求的发展规律

1) 需求的层次发展规律

人们同时存在着对七个层次的需求,由人们所处的环境及具体状况不同,七个层次的需求在他们的人生追求中所占的比例不同;因而,对满足需求的迫切程度与排列顺序就不同。

2) 需求层次的量变与质变规律

对某个层次的需求而言,人们有从追求数量的增加转向追求质量提高的规律。如对食物先求数量,而后是质量,要求有营养,色、香、味、形俱全,还要能减肥、健美等。

(4) 需求的对流规律

1) 顾客需求层次的对流规律

顾客需求层次的自下而上转移与某个具体产品满足需求层次的自上而下变化的对流规律。随着人们生活水平的提高与社会的发展进步,人们的需求层次自下而上提高;但同时一个具体产品的使用价值,它满足顾客需求的层次是自上而下运动的。

2) 需求运动的对流规律

现代社会可以享受高层次需求的人转而追求低层次需求,某些本来使用价值只能满足低层次需求的产品被认为可,以满足高层次需求这两种反方向运动的对流规律。如有人放弃富裕的城市生活而去荒岛上度日。

(5) 需求的转移规律

人们对满足某个需求的具体产品的购买与消费,在群体内、群体间,以及在时间、地点方面存在转移与扩散规律。

1) 滴流与溯流

高地位阶层影响低地位阶层,高收入阶层影响低收入阶层,从而导致需求和消费在群体内和社会群体间转移为滴流。低地位阶层影响高地位阶层,低收入阶层影响高收入阶层,从而导致需求和消费在群体内和社会群体间转移为溯流。

2) 需求的时空转移

由于历史的、地理的、文化与经济等方面的原因,需求会按照一定的方向与时间顺序进行转移,一般由发达地区向不发达地区转移。在我国是从南向北,由东向西,由边境向内地,由中心大城市到郊区再向边远农村转移。

7.2.2 顾客对推销的接受过程

由于人的个性心理特征决定了人们对事物的认识与接受都有一个过程,因此顾客对推销人员以及推销的产品,也有一个从陌生到认识、从认识到接受(或拒绝)的过程。在认识的各个阶段中,不同的顾客表现不同的特点,需要推销人员加以研究与应对。

(1) 顾客对推销的感觉阶段

感觉就是顾客通过感觉器官对推销人员及推销产品的最初认识,是顾客感觉器官直接接受推销刺激所引起的最初反应阶段。在感觉阶段,顾客的认识特点主要是:

1) 顾客主要是以视觉器官进行感觉。每个人都是通过眼、耳、鼻、舌、身(皮肤)五大感觉器官来获取信息,在人的感觉阶段中,80%的信息量是通过视觉收集与捕获的。也就是说顾客对推销的第一印象与最初认识,主要来自于视觉器官所形成的感觉。推销人员希望顾客接受产品,必须注意推销给顾客视觉形成的感觉,在推销过程中要注意顾客眼神的变化。

2) 顾客的视觉感觉来源多样。顾客对一个陌生的推销人员的认识,总是先从推销人员的外表开始的。这些认识来自于:

① 顾客对推销人员的外表认知。陌生推销人员给予顾客的第一印象,来自于对推销人员外表的观感。人的外表分为静态和动态两部分。静态外表是经常存在的、相对稳定的表现形态,如人的身高、体形、相貌、衣着饰物等。动态外表是不经常存在的、相对变化和运动的表现形态,如人的举止、言谈和表情等。举止包括行走站立、坐卧姿势和手势等。言谈包括措辞、口气、语速、抑扬顿挫等。表情包括喜怒哀乐等。这些构成了顾客对推销人员的最初感觉。

② 顾客对推销人员的神情认知。顾客对推销人员的第二个感觉,来自于推销人员的表情神态。即推销人员的面部表情、身体动作所表现出来的情感神韵所留给顾客的印象。人的面部表情是丰富多彩的,心理学家奥斯古(C. E. Osgd)认为人的面部表情可以归纳为愤怒、恐惧、厌烦、厌恶、悲痛、惊奇、期待、愉快、欢乐等九种。

心理学家撒耶(S. Thayer)认为,人的面部表情主要通过口形与眉毛动作表现出来。他列出了六种由口形与眉毛形状搭配而表现的情感,即平常、幸福欢乐、愤怒、残忍、悲痛、想控制别人或想控制与压抑自己内心真实情感的表情。

近年来,心理学家们认为,了解人的情感与心理活动的最好方法是研究人的目光。因为眼睛是心灵的窗口,目光可以表达比面部表情更丰富和更深奥的情感,可以交流与解读各种符号,具有表达人格特点的功能。例如,人们可以从他人的目光的瞄准点,目光的转移速度与转动间隔,目光的亮度与力度等分辨出勇敢与懦弱、轻浮与深沉、憨厚与狡诈、真实与虚伪等。当推销人员与顾客处于近距离的对视与交谈时,顾客往往可以根据自己的经验从推销人员的面部表情与目光神态中,确定对推销人员的感觉与印象,并完成对推销人员的感觉阶段。

③ 顾客对产品的感观认知。顾客对产品的接受过程,也总是先从外观观察与视觉感觉开始的。如顾客从产品实物的外观形态、结构尺寸、规格轻重、品种款式、颜色及其搭

配、装潢及商标等，或者根据推销人员展示的产品的照片图表所显示出的状态等对产品进行认识。当然，顾客还会通过手摸、鼻子闻、耳朵听甚至尝试等，对产品进行感觉。因此，产品的外观，尤其是包装成为产品推销中的一个重要因素。

(2) 顾客对推销的知觉阶段

知觉是顾客对推销进行认识的第二阶段。知觉是顾客在对推销进行反复感觉的基础上，由顾客的功能性器官对感觉进行综合性概括后所形成的认识。顾客对推销人员及所推销产品的知觉有以下几个特点：

1) 一般情况下，顾客能对推销产生正确认识。顾客是在经过反复、多方面的感觉，并经过大脑的总结与概括后才形成对推销的知觉的。因此，顾客对推销所形成的知觉应该是全面的、正确的，能正确地反映推销人员及所推销产品的真实情况。

2) 在某种情况下，顾客会对推销产生错觉。错觉是顾客对推销人员及推销的产品产生的错误知觉。在实际推销活动中，推销人员往往会发现顾客经常会对自己及所推销产品产生错觉，从而导致推销的失败。这是因为顾客在知觉过程中受到了各种因素的影响与干扰。这些因素有：

① 顾客的心理定式。心理定式是顾客知觉反应的一种准备状态，是影响顾客知觉的一种内在条件因素。心理定式对顾客的知觉起到了定向的作用。例如，一位在办公室里工作的人员因为经常受到推销人员的干扰，所以一听到敲门声，就会立即产生拒之门外的想法。也就是说这位顾客有了拒绝推销的心理定式，因此他根本不会详细地了解与认识推销人员及其推销的产品，他甚至不允许推销人员介绍产品，这就是心理定式对顾客知觉产生的定向影响。

② 顾客的欲望与期待。欲望与期待都是人的心理活动的动因。欲望是人的一种内在需求，是使人对某个事物的注意力集中的主要原因。期待是人们希望得到与盼望某种刺激出现的一种心理准备状态。由于人们有不同的需求，因而会产生不同的欲望与期待。当符合他的欲望与期待的事物出现时，他就会表现出兴奋与投入。当不符合他的欲望或是他并不期待的事物出现时，他就会反应冷淡及毫无兴趣。在推销人员接触顾客之前，顾客总是有着某种欲望与期待。只有做顾客期待的人才能受到顾客的欢迎。推销人员应努力使自己符合顾客的欲望，成为顾客所期待的人。

③ 顾客所处的时空环境。顾客对推销的知觉还受到顾客所处的时空环境与气氛情调的影响。因为时空环境会影响顾客的心境与情绪，因而会影响顾客对推销的正确知觉。例如，一个嘈杂的人来人往的地点，一个刚刚发生过争论与不愉快事情的场所，一个不久前在心理与思想情感上受到较大刺激而尚未恢复的人等，都不利于形成对推销人员及所推销的产品的正确的、全面的知觉。

④ 顾客的个人因素。顾客的世界观、价值观、思维方法、经验，尤其是由于经历而形成的对推销的偏激看法等，都会影响顾客对推销的正确知觉。

(3) 顾客对推销的认识阶段

认识是顾客在知觉的基础上，对推销所进行的总结与概括，它形成了顾客对推销的总体认识。顾客在认识阶段有以下特点：

1) 认识是顾客感觉和知觉的总结

顾客通过对推销人员和推销产品的感觉和知觉后，即完成了对推销的初步了解与熟悉的过程，认识就是顾客对推销的本质的透视与最后总结。顾客在详细听取了推销人员的介绍，经过亲自观察与使用推销的产品后，一般情况下，顾客会对推销人员的人品、素质、推销宗旨以及产品的优劣特征等有较详细的了解，并由此形成顾客对推销的总体看法。

2) 认识受顾客个性心理特征的影响

在推销实践中，推销人员往往发现顾客的认识与推销的本质有较大距离。这主要是认识受到顾客个性心理特征因素的影响。人的个性心理特征主要包括人的个性心理倾向性、气质、性格，态度、兴趣爱好、理智与情感、知识与能力，志向与理想、价值与道德观念等。如有人会因缺乏经验而进行错误的购买，有人会因为面子与义气而购买了质次价高的产品；有人因为个人私利导向而购买了不该购买的产品等。这些都是因为顾客个人的基本态度与世界观的表现不同而引起的差异，为此推销人员必须尽可能详细的了解每一位具体顾客。

(4) 顾客对推销的记忆阶段

记忆是顾客对推销人员及所推销的产品进行认识的第四个阶段，是顾客对与推销有关的信息有了初步接受后的储存保留阶段。储存于顾客头脑中的推销信息，在一定场合与提示物的作用下，会因联想而再现。记忆是顾客在认识与接受推销过程中，对推销的又一次概括。顾客在记忆阶段的认识特点有：

1) 记忆是顾客对推销的高度概括

在推销过程中，推销人员总是尽力向顾客提供很多信息。但顾客只是把他认为重要的信息加以记忆。而信息资料的重要性，往往是以推销产品与顾客需求之间的关系的密切程度为标准而划分的。

2) 记忆的选择性与差别性

顾客在记忆阶段，总以自己的标准、经验、能力与经历等为依据，对推销的信息加以选择后再进行记忆。由于选择的标准不同，不同的顾客对同一推销的记忆是不同的，这就是记忆的差别性。但顾客会把推销人员给他的最深刻的认识，最突出的内容加以记忆。而且认识越深刻，记忆就越牢固。

3) 顾客的印象与再现

经过认识与选择的事物会在顾客头脑中形成整体印象，印象是推销留在顾客心目中的总体概括与形象。当顾客感到需要或一旦出现某种提示物后，顾客就会把头脑中的印象与眼前的需求或提示物联系起来，从而为购买提供信息。如果顾客记忆中对推销的印象是好的，则顾客决定购买的可能性就大。如果留给顾客的印象不佳，则将给推销产生不利的影响。因此推销人员必须研究如何给顾客留下好的印象。

4) 影响顾客记忆与印象的因素

① 首因效应。首因是指推销人员或推销产品给顾客留下的第一印象，第一印象对顾客的认识所产生的影响为首因效应。推销心理学认为，第一印象在顾客对推销的记忆过程中具有不可逆转的影响，影响到顾客的推销认识的全过程，即顾客对推销的认识往往是"先入为主"的。

② 近因效应。近因是指推销所给予顾客在时间上最靠近、认识上最深刻、最易记忆的印象。由于近因是在顾客的记忆时间里距离现在最短的、最新鲜的印象，因而不易淡忘，对顾客的认识有较大影响。近因往往是推销人员留给顾客的最后的记忆。因此推销人

员应重视"告别"时留给顾客的印象。

③ 价值效应。价值效应是指顾客在选择记忆时，以自己的价值观念为标准，决定对推销进行记忆取舍以及产生的影响。因此凡是与顾客价值观念一致或相近的推销。就容易给顾客留下良好的、不易被淡忘的印象与记忆。

④ 刻板效应。刻板是指由于人们认识的惯性作用，使已经形成的印象在一般情况下不易改变，相对顽固地保留在顾客记忆中并由此而产生的影响。没有较大的刺激，没有较强的力度，很难改变人们头脑中已经形成的印象。

⑤ 加强效应。加强效应是指当顾客留在记忆中的印象，是由两种以上因素所形成时，这个印象就会按几何级数规律在顾客头脑中得到加强与放大，而不会轻易忘掉。

⑥ 光辉效应。光辉效应是指顾客在认识过程中会按照某个逻辑对推销人员进行印象推理，如名人效应、多数人效应、历史效应等都是光辉效应的例子。推销人员要想给顾客留下好的难忘的印象，就必须研究顾客的逻辑推理原则与推理习惯，并在推销中加以应用。推销人员应具体研究顾客的认识规律，努力给顾客留下一个好的印象与认识。

（5）顾客对推销的态度与行动阶段

人在对事物有了认识后，便有了对待事物的态度，而态度又会指挥人的行动。顾客对推销的态度是顾客对推销认识的最后阶段所形成的心理活动内容。

1）态度的统合性

态度的统合性是指顾客态度的形成是以顾客对推销认识的所有阶段为基础而形成的，是顾客对推销认识过程的所有心理活动的综合。当顾客对推销人员及产品有了明确的态度时，已经是顾客对推销认识的最后表现。所以，如果推销人员没有充分把握确认顾客已经对推销有很肯定的积极的态度时，不要轻易地让顾客表态。因为顾客一旦表了态，等于宣告推销活动告一段落，甚至是宣告推销过程的结束。

2）态度的媒介性

态度的媒介性是指顾客态度起到了把前段心理活动过程与后段行动过程相联结的作用。态度既是顾客前段心理活动的总结，又是后段购买行为（或者是不买）的准备。推销人员必须时时刻刻从各个方面注意顾客态度的变化，逐步改变顾客对推销反对或者冷漠的态度，通过整体推销活动的开展，促使顾客接受推销，完成对顾客态度的转变过程。

3）态度的压迫性

态度的压迫性是指在推销过程中，推销双方的态度会使对方在心理上有压迫的感觉。因为态度总是很鲜明地指向某个具体对象，总会给对方造成心理压力。如推销人员对顾客热情诚恳，会给顾客一种信任感，会使顾客感到来自情感与道德的双重感染的压力而令顾客接受推销；相反，如果推销人员给顾客一种高傲、生硬、圆滑、缺乏真诚的感觉时，顾客会产生被轻视、被强迫、被欺骗的感觉，因而会引发顾客的逆反心理与防卫心理，顾客就会千方百计地拒绝推销。而当顾客打算拒绝推销时，任何推销技巧都将无济于事。

4）态度的一元性

态度的一元性是指态度变化的连续性与一贯性。态度的形成与变化是以链条式的状态进行的，一般不是跳跃式的突变，而且每一个变化都是有原因有过程的。推销人员必须研究并通过一系列推销活动引导顾客态度的转变，使顾客对推销的态度由陌生到熟悉，由冷漠到有兴趣，从无所谓到留下良好印象，促使顾客对产品产生强烈的好感与占有欲望。推销人员必须在推销活动前制定一系列周密计划和有针对性的策略，使推销活动中的各个环节环环相扣，形成一个能够对顾客态度实施转变的整体活动。

5) 态度的行动性

顾客对推销形成明确态度后，一般都会采取行动以落实其态度，而且态度越明确、越坚决，行动就越果断，采取行动的时间亦会越提前。推销人员应在确认顾客有了明确的态度后，不失时机地促成顾客的购买行动。对于推销活动而言，顾客采取购买行动才是态度转变的一个阶段性的结束。总之，推销人员在推销过程中，应深入研究顾客对推销的心理认识过程，同时，应十分注重自己的态度与表现，才能成功地进行推销。

7.2.3 影响顾客购买决策过程的主要因素

(1) 人口统计因素

此因素包括年龄、教育程度、收入、职业、性别、婚姻状况、居住区域等。

1) 年龄

不同年龄阶段的消费者，由于生理、心理和社会差异的存在，导致了各自特有不同消费特点与购买行为。

儿童的消费心理多半处于感情支配阶段，购买行为以依赖型为主，但有影响父母购买决定的意向。表现为从纯生理性消费需要逐渐发展为带有社会内容的消费需要，从模仿型消费发展为带有个性特点的消费，消费情绪从不稳定发展到比较稳定。

少年时期是依赖与独立、成熟与幼稚、自觉性和被动性交织在一起的时期，表现为喜欢与成人比拟，购买行为的倾向性趋向稳定，从受家庭的影响逐步转向受社会的影响。

青年是仅次于少年儿童的另一个庞大的消费者群体，他们具有较强的独立性和很大的购买潜力，他们的购买行为具有扩散性，表现追求时尚与新颖，突出个性与自我，冲动性购买多于计划性购买，购买中注重情感、直觉的选择。

中年是社会的中坚，阅历广，生活经验丰富，社会负担、家庭负担重，家庭支出也比较大。表现为理智胜于情感，冲动性购买较少，购买有主见，不易受外界影响，消费需求稳定，注重商品的实用性和便利性。

老年人渴望健康长寿，他们对医疗、服务、娱乐等有特殊的需求，消费谨慎、注重实效，遵从消费习惯，相信经验，购买商品要求方便，有补偿性消费的特点。

2) 教育程度

受过高等教育的消费者会比受教育较少的消费者更充分地运用决策过程。受过高等教育的消费者知道收集和利用各类有用的信息。他们在做出决策以前对可供选择的对象及其特征进行全面的研究。通过适当的推销宣传，可能将新的产品劳务卖给受过高等教育的消费者。受教育少的消费者花在搜集或评价信息资料上的时间是很少的，这类消费者较少购买新的产品或劳务。

3) 收入

中等收入的消费者比其他任何收入水平的人更充分地运用购买决策过程。低收入的顾客常常购买高知名度品牌的产品，而不去查看可供选择的全部产品。因为高知名度品牌的产品质量稳定可靠。高收入的顾客在购买前要查看各种各样的产品或劳务，在搜集资料方面却不像中等收入的人那样认真，因为价格对他们来说并不是最重要的因素，而且不满意的商品还往往可以更换。中等收入的消费者是关心价格的，他们对各类信息资料很重视，慎重地对购买对象进行选择和评价。根据20世纪90年代中期我国城镇居民收入状况，有关专家认为，按收入标准目前我国城镇居民家庭可分为五种类型：即贫困型（家庭年收入在5000元人民币以下）、温饱型（家庭年收入在5000～10000元）、小康型（家庭年收入1～3万元）、富裕型（家庭年收入3～10万元）、富豪型（家庭年收入在10万元以上）。其中贫困、温饱型家庭占居民家庭总数的38%，属于低收入者；富裕、富豪型家庭占居民家庭总数的7%，属于高收入者，而其金融资产占城镇居民家庭金融资产总额的比重达32%。这表明我国城镇居民收入差距拉开，按收入划分消费者群更具有典型意义。

4）性别

消费者的性别对购买决策过程有影响。一般地说女士比男士容易说服，也比男士更善于选购。推销员应善于了解和观察家庭中哪些商品的购买是由男性或女性承担的，哪些产品是由夫妇双方共同决定并参与购买的以及哪一方在购买决策中有更大的影响力。

5）居住区域

消费者的居住地点对购买过程有影响。农村和郊区的消费者总是在同一时间选购很多东西。他们往往事先编制详细的购货清单，主要利用社会的和商业信息资料，商品的使用价值对他们很重要。城市消费者选购次数较多，而每次购买只很少时间。这些消费者的购买有些是无计划的，但厂店的推销宣传、对顾客的诱导、承诺对顾客的随意性购买影响较大。

（2）生活方式

生活方式是指人们在世界上的生活形态，集中表现在他们的活动、兴趣和思想见解上。它包括个体的活动、兴趣、主张（看法）、文化群、社会阶层、相关群体、家庭生命周期、个性、动机等要素。

1）消费者在购买过程中由于生活方式不同而购买行动也不一样，人们可以通过消费者的活动、兴趣和见解（Activities Intand Opinions，即AIO）来研究购买行为。一个人的活动、兴趣和见解共同对购买行为发生影响，应该通过AIO的详细记载，把那些从事全面调查商品信息资料的消费者和那些只作局部调查的消费者加以区别。

2）文化群、社会阶层、相关群体等是反映生活方式特征的社会尺度。文化群是指具有特殊价值观念和文化传统的人群。社会阶层是一个文化群内的人的等级。相关群体指影响人的思想和行动的群体。不同的文化群体具有各自的价值观念、社会规范、风俗、爱好和习惯，因而对商品的偏好和购买决策的方式也不同。推销员应认识到这种差别，有针对性地满足不同文化群体顾客的需要。例如，针对北美和西欧许多居民饲猫、喂狗、养鸟的风俗习惯，江苏一些乡镇企业利用本地柳条资源，加工成各种各样狗窝、猫窝和鸟笼，一举成功。

3）家庭生命周期表明一个典型家庭从单身逐步发展到结婚、有子女，直到退休独居的全过程。家庭生命周期的各个阶段，其需要和收入都有变化，因而购买决策过程的运用也各不相同。

4）个性、动机和表现是个人生活方式的几个方面，对购买行为有影响。个性是人的性格和气质的总和，它使人具有独特性。消费者的个性特征会影响购买决策过程。一个急躁的人购买过程就短，而有些缺乏自信的人购买过程就长。孤独的人和爱炫耀的人会找寻不同类型的信息。

一个人在不同角色中的表现，决定了他是否会得到社会的欢迎，并且影响到购买决策过程。一个良好的工人、父母、市民等角色会受到与他们同等地位的人的尊重。这种人从同等地位的人中搜集信息。在大众化商店购买社会上满意的产品。而表现不好的上述角色得不到同等地位人的尊重。这种人会采取下述几种反应中的一种：努力模仿同等地位的人，企图获得他们的尊重，或者离群索居，或是设法超过同等地位的人。每种反应都可能采取，不同的反应会使购买过程的运用有所不同。

5) 购买的重要程度和时间上的限制对消费者的购买决策过程也有影响。当一种购买在经济上或社交上具有重要意义时，其决策过程的运用要比不重要的购买仔细得多。例如，一个消费者认为买一双档次较高的皮鞋对他很重要（出席重要社交活动或约会），他可能到好几家商店去挑选。另一个要买这种皮鞋的顾客只把它看作正常增添一双鞋，就可能只到一家商店去随便看一下。

消费者运用决策过程往往受可利用时间的限制。虽然一个人在购买前要收集大量的信息资料，但由于时间不够只能收集很少的资料，甚至不能收集，因而购买决策主要依赖过去的经验。消费者缺乏经验时所作决策不满意的可能性就会增加。一个成功的推销员不仅要对消费者的需要、动机、购买决策和购买行为的特点及规律性有比较全面、深入的认识和了解，更重要的是以对这些特点和规律性的认识为基本出发点，结合自己所经营产品的特性，探讨有效激发顾客购买欲望的策略，进而取得理想的推销效果。

激发顾客购买欲望的过程实际上是刺激顾客需求使顾客形成购买动机，并通过一系列的推销、介绍、说服和诱导活动，使消费者的购买动机不断强化的过程。动机得以强化的结果是顾客主动地购买了产品。

从分析消费者的购买决策过程我们已经认识到，顾客之所以要搜集许多信息，从事购买决策活动，主要原因在于顾客希望在实际购买之前就澄清与购买有关的他们最关心一些问题。这些问题可以概括为：①准备购买的某种产品能为他带来哪些好处，或者说能满足他哪些方面的需要。②如果购买了这种产品，有可能给他造成哪些风险损失。例如，购买后发现自己以较高价格支付货款，或者自己所购产品在质量、性能以及品牌声誉等方面不如其他某一品牌的产品，导致后悔。

所以，激发购买欲望的核心就是通过一系列活动，使顾客确信他需要这种产品或这种产品是满足他某些需要的理想选择；同时使顾客感到购买后他所预期的风险损失可以减少到最小限度。

7.3 推销系统以及推销方格理论

市场竞争的日趋激烈和顾客需求的多变性、复杂性，使得推销工作的难度进一步增大，这种推销环境对推销员提出了更高的要求。从系统的观点看，现代推销理论和实务是社会系统、技术系统、知识系统、思维系统和人机系统的复合体。如果推销人员不用系统的观点来看待自己的企业、看待顾客和推销系统活动，他很可能在工作中顾此失彼，或者不能正确处理局部和整体的利益、眼前和长远的利益等其他关系。因此，用系统的观点来武装推销人员，把系统理论作为现代推销学的方法论，是建立现代推销学理论体系首先要考虑的问题。

7.3.1 系统的概念

系统是指由相互联系、相互作用、相互依赖的若干组成部分或子系统结合成的、具有特定功能或目的的有机整体，而这个有机整体又从属于一个更大系统的组成部分，"总体"和"若干组成部分"的"相互联系"，正是系统论的基本观点。

系统按其性质不同大致可分为五类：①自然系统。即自然界本来存在的系统。如太阳系、生态系统等。②社会系统。即社会领域存在的系统。如一个国家、一个集团等。③思维系统。即人类思维领域存在的系统。如一门学科、一种理论体系等。④人工系统。即为达到人类某种目的而建立起来的系统。如交通运输、经济、文化、教育等。⑤复合系统。即人工系统和自然系统组合而成的系统。如人机系统、城市系统等。推销学是人类思维系统下属的一个子系统，它反映了作为人工系统子系统的推销活动理论体系。推销学的研究既要受思维系统内其他相关子系统的影响和制约，又要受制于其他系统的现状和变迁。

7.3.2 推销系统

推销系统是由相互联系、相互作用、相互依赖的各种推销思维活动和推销实践活动结合而成的，旨在促进和实现企业产品销售的有机整体，它是市场营销组合系统的一个子系统。因此，一个企业产品的推销效果不仅取决于推销系统各构成要素的状况、水平和协调程度，而且还在很大程度上受制于营销组合系统的其他要素。而营销组合系统又是市场营销系统的一个子系统，它的状况又受市场营销系统其他构成要素的影响和制约。

作为优秀的推销员除了能够正确把握推销系统内的诸要素对推销效果的影响，还应该了解比推销系统高的若干层次系统对推销活动的影响作用特点，并以满足顾客需求适应竞争需要为出发点，向企业各级有关领导和部门提出合理的建议、反馈市场信息，为实现企业营销系统效果的整体优化贡献力量。所以，推销员很有必要了解市场营销系统、市场营销组合系统和推销系统的构成要素及其联系特点。

（1）市场营销系统

由于市场营销活动涉及诸多方面的活动、要素、参与者及影响因素，因而，它不是一个单一系统而是一个有若干层次系统的复合系统。营销系统作为企业系统的一个重要组成部分，它的基本功能及其与企业其他子系统营销环境的联系作用关系。营销系统由五个子系统所组成，这五个子系统之间相互联系和制约，它们又各自同企业其他子系统及营销环境中的各要素发生联系。而推销系统的目标及功能基本上同促销策略子系统的作用相吻合。促销系统是营销组合系统的子系统，推销系统是促销系统的一个子系统。

市场营销系统与营销组合系统的关系是：营销组合系统是营销系统的一个子系统，营销组合系统要按照营销系统在一定时期内规定的活动目标、要求、范围和程序来确定系统内的营销组合策略及活动安排。

（2）市场营销组合系统

市场营销组合系统是连接企业营销规划、战略、计划和企业具体营销活动的纽带，通过制定营销组合策略和具体的产品、价格、渠道、促销策略，把抽象、概括的营销战略规划转化为具体的营销行动。

市场营销组合系统由产品策略系统、价格策略系统、渠道策略系统、促销策略系统及服务策略系统五个子系统组成。这些相关子系统的状况和水平对促销系统的活动效果有着直接、重要和实质性的影响，在某些特殊情况下甚至有决定性的影响作用。因此，推销员要注意观察、分析营销组合系统各子系统的活动对推销活动的影响特点，采用前馈控制方式，把不利于推销的各种因素减少到最低限度。

(3) 推销系统

推销系统作为市场营销组合系统及其下属促销系统的子系统，有自己特定的活动目标、独立的活动方式、活动内容和活动体系。推销系统既是一个信息传递系统，又可以被理解为推销活动系统，还可将它视为一个完整的思维系统，它是这三类系统的统一体。但是，推销过程中信息传递的特点和基本思维方式往往通过推销活动系统得到充分的体现或反映，所以我们只要重点研究推销活动系统的特征，就能较为完整地认识这三类系统的联系特点。

推销系统包括以下六个相互联系、相互制约的子系统或构成体。

1) 推销情报系统

当企业的营销战略和营销组合策略确定后，推销员要在企业所确定的目标市场范围内，结合自己所销售产品的特点，了解、分析推销环境对推销活动的影响，调查顾客的具体需求特点和购买力状况，寻找潜在客户并明确主要竞争对手，以取得市场销售的主动性。但推销情报系统所要调查和储存的信息远不如营销情报系统那样全面和广泛。

2) 顾客购买行为及竞争对手状况分析系统

推销员在搜集必要的信息基础上，开始分析目标顾客以及竞争对手的状况，以进一步有效地吸引、说服和诱导顾客确定优于竞争对手的推销计划和策略。

3) 推销活动计划系统

商场好比战场，推销活动也如同上战场一样，必须建立牢靠的作战方针。该方针包括：推销路线的开拓计划；拟定与特定客户要求相适应的、可行的推销计划；考虑损失最少、效果最好的拜访计划；选择相对合理的拜访路线等。

4) 推销必备的知识系统

推销人员获得成功的关键是对人的认识及对商品知识的了解，而其根本是先培养自身的品德个性和礼仪修养，因为推销的第一步是推销自己本身。其次，推销员知识的准备是将商品知识、推销技巧牢记在心。第三步是对于客户的需求、价值观、喜好等必须有深刻的认识。

5) 有关物品的准备

客户的资料、样品、价格表、示范器材、幻灯片、录像带、契约、印鉴等在推销活动中所需要的物品，都应在活动进行前准备完善。

6) 推销计划的实施与完善

推销员在做了上述准备工作后，开始运用一定的推销方法和技巧与客户发生联系，对客户施加一定的影响力，从而进一步加深主顾双方的了解和理解，检验推销计划的合理性，为新一轮的推销系统活动以及推销计划的制定提供依据。推销员应牢记推销系统的这些构成要素，这些构成要素是推销成功的必备要素；同时要了解他们彼此间的相互联系和制约关系及其对整个推销活动效果的影响特点。

7.3.3 推销方格理论

美国管理学家布莱克（R. R. Blake）和穆顿（J. S. Mouton）教授于1964年提出管理

方格（Manngerial Grid）理论，而后于1970年将这种理论具体应用于推销领域中，形成了一种新的推销技术理论，即推销方格（Sale Crid）理论。在西方国家，这种理论被看作是推销学基本理论的一大突破，被广泛地运用于实际推销工作中，并取得了显著成效。

（1）推销方格

推销人员在实际推销活动中，心里至少装有两个明确的目标：①千方百计说服顾客，达成有效的买卖关系，完成销售任务；②尽可能地满足顾客的心理需求，力争与顾客建立良好的人际关系。推销员追求这两个目标的心理愿望各不相同，有时同等地对待它们，有时比较注重追求其中的一个目标。这两个目标不同程度上的组合，便形成了不同的推销心态。如果将这两个不同的概念以纵横两轴来表达，所得的图形就是所谓的"推销方格"。

布莱克和穆顿从推销学的角度出发，将"推销方格"用一个平面坐标系中第一象限的图形来表达，其中纵坐标表示推销人员对顾客的关心程度，横坐标表示推销人员对完成销售任务的关心程度。纵坐标分为九等份，取坐标数值的两级和中间值，揭示了推销人员心理的事不关己型、顾客导向型、推销技巧导向型、强力推销型和满足顾客需求导向型等五种类型（如图7-1）。

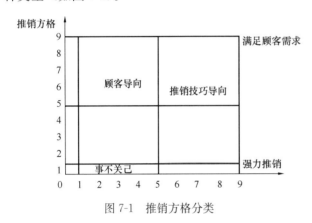

图7-1 推销方格分类

1）(1,1)型

这种推销心态为"事不关己型"。这类推销人员既不关心自己的推销工作，又不关心顾客的需求和利益，他们没有事业心，对工作缺乏责任感和成就感，没有明确的工作目的和奋斗目标，对顾客毫无热情，对其是否购买更是无所谓。这类推销人员不是企业所需要，也不是顾客欢迎的。产生这种推销心理态度的主要原因是企业没有明确的和科学的激励措施和规章制度，缺乏竞争压力，从而导致推销人员缺乏进取心。

2）(1,9)型

这种推销心态为"顾客导向型"。这类推销人员只注意关心顾客，不关心销售。他们在推销中千方百计地迎合顾客，为顾客着想，把建立和保持与顾客的关系作为工作目标，而将推销放在次要位置。这类推销人员可能会成为一个理想的人际关系专家，但不容易成为一名合格的推销人员。在推销过程中充分考虑顾客的要求，尊重顾客的意见固然重要，但顾客的意见必须是合理的正当的。一味地顺从或迁就顾客是不明智的，甚至是错误的。

3）(5,5)型

这种推销心态为"推销技巧导向型"。这类推销人员既关心推销效果，又关心顾客的需求和利益。他们清楚一味地取悦于顾客或强行推销，未必能获利成功。他们往往注重推销技巧，且工作稳重扎实，力求成交。从表面上来看，这类推销人员似乎是合格的、甚至是理想的推销员，但不容忽视的是，他们往往只注意迎合顾客的购买心理，并非真的考虑顾客的实际需要，常常是费尽心机的说服某些顾客高高兴兴的购买一些并不需要或对其毫无益处的产品。因此，这类推销人员可能是一位推销业绩较好的推销者，但用现代推销观念来衡量,并不是一位理想的现代推销专家。

4)(9,1)型

这种推销心态为"强力推销型"。这类推销人员的心理态度与(1,9)型推销员的正好相反,他们只关心推销商品的数量,而不考虑顾客的需求和利益,不关心顾客的实际需要,为了达成交易。他们千方百计地说服顾客,向顾客发起攻心战,有时甚至是不择手段,向顾客施加压力以强行推销。在推销中既不考虑企业也不考虑自身,因此达成交易概率极低。

5)(9,9)型

这种推销心态为"满足顾客需求导向型"。这类推销人员既关注推销效果,也关注顾客的需求和利益,既尊重顾客的购买心理,又关心其实际需要。因此,在进行推销时,会做好充分的准备,在最大限度地满足顾客需要的同时,取得最佳的推销效果。真正做到成交后双方都受益。这类推销人员的兴趣在于协助顾客做出精明的购买决策,而这一决策必须在长期来看能带给顾客最大的利益。他会与顾客一起工作,找出最能令顾客满意的服务和产品,他能贯彻始终,令顾客对他具有信心和相信他的热诚。

据美国《训练与发展》专刊报道,就推销绩效而言,(9,9)型推销人员比(5,5)型的高3倍,比(9,1)型的高7倍,比(1,9)型的高9倍,比(1,1)型的高75~300倍。因此,每一个推销人员都应自觉地运用推销方格理论来检查自己的推销心理态度,找出推销中存在的问题,有针对性地改进推销工作方法,培养正确的推销心理态度,提高推销效率。

(2)顾客方格

推销的成功与失败,不仅取决于推销人员的态度,同时也受顾客态度的影响。在购买活动中,顾客也至少有两方面目标。一是希望通过自己的努力获得有利购买条件,较好地完成购买任务;二是与推销人员建立良好的人际关系,为日后长期合作奠定基础。"顾客方格"同样用一个平面坐标系中第一象限的图形来表达,其中纵坐标表示顾客对推销人员的关心程度,横坐标表示顾客对完成购买任务的关心程度。顾客典型的心态也有五种:漠不关心型、软心肠型、自示型、防卫型和寻求答案型(如图7-2)。

1)(1,1)型

这种购买心态为"漠不关心型"。这类顾客既不关心推销员,也不关心购买行为,他们多为受人之命,自己没有购买决策权。或者害怕承担责任,往往把购买决策推给上级主管或其他人员。他们把购买视为麻烦事,万不得已才承接,对推销人员采取尽量回避的态度,对商品及其交易条件毫不在意。

2)(1,9)型

这种购买心态为"软心肠型"。这类顾客对推销员以及与推销员建立良好关系极为关注,对购买活动却并不十分在意。这些人或

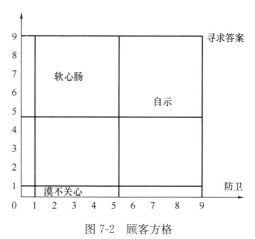

图7-2 顾客方格

是由于心地善良的个性特点,或是出于对推销人员工作辛苦的同情与理解,往往很重情

谊，为了维持自己与推销员之间的良好关系，为了保住面子，保持和谐气氛，或为了避免麻烦，他们会向推销员让步，宁肯自己吃亏而买下自己不需要或明知不合算的推销品。许多老年人和性格柔弱、羞怯的人都属于此类顾客。

3) (5, 5) 型

这种购买心态为"自示型"。这类顾客对推销员及自己的购买活动都呈现一定的关注，他们在购买时，头脑较冷静，考虑问题较周全，既重情谊也重理智；既会顾及到与推销员的关系，又会注意不使自己的购买吃亏；既尊重推销员，也注意维护自己的尊严；既喜欢倾听推销员的建议和意见，又不轻易相信他们。他们一般都具有一定的商品知识和购买经验，制定购买决策较慎重，不会轻易被他人意见所左右。这类顾客有时会与推销员达成圆满的交易，买到自己非常满意的推销品，但有时也可能会为了自尊、身份及其他原因购买一些自己并不十分需要或很不合算的推销品。对这类顾客，最好的说服办法是充分出具事实和证据，最好让他们自己做出购买决策。

4) (9, 1) 型

这种购买心态为"防卫型"。这类顾客对自己的购买活动极为关心，而对推销员却相当冷淡，甚至采取敌对态度。他们认为推销员都在欺骗顾客，在与推销员打交道时，采取一种本能的防卫态度，担心上当受骗。这类顾客之所以有这种心态，主要是由于他们对推销员持有偏见，或过分重视自己的利益。有时，他们以这种态度对待推销员，是因为他们根本不需要推销品，也根本不想与推销员成交；有时，即使他们真正需要推销品，他们也会采取这种态度，目的是与推销员讨价还价，少吃亏多占便宜；而有时他们持这种态度并非意味着他们对推销品需求不迫切或认为价格不合理，而只是因为他们对推销员的推销活动无法接受。对这类顾客，推销员必须首先成功地推销自己。

5) (9, 9) 型

这种购买心态为"寻求答案型"，这类顾客是成熟的消费者，他们不仅高度关注购买活动，而且高度关注推销员及其推销活动。他们会充分地考虑自己的购买利益和推销员的利益；他们尊重推销员及其工作，理解、体谅推销员工作的艰辛；他们把推销员看成是合作者，在购买前能够理智地进行购买决策，了解商品，熟知行情，明确自己的真实需要；他们有自己的观点，不轻易受他人及推销员意见所左右，他们乐于且希望得到推销员的观点和建议，因此，这类顾客是最明智、最成熟的顾客。

上面五种典型的顾客心态，可供推销员参考，值得注意的是，顾客心态并非一成不变，它会受环境及他人观点和态度的影响而变化。因此，推销员不仅应深入分析和掌握顾客心态，而且还应主动与顾客进行沟通，向顾客提供充足、真实的事实依据，引导树立正确的态度，双方配合，达成满意的交易，从而顺利完成推销任务。

7.3.4 推销方格与顾客方格的关系

推销方格与顾客方格并非相互独立，它们互相影响，互相作用，有着密切的联系，两者的组合在很大程度上左右着推销工作的绩效。

从推销方格的角度来说，(9, 9) 型推销员是最理想的推销员，其推销工作一般都能成功。因此，推销员应该努力学习，奋发工作，提高自身素质，向 (9, 9) 型标准看齐，争取成为最佳推销员。但是，其他类型的推销员并不是完全无法胜任推销工作，某些特殊条件下，针对某些特殊类型的顾客，除 (1, 1) 型以外的推销员也可以完成推销任务。例如，一个（1，9）型推销员虽不算理想，但他若是向（1，9）型顾客推销商品的话，则很容易达成交易，使销工作顺利完成。因为（1，9）型推销员十注重顾客的利益，而(1，9)型顾客又非常重视与推销员的良好关系，故双方会互谅互助，收到各自满意的效果（表7-1）。

推销方格与顾客方格关系表 表 7-1

顾客方格 推销方格	1，1	1，9	5，5	9，1	9，9
9，9	＋	＋	＋	＋	＋
9，1	0	＋	＋	0	0
5，5	0	＋	＋	－	0
1，9	－	＋	0	＋	0
1，1	－	－	－	－	－

表 7-1 是推销方格与顾客方格的组合，表示了不同类型的推销员与不同类型的顾客在推销过程中成败的结果，此结果仅作分析参考之用。因为通过自己的努力，完全可以改变自己的推销心态，成为优秀的推销员。在实际推销活动中，任何一种心态的推销员都可能接触到各种不同态度的顾客。如表 7-1 所示："＋"表示推销取得成功的概率高，"－"表示推销失败的概率高，"0"表示推销成功与失败的概率几乎相等。

本章内容总结：

推销，从广义的角度是指发出信息的人运用一定的方法与技巧，说服、诱导与帮助接收信息的一方接受自己的建议、观点、愿望、形象或产品等，使之按自己的意愿行事。从狭义的角度是指推销人员在变化的推销环境中，在一定的科学理论方法和程序指导下，旨在满足顾客需要，激发顾客购买欲望，不断促成购买行为的一项系统活动。

推销学的研究对象是在商品流通领域中，推销人员为满足顾客需求而最终实现商品交换活动的全过程及其内在规律性、条件、技巧和管理。

推销是运用说服的手段，满足人们的需求。人们只会对能满足其需求的产品感兴趣，人们因为需要而了解信息，因为需要而购买，为此，要想推销产品，必须寻找到需要它的顾客。想让顾客购买产品，就必须让顾客相信你的产品能最好地满足其需要。

核心概念：

推销；推销学；顾客需要；购买行为分析；推销方格；系统

课堂讨论：

（1）为什么学习推销？
（2）推销方格理论在实践中有何指导意义？
（3）推销系统属于什么系统的子系统？
（4）顾客的需要有哪些？
（5）从几方面顾客的购买行为进行分析？

课后自测：

一、单项选择题

1. 推销的两大主体包括推销人员和（　　　）。

A. 推销品　　　　　　　　　　B. 推销对象
C. 推销信息　　　　　　　　　D. 推销要素

2.（　　）是商品推销的无形资源，是保证推销成功的关键。

A. 推销员　　　　　　　　　　B. 推销品
C. 推销信息　　　　　　　　　D. 推销媒介

3.（　　）是销售人员的首要任务，但并不是唯一的任务。

A. 与顾客沟通　　　　　　　　B. 销售商品
C. 推销自己　　　　　　　　　D. 提供优质服务

4."要买就卖，不买就拉倒"的心态，属于（　　）的推销心态。

A. 解决问题型　　　　　　　　B. 推销技巧型
C. 强力推销型　　　　　　　　D. 无所谓型

5. 顾客导向型推销人员不是优秀的推销人员，但当他推销的对象是（　　）的顾客时，本次推销可以取得圆满的成功。

A. 软心肠型　　　　　　　　　B. 干练型
C. 寻求答案型　　　　　　　　D. 漠不关心型

6.（　　）购买心态的顾客是最成熟、最值得称道的。

A. 软心肠型　　　　　　　　　B. 干练型
C. 寻求答案型　　　　　　　　D. 漠不关心型

二、多项选择题

1. 推销方格分为（　　）。

A. 管理方格　　　　　　　　　B. 推销人员方格
C. 顾客方格　　　　　　　　　D. 以上都不是

2. 处于（　　）心态的推销人员表现出对顾客的关心。

A. 解决问题型　　　　　　　　B. 推销技巧型
C. 强力推销型　　　　　　　　D. 顾客导向型

3. 处于（　　）心态的顾客表现出关心自己的购买行为和结果。

A. 软心肠型　　　　　　　　　B. 干练型
C. 寻求答案型　　　　　　　　D. 防卫型

三、简答

1. 什么是推销？
2. 推销方格理论是什么？
3. 推销系统包括哪些内容？
4. 顾客的需要都有哪些方面？
5. 推销的研究对象及内容是什么？

案例分析：

一次不成功的推销

推销员：这件衣服对您再合适不过了，您穿蓝色的看上去很高贵，而且这件样式也正是您这种工作所需要的。

顾客（犹豫）：不错，是一件好衣服。

推销员：当然了，您应该马上就买下它，这种衣服就像刚出炉的热蛋糕，您不可能买到更好的了。

顾客：嗯，也许，我不知道。

推销员：您不知道什么？这是无与伦比的。

顾客：我希望你不要给我这么大的压力，我喜欢这件衣服。但我不知道我是否应当买别的颜色的衣服，我现在已有一套蓝色的了。

推销员：照照镜子，难道您不觉得这件衣服给了您一种真正的威严气质？如果您可以承受得了，而且60天之内您可以不必付款。

顾客：我还不能确定，这得花很多钱。

推销员：好的，但当您再回来时或许这种衣服已没货了。

分析思考：

(1) 你认为推销员是否了解顾客的需求所在？

(2) 应如何了解顾客的需求？

(3) 顾客的购买主权是否得到了尊重？

(4) 应如何帮助顾客从感性和理性两个方面去认识服装商品？

8 推销的模式

能力目标：

通过本章学习，你能够：
1. 熟知各种推销模式；
2. 掌握各种推销模式应用的要点；
3. 能树立良好推销心态和自信心。

案例导读：

卖 刀

卖刀者在街边设摊。他一边大喊"阳江菜刀，可以砍铁"，一边用一把菜刀砍一根小铁条，刀不卷刃，不缺口。观者喝彩。他继续说："这是特制传统菜刀，工艺、造型特别，一年只能生产2000把。"一位老者说："就是贵一点。"卖刀者答："物以稀为贵。买一把再送一把阳江小刀。"小刀精致美观。于是老者购刀而去。

推销模式是根据推销活动的特点和对顾客购买活动各阶段心理演变的分析以及推销人员应采用的策略等进行系统归纳，总结出的一套程序化的标准公式。

在推销实践中，由于推销活动的复杂性，市场环境的多变性，推销人员自身能力的差异性，推销人员要针对具体的推销目标，灵活运用这些推销模式。既要掌握推销活动的基本规律，又不被标准化的推销模式束缚，才能提高推销效率。

8.1 爱 达 模 式

8.1.1 爱达模式的含义

爱达模式即 AIDA 模式，AIDA 为 Attention（引起注意）、Interest（唤起兴趣）、Desire（激发欲望）、Action（促成购买）的首字母，它是国际推销专家海因兹·M·戈德曼总结的推销模式。它的具体含义是指一个成功的推销员必须把顾客的注意力吸引或转移到产品上，使顾客对推销人员所推销的产品产生兴趣，刺激顾客产生购买欲望，然后再促使顾客采取购买行为，达成交易。

爱达模式是最具代表性的推销模式之一，被认为是国际成功的推销模式。它表明了推销过程需要经历的 4 个最基本的阶段：引起顾客注意→唤起顾客兴趣→激起顾客的购买欲望→促成顾客的购买行为。爱达模式总结的四个步骤，被认为是成功推销的四大法则。由于推销活动复杂，市场环境多变，爱达模式各步骤的完成时间和先后次序也并非固定不变。在完成时间上，有时可能需要数月，有时可能仅需几分钟；在先后次序上，各步骤有时可交织在一起，有时则侧重于某一方面，有时甚至会出现跳跃，省略某一步骤直接进入下一阶段。但不论如何，促成交易的可能性总是存在的。推销人员掌握推销活动过程的规律,灵活地运用爱达模式,对做好推销工作是非常有利的。

8.1.2 引起顾客注意

所谓引起顾客注意,是指推销人员通过推销活动刺激顾客的感官,使顾客对推销人员和推销品有一个良好的感觉,促进顾客对推销活动有一个正确的认识和有利于推销的正确态度。

在推销活动中,推销人员面对的顾客有不少是被动的,甚至是有抵触情绪的。一般而言,在推销人员接近顾客之前,顾客大多数是对推销人员和产品处于麻木状态,他们的注意力只放在自己关心和感兴趣的事物上。因此,推销人员必须尽其所能,想方设法吸引顾客的注意力,以便不被拒绝,如推销人员可以通过精心设计自己的形象、精辟的语言、得体的动作、富有魅力的产品和巧妙的提问等,来引起顾客的注意。

在推销活动中,要唤起顾客对推销品的有意注意,推销人员必须营造一个使顾客与推销品息息相关的推销环境,并让顾客感觉自己是被关注的中心,自己的需求和利益才是真正重要的,即在突出顾客地位的同时宣传了推销品。这样,就可以强化推销品对顾客的刺激,使顾客自然而然地将注意力从其他事情上转移到推销活动上来。

【案例8-1】

引起顾客的注意

一个推销人员面对顾客,开口总是说:"我是××公司的销售代表,这是我的名片。我们公司生产的××产品,性能优良,质量稳定,希望你考虑购买我们的产品。"这种开场白使顾客感觉到围绕话题的中心是推销人员及推销品。接受推销、购买产品也是推销人员所希望的事,与顾客无关,由此会导致推销人员总是遭受拒绝和冷遇。如果在一开始就让顾客感觉到自己是被关注的中心,自己的需要和利益才是真正重要的,那么气氛就会不同。"久闻大名,大家都希望能为您做点事情。这是我的名片,希望能为您效劳。"最冷漠的顾客也会受到感动,从而将注意力集中起来。可见,吸引住顾客眼球,引起顾客好感和注意,是推销成功的关键一步。

8.1.3 唤起顾客兴趣

兴趣是一个人对某一事物所抱有的积极的态度。对推销而言,兴趣就是顾客对推销产品或购买所抱有的积极态度。在推销活动中,顾客对产品产生的好奇、期待、偏爱和喜好等情绪,均可称为兴趣,它表明顾客对产品做出了肯定的评价。顾客由于对推销人员及其产品的兴趣而使其注意力更加集中。

唤起顾客兴趣在推销活动中起着承前启后的作用,兴趣是注意的进一步发展的结果,又是欲望的基础,兴趣的积累和强化便是欲望。如果推销人员在推销活动中不能设法使顾客对产品产生浓厚的兴趣,不仅不会激发顾客的购买欲望,甚至还会使顾客的注意力发生转移,致使推销工作前功尽弃。

唤起顾客兴趣的关键就是要使顾客清楚地意识到购买产品所能得到的好处和利益。推销人员可以通过对产品功能、性质、特点的展示及使用效果的演示,向顾客证实所推销的产品在品质、功能、技术等方面的优越性,以此来诱导顾客的购买兴趣。

【案例 8-2】

唤起顾客兴趣

华人首富李嘉诚，年轻时曾做过塑胶洒水器的推销人员。在他的推销生涯中曾有一则故事：一天，李嘉诚走访了几家顾客，都无人问津货品，于是，他灵机一动，对顾客说洒水器出了点问题，想借水管试一下。征得同意后，李便接好洒水器，在顾客办公室表演起来。结果，吸引了办公室的工作人员，一下子就卖掉了十几个。这种戏剧性的表演，有时能取得意外的效果。想想看，这种形象化的推销形式，你推销时可否一试？

8.1.4 激起顾客的购买欲望

购买欲望是指顾客通过购买某种产品或服务给自己带来某种特定的利益的一种需要。一般来说，顾客对推销产品发生兴趣后就会权衡买与不买的利益得失，对是否购买处于犹豫之中。这时候推销人员必须从认识、需要、感情和智慧等方面入手，根据顾客的习惯、气质、性格等个性特征，采用多种方法和技巧，促使顾客相信推销人员和推销的产品，不断强化顾客的购买欲望，即激起购买欲望。

激起顾客的购买欲望，就是推销人员通过推销活动的进行，在激起顾客对某个具体推销内容的兴趣后，努力使顾客的心理活动产生不平衡，使顾客产生对推销内容积极肯定的心理定式与强烈拥有的愿望，使顾客把推销内容的需要与欲望排在重要位置，从而产生购买欲望。推销人员可以通过向顾客介绍、提供些有吸引力的建议、说明事实等方法，来达到激起顾客购买欲望的目的。

推销人员通过推销活动激起顾客兴趣并产生强烈拥有的愿望，但是否决定最终购买，他还要权衡利益得失，此时推销人员应根据顾客特征采用多种方法和技巧，促使顾客相信推销人员的推销品，不断强化顾客的购买欲望。

8.1.5 促成顾客的购买行为

促成购买是指推销人员运用一定的成交技巧来敦促顾客采取购买行动。有些顾客在产生购买欲望之后，往往不需任何外部因素的促进就会作出购买决策。但是在通常情况下，尽管顾客对推销产品发生兴趣并有意购买，也会处于犹豫不决的状态。这时推销人员就不应悉听客便，而应不失时机地促进顾客进行关于购买的实质性考虑，帮助顾客强化购买意识，进一步说服顾客，培养顾客购买意志倾向，促使顾客进行实际购买。促成购买是在完成前面三个推销阶段后进行的最后冲刺，或者让顾客表态同意购买，或者虽做不成交易，但要暂时结束洽谈。

由于市场环境是千变万化的，推销活动也随之而复杂多变，4 个步骤的先后次序也不必固定，可根据具体情况适当调整，可重复某一步骤，也可省略某一步骤。每一个推销人员都应该根据爱达模式检查自己的销售谈话内容，并向自己提出以下问题：能否立即引起顾客的注意；能否使顾客对所推销的产品发生兴趣；能否激起顾客的购买欲望；能否促使顾客采取最终购买行动。

爱达模式从消费者心理活动的角度来具体研究推销的不同阶段，不仅适用于店堂推销，也适用于一些易于携带的生活用品和办公用品的推销，还适用于新推销人员对陌生顾客的推销。

8.2 迪伯达模式

8.2.1 迪伯达模式的含义

迪伯达模式也是推销专家海因兹·M·戈德曼根据自身推销经验总结出来的一种推销模式。"迪伯达"是六个英文单词的第一个字母组合在一起（DIPADA）的译音，这六个单词代表迪伯达模式的六个推销步骤，即准确发现顾客的需要和愿望（Definition）；把顾客的需要与推销品紧密结合起来（Identification）；证实推销品符合顾客的需要与愿望（Proof）；促使顾客接受推销品（Acceptance）；刺激顾客的购买欲望（Desire）；促使顾客采取购买行动（Action）。

迪伯达模式与传统的爱达模式相比，被认为是一种创造性的推销模式，被誉为现代推销法则。该模式的要诀在于：先谈顾客的问题，后谈所推销的产品，即推销人员在推销过程中必须先准确地发现顾客的需要和愿望，然后把他们与自己推销的产品联系起来。这是行之有效的推销模式，其特点是紧紧抓住了顾客的需要这个关键性的环节，使推销工作有的放矢，具有较强的针对性。迪伯达模式把推销过程分为循序渐进的6个阶段，即发现、结合、证实、接受、欲望和行动。

8.2.2 发现顾客的需要和愿望

重点放在顾客的需要，而不是介绍推销品上，体现了以顾客为中心的准则。引起顾客的兴趣，消除买卖障碍，因为推销人员从起点就与顾客站在同一条战线上，探讨顾客的需要和欲望。

8.2.3 把顾客的需要和欲望与推销的产品紧密联系起来

当推销人员在简单、准确地总结出顾客的需要和愿望之后，便应进入第二个阶段：向顾客介绍推销品，并把产品与顾客的需要和愿望结合起来。这样就能很自然地把顾客兴趣转移到推销产品上来，为进一步推销产品铺平道路。这一阶段是一个由探讨需要的过程向实质性推销过程的转移，是推销的主要步骤。推销人员可以通过企业整体营销活动迎合顾客的需求、说服顾客调整需求并使需求尽可能与产品结合、主动教育与引导顾客的需求等方法使所推销产品与顾客的需求相结合。

【案例8-3】

番茄酱流速慢还是番茄酱味道浓？

海外有一种叫"汉斯"的番茄酱，其味道比别的牌子浓，然而由于它流速太慢而引起了消费者的不满，人们纷纷抱怨这种牌子的番茄酱倾倒时间过长，因而影响了销售的状况。"汉斯"的老板经过分析，认为是原来的广告宣传解释不清所致，于是改变宣传重点，公司在新广告中解释说，这种番茄酱之所以流速慢，是因为它比别的番茄酱浓，味道比稀的番茄酱好。经过此番广告宣传，消费者不再将"流速慢"作为一种缺点，于是纷纷购进，公司的销售额快速上升。如果推销人员能够像这样在诉求时将产品特征与顾客需要结合起来，就能够有效地调动顾客的兴趣。

8.2.4 证实推销品符合顾客的需要

推销人员仅仅告诉顾客所推销产品正是其所需要的，这是远远不够的，必须拿出充分的证据向顾客证实产品符合其需要和愿望，并了解顾客对所提供证据真实性的态度。这个阶段推销人员的主要任务是：通过真实的且顾客熟悉的人士对所推销产品的购买与消费所获得的利益，或展示有关部门出具的证据，或采用典型事例等，向顾客证实他的购买是正确的，推销人员的介绍是真实可信的。

8.2.5 促使顾客接受所推销的产品

促使顾客接受推销产品是指推销人员经过自己的努力，让顾客承认产品符合顾客的需求和愿望。证实推销品符合顾客的需要与愿望，并不会使顾客马上对推销品产生购买欲望。在推销人员的证实与顾客的接受之间，有着不可忽视的差距。只有顾客接受才有意义。接受推销品，说明顾客在思想上认可推销品，是推销人员较好完成前三步骤的结果，也是顾客对推销人员表示赞同的表现。促使顾客接受推销品必须坚持"以顾客为本"的原则。首先必须明确，接受的主体是顾客，至于推销人如何看待自己的推销品，那是另外一回事。其次要避免硬性推销、急于求成的做法，不能强迫顾客接受推销品。顾客接受才是推销活动的主要目的，因为顾客只有接受了产品，才会有可能购买。

促使顾客接受推销品的方法有以下几种：

（1）提问法

提问法是推销人员在介绍商品、证实推销品符合顾客需要的过程中不断询问顾客是否认同或理解推销人员的讲解及演示，从而促使顾客接受推销品的方法。例如，"您对我们产品的质量还有什么疑问？如果您认为我们产品的质量没有什么问题，那么让我们讨论交货问题好吗？"

（2）总结法

总结法是推销人员在推销洽谈过程中，通过对前段双方的意见和认识进行总结，促使顾客接受推销品的方法。这种方法既总结推销品对顾客需求的适应性，又总结顾客与推销人员之间取得的共识，边总结边推销，推动顾客对产品的认可与接受。例如，推销人员对顾客说："对于股票交易使用的计算机系统来说，可靠性是十分重要的，我们的方案应该是目前解决这一问题的理想途径。"

（3）示范检查法

示范检查法是推销人员通过检查示范效果而促使顾客接受产品的方法。在示范过程中，推销人员向顾客提出一个带有考察性的问题，从而试探顾客的接受程度及是否有购买的意图。例如，一位推销人员在示范过程中问顾客："这种照相机对业余摄影爱好者来说，确实操作简单吧？"

（4）试用法

试用法指推销人员把已经介绍和初步证实的产品留给顾客试用，从而促使顾客接受产品的方法。推销人员设法把推销品留给有需求的顾客试用，这在客观上形成了顾客对产品的接受。

（5）诱导法

诱导法指推销人员通过向顾客提出一系列问题，请顾客回答而诱使顾客逐步接受产品的方法。使用诱导法，所提的问题应是推销人员事先经过仔细推敲后设计的，后一个问题总是以前一个问题为基础，而顾客对每一个问题的回答又都是肯定的，于是从小问题到大问题，由浅入深，引导顾客进行积极的逻辑推理，从而使顾客随着推销人员的提问而接受产品。

8.2.6 刺激顾客的购买欲望

购买欲望与需要紧密联系,当顾客接受了推销品之后,推销员应及时激发顾客的购买欲望。有的顾客对价格极其敏感,推销人员就用经济利益和实惠来刺激;有的顾客注重产品所能提供的效用,推销人员就用产品所具备的功能吸引其购买。

8.2.7 促使顾客采取购买行动

顾客产生购买欲望后,应迅速诱导顾客作出购买决定,及时达成交易,尽可能地向顾客提供售后服务。

迪伯达模式的特点是紧紧抓住顾客需要这个关键环节,使推销工作更能有的放矢,因而针对性较强。迪伯达模式比爱达模式复杂、层次多、步骤繁,但其推销效果较好,受到推销界的重视。迪伯达模式主要适用于老顾客及熟悉顾客、生产资料或无形产品的推销。

8.3 埃德帕模式

8.3.1 埃德帕模式的含义

埃德帕模式即 IDEPA 模式,它是海因兹·M·戈德曼根据自己的推销经验总结出来的迪伯达模式的简化形式。IDEPA 由 Identification(结合)、Demonstration(示范)、Elimination(淘汰)、Poof(证实)、Acceptance(接受)的首字母成,这五个单词概括了埃德帕模式的五个阶段。作为一个推销员,你要想推销产品,那必须寻找到需要它的顾客。你想让顾客购买你的产品,那就必须让顾客相信你的产品能最好的满足他的需要。

8.3.2 埃德帕模式的推销步骤

埃德帕(IDEPA)模式是迪伯达模式的简化形式,它适用于有着明确的购买愿望和购买目标的顾客。在采用该模式时不必去发现和指出顾客的需要,而是直接提示哪些产品符合顾客的购买目标。埃德帕模式把推销全过程概括为 5 个步骤。

(1)把推销的产品与顾客的愿望联系起来。

【案例 8-4】

寻找需要产品的顾客是推销的基础

某青年推销员三番两次要求面见某公司总经理,说有要事商量。总经理推辞了数次后,终于让门卫在约定的时间将青年推销员带来见他。见面后才知这位青年是电动按摩椅的推销员。在年轻的推销员向总经理口若悬河地解释了按摩椅的好处后,总经理问推销员为什么选择他做推销对象。推销员的回答是,因为你是总经理,收入高,购买力强,因此成交的机会大。总经理立即纠正了他的观念,询问他为什么不向刚刚带他进来的门卫推销。总经理接着说:"你不能认为门卫收入不高,就买不起按摩椅。其实,这位门卫对父母非常孝顺,他的父母都有腰腿病,很需要按摩椅。他很可能会利用平日积蓄买给父母使用。若向他推销,成交的机会就会更大。而我自己身强力壮,还未感到对电动按摩椅的需要,同时,家人也没有按摩的需要,因此,我现在不会购买。"在这位总经理的启发下,推销员向门卫进行了推销。当门卫了解了电动按摩椅的功效后高兴地为父母买了一把。

(2)向顾客示范合适的产品。

(3)淘汰不合适的产品。

(4) 证实顾客已做出正确的选择，他已挑选合适的产品，该产品能满足其需要。

(5) 促使顾客购买推销人员所推销的产品，做出购买决策。

埃德帕模式一般适用于内部推销人员或零售行业的推销。由于内部推销人员接待的顾客和零售商店的顾客，一般都有明确的购买意图和购买目标，没有必要再去发现和明确顾客的需要。这样，埃德帕模式就减少了一个发现和明确顾客需要的环节。只要是顾客主动与推销人员接洽，都带有明确的需求目的。这时，运用迪伯达模式不再适宜，而适用埃德帕模式。

8.4 费比模式和吉姆模式

8.4.1 费比模式

费比模式是由中国台湾中兴大学商学院院长郭昆漠总结出来的推销模式。"费比"是英文"FABE"的中文译音，而"FABE"则是英文单词 Feature（特征）、Advantage（优点）、Benefit（利益）和 Evidence（证据）第一个字母的组合。

费比模式将推销过程分为四个步骤：

(1) 将产品特征详细地介绍给顾客

费比模式要求推销人员在见到顾客后，要以准确的语言向顾客介绍产品的特征。介绍的内容应当包括产品的性能、构造、作用，使用的简易性及方便程度、耐久性、经济性、外观优点及价格等，如果是新产品则应更加详细地介绍。如果产品在用料和加工工艺方面有所改进，也应介绍清楚。如果上述内容多而难记，推销人员应事先打印成宣传材料或卡片，以便在向顾客介绍时将材料和卡片交给顾客。因此，如何制作广告材料和卡片成为费比模式的主要特色。

(2) 充分分析产品的优点

费比模式要求推销人员应针对在第一步中介绍的产品特征，寻找产品特殊的作用，或者某项特征在该产品中扮演的特殊角色、具有的特殊功能等。如果是新产品，则务必说明该产品的开发背景、目的、设计时的主导思想、开发的必要性以及相对于老产品的差别和优势等。当面对的是具有较高专业知识的顾客时，则应以专业术语进行介绍，并力求用词准确，言简意赅。

(3) 尽量列出产品将给顾客带来的利益

这是费比模式中最重要的一个步骤。推销人员应在了解顾客需求的基础上，把产品将给顾客带来的利益，尽可能多地给顾客列举出来。不仅包括产品外表的、实质上的优势，而且包括产品将给顾客带来的内在的、附加的利益。从经济利益、社会利益、工作利益到社交利益，都应一一列举出来。在对顾客需求了解不多的情况下，边讲解边观察顾客的专注程度和表情变化，在顾客表现出关注的主要需求方面要特别注意多讲解、多举例。

(4) 以证据说服顾客

费比模式要求推销人员在推销中避免使用"最便宜""最合算""最耐用"等字眼，因为这些字眼已经令顾客产生反感而失去说服力了。因此，推销人员应该用真实的数据、案例、实物等证据打消顾客的各种疑虑，促使顾客购买。

【案例 8-5】

用事实说服顾客

某清洁剂推销员在推销他的清洁剂时没有到各大商场公关,而是力求找到"小阵地"。他找到当地一家有名的星级宾馆的负责人,提出为他们宾馆免费做一次保洁,要求是如果效果满意就请宾馆总经理向同行介绍他的产品,并且允许他拍一些清洁前后的照片用于广告宣传。负责人同意后,推销员从市场找来十名年轻的保洁员用两天时间将宾馆的墙壁、真皮沙发、电视、计算机、灯具修饰得焕然一新,并散发出淡淡的清香。完成保洁后恰好遇到宾馆举行一次大型会议,来参加会议的其他一些宾馆的负责人看到清洁后的房间都很惊讶,表示对这种清洁剂感兴趣并愿意购买。就这样推销员一次就得到了几十万元的订单,一举把他推到了当地代理商的位置上。

8.4.2 吉姆模式

吉姆模式又称自信模式,即推销人员必须相信自己推销的产品,相信自己所代表的企业,相信自己。其目的是培养推销人员的自信心,提高说服力,达到推销的成功,它是产品、企业、推销人员综合作用的结果。

(1) 相信自己推销的产品

推销产品知识的来源如下:

1) 企业进行的培训

2) 推销人员应积极主动地了解产品的功能和效用,与同类产品相比,看到本产品的长处,相信并热爱自己的产品。

(2) 相信自己所代表的企业

推销人员有选择企业的权利,自愿进入一家企业。因此,推销人员对自己选择工作和服务的企业应该是满意和信任的,相信自己所在的企业是从事推销工作的前提。

(3) 推销人员必须相信自己

推销人员应正确认识推销职业的重要性和自己工作的意义。当然,推销人员的自信心是建立在专业技术培训和成功推销的经验基础上。

本章内容小结:

本章主要介绍推销过程中的各种推销模式,围绕推销原理设计了各环节的基本知识,并插入了一些典型的案例。顾客对推销的接受过程是一个非常复杂的心理演变过程。国际上著名的推销大师根据自己的成功经验,从不同角度提出了一系列的推销模式,主要有以下五种典型的模式,即爱达模式、迪伯达模式、埃德帕模式、费比模式、吉姆模式。在推销实践中,推销人员应从中发现掌握推销活动的规律,灵活运用推销模式,从而提高推销效率。希望读者学习本章后,灵活运用不同的推销模式,提高自己的素质与能力,并能结合实际的推销活动进行运用,为实现推销目标奠定良好的基础。

核心概念:

爱达模式;迪伯达模式;埃德帕模式;费比模式;吉姆模式

课堂讨论:

1. 各种推销模式的侧重点是什么?

2. 作为一名推销人员,你认为在实践活动中应该如何掌握、运用推销模式?

课后自测:

一、单项选择题

1. 爱达模式对( )等形式较为适用。
   A. 店堂式推销　　　　　　　B. 便于携带的生活用品
   C. 办公用品推销　　　　　　D. 陌生顾客推销

2. ( )被认为是一种创造性地推销模式。
   A. 爱达模式　　　　　　　　B. 吉姆模式
   C. 费比模式　　　　　　　　D. 迪伯达模式

3. 费比模式是由( )总结出来的推销模式
   A. 海因兹·M·戈德曼　　　B. 郭昆漠
   C. J·S·蒙顿　　　　　　　D. 罗伯特·R·布莱克

4. ( )适用于有着明确的购买愿望和购买目标的顾客。
   A. 爱达模式　　　　　　　　B. 埃德帕模式
   C. 迪伯达模式　　　　　　　D. 费比模式

二、多项选择题

1. 吉姆模式要求推销人员在推销活动中必须做到对( )的相信。
   A. 自己　　　　　　　　　　B. 顾客
   C. 自己的企业　　　　　　　D. 推销品

2. 爱达模式是最具代表性的推销模式之一,它的推销过程需要经历4个最基本的阶段为:( )
   A. 引起顾客的注意　　　　　B. 唤起顾客的兴趣
   C. 激起顾客的购买欲望　　　D. 促成顾客的购买行为

3. 促使顾客接受推销品的方法有( )。
   A. 提问法　　　　　　　　　B. 总结法
   C. 试用法　　　　　　　　　D. 诱导法

三、简答题

1. 推销模式都有哪些?
2. 迪伯达模式有哪6个阶段?
3. 爱达模式包括哪些环节?
4. 吉姆模式又称自信公式,自信在哪?

案例分析:

一个顾客的真正需求

超市经理问:"你今天有几个顾客?"

推销员回答:"一个。"

超市经理问:"只有一个吗?卖了多少钱?"

推销员答:"58000多美元!"经理极为惊奇,要他详细解释。推销员解释道:"我先卖给那个男的一枚钓钩,接着卖给他钓竿和钓线。我再问他打算去哪里钓鱼,他说要到南方海岸,我说该有艘小船才方便,于是他买了艘6米长的小汽艇。他又说他的汽车可能拖不动汽艇,于是我带他去汽车部,卖给他一辆大车。"经理喜出望外,问道:"那人来买一枚钓钩,你竟能向他推销那么多东西?"推销员答道:"不,其实是他老婆犯头痛,他来为她买一瓶阿司匹林。我听他那么说,便对他说:'这个周末你可以自由自在了,为什么不去钓鱼呢?'"

分析思考:

(1) 分析一下这个推销员推销成功的关键之处在哪?

(2) 这是运用了哪种推销模式?

(3) 作为推销人员,本案例给了我们什么启示?

9 推 销 过 程

能力目标:

通过完成本章学习,你能够:
1. 掌握寻找和接近目标顾客的方法;
2. 掌握推销洽谈的原则、方法,熟悉推销洽谈的技巧;
3. 掌握推销的程序;
4. 了解顾客异议以及处理办法;
5. 掌握促成交易的办法。

案例导读:

重视目标顾客的选择

王红(化名)是某学校营销专业的学生。她在课外实践中参与了"活力宝"儿童饮品的推动。起初,她只是骑上自行车,带上推销品和宣传资料,向沿途的食品商厦、食品小商贩等推销。但推销的效果并不理想。有一天,她来到和平路商业街,拜访了几家食品店都不成功。她索性坐了下来,看着来来往往的行人,思索着。

第二天,她没有带任何推销品,再次只身来到和平路。她一家食品店一家食品店地逛,有时买些小商品,有时与售货员聊一聊,暗暗地进行比较、选择、判断。就这样她连转了两天。

第四天早晨,她又骑着自行车,带着推销品和宣传品,来到一家老字号的食品店。开始经理不见她,办公室的人推说经理在开会。她就在食品店里等,遇到店里进货,她还帮忙卸货、搬货。

第五天中午,她刚刚帮忙卸完货,满脸是汗。这时,一位中年男人给她递过一杯水,说:"喝点水,谢谢你。"王红接过水,冲他笑了笑。"你就是'活力宝'的推销员吧?"他接着说,"跟我来。"

王红终于得到了一张订购20箱的订单。经理还给她介绍了和平路上的许多客户。王红最终成为一名推销状元。

9.1 寻找和接近顾客

推销过程的第一个步骤就是寻找潜在顾客,推销人员的任务之一也在于寻找可能的买主并实施成功推销,因此有效地确定自身的推销对象,是成功推销的基本前提。

9.1.1 寻找顾客

(1) 寻找顾客的含义

所谓寻找顾客,是指推销人员主动找出潜在顾客即准顾客的过程。

准顾客是指对推销人员的产品或服务确实存在需求并具有购买能力的个人或组织。而顾客是指那些已经购买"你"产品的个人或组织。有可能成为准顾客的个人或组织称为"线索"或"引子"。

寻找顾客是推销程序的第一个步骤。由于推销是向特定的顾客推销,推销人员必须先确定自己的潜在顾客,然后再开展实际推销工作。寻找顾客实际上包含了这样两层含义。

一是根据推销品的特点,提出有可能使其成为潜在顾客的基本条件。这个基本条件框定了推销品的顾客群体范围、类型及推销的重点区域。

二是根据潜在顾客的基本条件,通过各种线索和渠道,来寻找符合这些基本条件的合格顾客。

(2) 寻找顾客的重要性

1) 寻找顾客是维持和提高销售额的需要。对企业来说,市场是由众多的顾客所组成的,顾客多,对产品的需求量就大。若要维持和提高销售额,使自己的销售业绩不断增长,推销人员必须不断地、更多地发掘新顾客。因此,努力寻找准顾客,使顾客数量不断地增加,是推销人员业务量长久不衰的有效保证,也是促进推销产品更新换代,激发市场新需求的长久动力。

2) 寻找顾客是推销人员保持应有的顾客队伍和销售稳定的重要保证。由于市场竞争,人口流动,新产品的不断出现,企业产品结构的改变,分销方式和方法的变化,使大多数企业都不可能保持住所有的老顾客。因此,推销人员需要寻找新的顾客,不断地开拓新顾客作为补充。

(3) 寻找顾客的原则

寻找顾客是最具挑战性、开拓性和艰巨性的工作。推销人员必须明白,寻找准顾客是一项研究科学性的工作,是有一定的规律可循的。推销人员需遵循一定的规律,把握科学的准则,使寻找顾客的工作科学化、高效化。我们通过借鉴前人总结的经验和创造的方法,使寻找准顾客的方法更加科学化和高效化。因此,在寻找顾客的过程中,应遵循以下几条原则。

1) 确定推销对象的范围

在寻找顾客前,先要确定顾客的范围,使寻找顾客的范围相对集中,提高寻找效率,避免盲目性。准顾客的范围包括两个方面:首先,地理范围,即确定推销品的销售区域;其次,交易对象的范围,即确定准顾客群体的范围。

2) 树立"随处留心皆顾客"的强烈意识

作为推销人员,要想在激烈的市场竞争中不断发展壮大自己的顾客队伍,提升推销业绩,就要在平时的"工作时间"特别是在"业余时间",养成一种随时随地搜寻准顾客的习惯,牢固树立随时随地寻找顾客的强烈意识。

3) 选择合适的途径,多途径寻找顾客

对于大多数商品而言,寻找推销对象的途径或渠道不止一条,究竟选择何种途径、采用哪些方法更为合适,还应将推销品的特点、推销对象的范围及产品的推销区域结合起来综合考虑。

4) 重视老顾客

一位推销专家深刻指出,失败的推销员常常是从找到新顾客来取代老顾客的角度考虑问题，成功的推销员则是从保持现有顾客并且扩充新顾客，使销售额越来越多，销售业绩越来越好的角度考虑问题的。对于新顾客的销售只是锦上添花，没有老顾客做稳固的基础，对新顾客的销售也只能是对所失去的老顾客的抵补，总的销售量不会增加。

推销人员必须树立的一个观念是：老顾客是你最好的顾客。推销人员必须遵守的一个准则是：你80%的销售业绩来自于你20%的顾客。这20%的客户是你长期合作的关系户。如果丧失了这20%的关系户，将会丧失80%的市场。

9.1.2 寻找顾客的方法

按照推销活动的一般过程，推销活动总是从寻找顾客开始的。所谓寻找顾客，是指推销人员在非确定的顾客群中确定近期的潜在顾客。寻找顾客往往是一名推销人员销售活动的开始。推销人员需要具备一种能力发现和识别潜在顾客，并通过自己的工作来提高寻找顾客的成效。寻找顾客的方法非常多而且具有灵活性和创造性。

（1）"地毯式"搜寻法

"地毯式"搜寻法也称普遍寻找法、逐户寻找法、挨门挨户访问法或走街串巷寻找法。它是指推销人员寻找顾客时，在其任务范围内或特定地区内，以上门走访的形式，对预定的可能成为顾客的企业或组织、家庭乃至个人无遗漏地进行寻找并确定顾客的方法。

这种方法在推销人员不熟悉推销对象的情况下，不失为一种寻找顾客的有效途径。它是建立在"平均法则"的基础上，假定在所有人当中，一定会有推销人员所要寻找的潜在顾客，这些潜在顾客的数量与访问人数成正比关系。"地毯式"搜寻法最适用于寻找需求各种生活消费品或服务（如化妆品、药品、保险服务等）的顾客。

采用"地毯式"搜寻法，并不是毫无目标地瞎碰乱撞。在访问之前，推销人员最好确定适当的推销范围，根据自己所推销产品的特性和用途，进行必要的研究和选择。采用"地毯式"搜寻法的一个关键是要勤快。

"地毯式"搜寻法的优点主要表现在以下两个方面：其一，有利于推销人员对市场进行全面的调查、研究和分析，能准确地了解顾客的需求信息；其二，扩大产品和企业的影响，提高知名度。

当然，"地毯式"搜寻法的缺点也是十分明显的，归纳起来，这一方法主要有以下两方面的不足。其一，"地毯式"搜寻法针对性不强，有一定的盲目性，比较费时费力，成功率相对较低；其二，采用这种方法，对顾客来说没有任何心理准备，容易产生抵触情绪。

（2）广告"轰炸"法

广告"轰炸"法是指利用广告宣传攻势，向广大的消费者告知有关产品的信息，刺激或诱导消费者的购买动机，然后，推销人员再向被广告宣传所吸引的顾客进行一系列的推销活动。

根据传播方式不同，广告可分为开放式广告和封闭式广告两类。开放式广告又称为被动式广告，如电视广告、电台广告、报纸杂志广告、招贴广告、路牌广告等，当潜在对象接触或注意其传播媒体时，它能被看见或听到。封闭式广告又称为主动式广告，如邮寄广告、电话广告等，它的传播直接传至特定的目标对象，与开放式广告相比，具有一定的主动性。一般来说，对于使用面广泛的产品，如生活消费品等，适宜运用开放式广告寻找潜在顾客，而对于使用面窄的产品（如一些特殊设备、仪器）和潜在顾客范围比较小的情况,则适宜采用封闭式广告来寻找潜在顾客。

(3) 连锁介绍法

连锁介绍法是指推销人员依靠他人特别是依靠现有顾客,来推荐和介绍他认为有可能购买产品的潜在顾客的一种方法。据美国的一份调查报告显示:在寻找新顾客的各种途径中,由现有顾客推荐而取得成功者占38%,而其他方法均在22%以下。

连锁介绍法在西方被称为是最有效的寻找顾客的方法之一,之所以如此,主要是由于以下几个原因。

1) 在这个世界上,每个人都有一张关系网,每个企业都有一张联络图。曾经推销过13000多辆汽车,创吉尼斯世界纪录的美国汽车推销大王乔·吉拉德的一句名言是:"买过我汽车的顾客都会帮我推销。"他60%的业绩就来自老顾客及老顾客所推荐的顾客。他提出了一个"250定律",就是在每个顾客的背后都有"250人",这些人是他的亲戚、朋友、邻居、同事,如果你得罪了一个人,就等于得罪了250个人;反之,如果你能发挥自己的才能,利用一个顾客,就等于得到250个关系,这250个关系中,就可能有要购买你的产品的顾客。

2) 每个顾客都有自己的信息来源,他可能了解其他顾客的需求情况,而这些信息是推销人员较难掌握的。研究表明,日常交往是耐用品消费者信息的主要来源,有50%以上的消费者是通过朋友的推荐购买产品的,有62%的购买者是通过其他消费者得到新产品的信息的。

3) 连锁介绍法能够增加推销成功的可能性。一般来说,顾客对推销人员是存有戒心的,如果是顾客所熟悉的人推荐来的,就增加了可信度。顾客帮助推销人员找顾客,能起到花钱登广告所起不到的作用。心理学家哈斯曾告诉人们:"一个造酒厂的老板可以告诉你为什么一种啤酒比另一种啤酒好,但你的朋友(不管他的知识是渊博还是疏浅),却可能对你选择哪一种啤酒具有更大的影响力。"研究表明,朋友、专家及其他关系亲密的人向别人推荐产品,影响力高达80%,向由顾客推荐的顾客推销比向没有人推荐的顾客推销,成交率要高3~5倍。

(4) "猎犬法"

所谓"猎犬法",是指推销人员雇佣他人寻找顾客的一种方法。在西方国家,这种方法运用十分普遍。一些推销人员常雇佣有关人士来寻找准顾客,自己则集中精力从事具体的推销访问工作。这些受雇人员一旦发现准顾客,便立即通知推销人员,安排推销访问。例如,西方国家的汽车推销员,往往雇请汽车修理站的工作人员当"猎犬",负责介绍潜在购买汽车者,车主很可能就是未来的购车人,这些推销助手发现有哪位修车的车主打算弃旧换新时,就立即介绍给汽车推销员。所以,他们掌握的情报稳、准、快,又以了解汽车性能特点的内行身份进行介绍,容易取得准顾客的信任,效果一般都比较好。

另外,西方一些大的推销公司也为老推销员安排新的推销员作为助手。这种以老带新的方法主要有两个目的:一是尽快培养新手,增强他们独立工作的能力;二是充当老推销员的助手,帮助他们寻找新顾客。一般来说,大量的调查和准备工作由新推销员负责,而老推销员则主要是在前者工作的基础上,判断、确定哪些顾客是最具吸引力的,并据此来拟订详尽的推销方案。这样无疑能有效地加速推销活动的进程,提高工作的效率。

当然这种方法亦有不足之处:一是推销助手的人选难以确定;二是推销人员会处于被

动地位，其推销绩效要依赖于推销助手的合作。

(5) 文献调查法

文献调查法是指推销人员通过查阅各种现有的资料来寻找顾客的一种方法，这种方法也称为间接市场调查法。

这种方法是利用他人所提供的资料或机构内已经存在的可以为其提供线索的一些资料，如政府有关部门所提供的可查阅的资料、各地区的统计资料、大众媒介公布的一些信息资料，或工商企业名录和产品目录等，这些资料可帮助推销人员较快地了解到大致的市场容量及准顾客的分布等情况。

推销人员通过查阅资料寻找顾客时，首先要对资料的来源及提供者进行可信度分析，如果这些资料的来源或提供者的可信度较低，则会对推销工作起阻碍的作用。同时，还应注意所收集资料的时间问题，应设法去获取那些最新的有价值的资料。如果是反映以前情况的资料，对推销人员的帮助不会很大，因为市场是不断变化的。

(6) 观察法

观察法是推销人员依靠个人的知识、经验等来判断特定的观察对象是否为自己所要寻找的顾客。运用这种方法的关键在于推销人员的自身素质和职业敏感性，要善于处处留意，察言观色，从细微之处捕捉机会。

对推销人员来说，观察法是寻找顾客的一种简便、易行、可靠的方法。推销人员花费较少的时间、精力，就能够迅速地找到自己的顾客，而且可以开拓新的推销领域，节省这种推销费用。如果一个推销人员不具备敏锐的观察力和洞悉事物的能力，那么，采用这种方法寻找顾客是不可能取得理想结果的。例如，一位人寿保险代理很善于察言观色，有一次，他与其他推销员一起在某餐馆进午餐，旁边有一位老人滔滔不绝地谈论他的孙子，十分得意。这位人寿保险代理认为这位老人很可能为其孙子购买人寿保险，从而把他列入准顾客拜访名单中。

(7) 竞争分析法

竞争分析法是在寻找顾客的过程中，推销人员从竞争对手的角度进行分析，从中获取有益的线索，找到推销的目标顾客。这种方法可以从以下几个方面进行。

1) 了解竞争对手产品的购买对象是哪些顾客，然后强化自己的竞争手段，以"挖墙脚"的方式，把竞争对手的顾客"抢"过来。采用这种方法的一个关键点在于推销人员手中的产品和销售条件要优于竞争对手。有了这种条件，就可以运用适当的推销方法和技巧，把对方的顾客拉过来。

2) 了解竞争对手在哪些传统的领域里推销，对其现有顾客的需要是否充分予以满足，如果没有充分满足，那么就一定存在着自己的推销对象。这一点推销人员可从两方面分析：其一是竞争对手的用户还希望买到某种产品；其二是竞争对手的用户希望现在的产品还需要有所改进。后面一种情况尤其应该注意，如果能使自己推销的产品有所改进，既能赢得一大批用户，同时又可以击败对手。

3) 了解竞争对手忽略了的推销领域。比如，当年日本钟表商打入美国钟表市场时，对美国钟表市场进行了认真的市场调研。他们了解到，美国有34%的人追求优质名牌，46%的人则接受性能较好而价格适中的产品，还有33%的人对价格敏感，希望价格便宜一些。而美国本地如泰梅斯克等大公司的产品主要是满足第一类消费者，而忽视了后两类消费者的需求。日本钟表商不失时机地将这两类消费者作为推销对象,迅速占领了一定比例的市场,成交额极为可观。

4)了解竞争对手的销售策略。任何销售策略只能赢得某些类型的消费者,而不会对所有的消费者都有吸引力。如果制定与竞争者有差别的推销策略,就能寻找到新的推销对象。

(8) 网络搜寻法

网络搜寻法就是借助互联网寻找潜在顾客的方法。它是信息时代一种非常重要的寻找顾客的方法。与传统方法相比较,网上寻找顾客具有以下几个优点:①成本低,效率高;②方便供需双方互动:"推"、"拉"兼备;③可以在更大范围内寻找顾客;④可以让产品说明声情并茂,吸引顾客的注意力。

以上介绍了多种寻找顾客的方法与技巧,它们均具有很大的适用性,但是在具体使用时又因产品、企业、推销人员的不同而有所差异。推销人员要根据实际情况选择具体的方法,并根据市场变化随时调整。推销人员则应将多种方法融会贯通,灵活运用,在运用中进一步理解,并争取有所发展和创新。

9.1.3 约见顾客

在确定了准顾客之后,推销人员便要接近准顾客,进行推销访问。由于种种原因,一些推销对象很难接近,常令推销人员"扑空"。因此,为了有效地接近访问对象,推销人员要做的第一件事,就是做好准顾客的约见工作。推销对象不同,如约见个人购买者、法人购买者和老顾客时应做的准备也应有所差别。

推销人员约见顾客的内容要根据推销人员与顾客关系的密切程度、推销面谈需要等具体情况来定。比如,对关系比较密切的顾客,约见的内容应尽量简短,无须面面俱到,提前打个招呼即可;对来往不多的一般顾客,约见的内容应详细些,准备应充分些,以期发展良好的合作关系;对从未谋面的新顾客,则应制定细致、周到的约见内容,以引起对方对推销活动的注意和兴趣,消除顾客的疑虑,赢得顾客的信任与配合。约见的基本内容包括确定约见对象、明确约见目的、安排约见时间和选择约见地点4个方面。

约见顾客的实质是方便顾客,实现有效推销。但约见又很自然地要占用顾客的时间、甚至影响顾客的工作与生活。因此,推销人员在约见顾客时,不仅要考虑约见对象、约见时间和地点,还必须讲究约见方式和技巧。在实践推销活动中,常见的约见方式或技巧有:电话约见、信函约见、当面约见、委托约见、广告约见和网上约见。

【案例 9-1】

"推销之神"原一手的推销"手记"

根据打听来的消息,我前去拜访一家业务很活跃的贸易公司。但是,去了好几次,董事长不是不在就是在开会,总是无法见到面。好几次都是在接待小姐同情的目光之下,留下名片,怅然而返。不知道是在第几次的拜访中,我突然发觉接待小姐桌上的花瓶不见了。于是,下一次再去时,我便带了装着两朵菊花的小花瓶,送给接待小姐,以表示我心中的感激。又惊又喜的接待小姐告诉我,董事长常常推说不在因此一定得这么守下去。

此后,接待小姐就成了我的内援,每隔3天,我就带着两朵菊花前去拜访。可是,依然没有任何的进展。时间一久,全公司里的人都认得我,并且戏称我为"菊花推销员"。但是,我还是见不到董事长。

大约经过两个月以后，有一天我照常前去拜访，接待小姐好像是自己的事情一样，兴高采烈地对我说："董事长等着你呢！"并立刻将我带入董事长的办公室。"本公司的员工都非常称赞你哟！"他只说了这么一句话，也不容我多言，即签下最高金额的合约。我永远也无法忘记当时不禁喜极而泣的情景。

【案例 9-2】

麦克·贝柯具有丰富的产品知识，对客户的需要很了解。在拜访客户以前，麦克总会先掌握客户的一些基本资料。麦克常常以打电话的方式先和客户约定拜访的时间。

今天是星期四，下午 4 点刚过，麦克精神抖擞地走进办公室。他今年 35 岁，身高 182cm，深蓝色的西装上看不到一丝的皱褶，浑身上下充满朝气。

从上午 7 点开始，麦克便开始了一天的工作。麦克除了吃饭的时间，始终没有闲过。麦克 5：30 有一个约会。为了利用 4：00～5：00 这段时间，麦克便打电话，向客户约定拜访的时间，以便为下星期的推销拜访预做安排。

打完电话，麦克拿出数十张卡片，卡片上记载着客户的姓名、职业、地址、电话号码等资料以及资料的来源。卡片上的客户都是居住在市内东北方的商业区内。

麦克选择客户的标准包括客户的年收入、职业、年龄、生活方式和爱好。

麦克的客户来源有三种：一是现有的顾客提供的新客户的资料；二是麦克从报刊上的人物报道中收集的资料；三是从职业分类上寻找客户。

在拜访客户以前，麦克一定要先弄清楚客户的姓名。例如，想拜访某公司的执行副总载，但不知道他的姓名，麦克会打电话到该公司，向总机人员或公关人员请教副总裁的姓名。知道了姓名以后，麦克才进行下一步的推销活动。

麦竞拜访客户是有计划的。他把一天当中所要拜访的客户都选定在某一区域之内，这样可以减少来回奔波的时间。根据麦克的经验，利用 45 分钟的时间做拜访前的电话联系，即可在某一区域内选定足够的客户供一天拜访之用。

麦克下一个要拜访的客户是国家制造公司董事长比尔·西佛。麦克正准备打电话给比尔先生，约定拜访的时间。

9.1.4 接近顾客前的准备

接近顾客是推销过程中的一个重要环节，它是推销人员为进行推销洽谈与目标顾客进行的初步接触。能否成功地接近顾客，直接关系到整个推销工作的成败，许多推销人员的成功与失败，往往都决定在最初的几秒钟。因此，推销人员在接近顾客前必须做好充分的准备工作。

（1）做好接近前的精神准备

在接近顾客前，我们最容易犯的毛病就是信心不足，总是担心这担心那，如是否会搅乱被访者的正常生活？顾客是否会接受推销访问？顾客拒绝成交怎么办？这种无形的"恐惧"如果表现在推销过程的言行举止中，会使顾客丧失对推销人员个人及其所推销的产品的信心。我们要时刻牢记一句话："推销是信心的传递，要想使你的顾客相信你，你必须对自己及所推销的产品表现出十足的信心。"同时，必须克服畏难情绪和逃避心理，敢于正视顾客的拒绝，时刻保持高昂的精神状态，沉着冷静地去排除接近过程中遇到的种种障碍。

（2）充分了解目标顾客的信息

通过对接近顾客购买欲望、支付能力、购买资格等的进一步审查，使推销接近工作更加富有针对性和效率性。推销人员应该明确：不同顾客有着完全不同的性格特点和行事方式，不可能用一种接近顾客的办法适用于所有人。有的人工作忙碌很难获准见面，有的人成天都在办公室或家里很容易见面；有的人喜欢开门见山式的交谈，有的人则喜欢迂回方式；有些人注重推销人员的仪表、风度；有些人则有较强的时间观念，非常守时；有些潜在顾客非常讨厌锋芒毕露的人，对于试图征服他们使其接受推销品的人有天生的反感；有些潜在顾客是禁烟主义者，非常讨厌交谈中肆无忌惮地吸烟。针对这些不同的特点，我们应随时调整自己的行为方式，以便更好地适应推销情境。

（3）做好必要的物质准备

为避免与顾客见面时手忙脚乱，接近前必须做好必要的物质准备。具体包括仪容、服饰与相关礼仪等的仪表准备工作；还有"三证"、资料、样品、价目表、合同书、名片、介绍信、赠送给顾客的小礼品等的物品准备工作。

（4）拟订访问计划

推销人员必须设定拜访目标顾客的计划。首先，确定访问对象；其次，拟定访谈内容要点；再次，从已有的资料中，研究该访问对象有无推销人员去访问过，如果被拒绝过，是什么理由？必须仔细加以调查，然后拟出最佳的应付办法。

9.1.5 接近顾客的方法

推销人员在正式接近顾客时，能否争取主动，使顾客有继续谈下去的热情和信心，还得掌握一定的接近方法和技巧。最常见的接近方法和技巧有三大类，即陈述式接近法、演示式接近法和提问式接近法。每一大类又包括若干种具体的方法。

（1）陈述式接近法

陈述式接近法是指推销人员直接说明产品给顾客带来的好处，以引起其注意和兴趣，进而转入洽谈的接近方法。推销人员陈述的内容可以是推销品的利益，也可以是推销品使用之后所带来的感觉，或直接是某位顾客的评价意见，陈述完后常常提出一个问题以试探买主的反应。陈述式接近法又包括介绍接近法、赞美接近法、馈赠接近法和利益接近法。

1) 介绍接近法

介绍接近法是指推销人员通过自我介绍或经由第三者介绍而接近推销对象的办法。介绍接近法按介绍主体不同，可分为自我介绍法和他人介绍法。

A. 自我介绍法。自我介绍法是指推销人员自我口头表述，然后用名片、身份证、工作证等来辅助达到与顾客相识的目的。口头介绍可以详细解说一些书面文字或材料无法了解清楚的问题，利用语言的优势取得顾客的好感，打开对方的心扉；利用工作证、身份证，可以使顾客更加相信自己，消除心中的疑虑；名片交换非常普遍，给对方递上自己的一张名片也同样可以弥补口头介绍的不足，并且便于日后联系。自我介绍法是最常见的一种接近顾客的方法，大多数推销人员都采用这种接近技巧。但是，这种方法很难在一开始就引起顾客的注意和兴趣。因此，通常还要与其他的方法配合使用，以便顺利地进入正式面谈。

B. 他人介绍法。他人介绍法是推销人员利用与顾客熟悉的第三者，通过打电话、写信函字条，或当面介绍的方式接近顾客。在推销人员与所拜访顾客不熟悉的情况下，托人介绍是一种行之有效的接近方法，因为受托者是跟顾客有一定社会交往的人，如亲戚、朋友、战友、同乡、同学、老部下、老同事等，这种方式往往使顾客碍于人情面子而不得不接见推销人员。如果你真的能够找到一个顾客认识的人，他曾告诉你顾客的名字，或者会告诉你该顾客对于你产品的需要，那么你自然可以这样说："王先生，你的同事李先生要我前来拜访，跟你谈一个你可能感兴趣的问题。"这时，王先生可能会立即要知道你所提出的一切，这样你当然已引起了他的注意而达到了你的目的。同时，他对你也会感到比较亲切。可是，一定切记不要虚构朋友的介绍。

2）赞美接近法

赞美接近法是指推销人员利用顾客的自尊心理来引起顾客的注意和兴趣，进而转入正式洽谈的接近方法。著名人际关系专家卡耐基在《人性的弱点》一书中指出："每个人的天性都是喜欢别人赞美的"。赞美接近法就是推销人员利用人们希望赞美自己的愿望来达到接近顾客的目的。以此方法接近自己的顾客，有时会收到意想不到的效果。因为，喜欢听好话是人们的共性。人们在心情愉快的时候，很容易接受他人的建议，这时，推销人员要抓住时机，正确地引导推销活动。使用赞美接近法应注意以下几点。

A. 选择适当的赞美目标。推销人员必须选择适当的目标加以赞美。就个人购买者来说，个人的长相、衣着、举止谈吐、风度气质、才华成就、家庭环境、亲戚朋友等，都可以给予赞美；就组织购买者来说，除了上述赞美目标之外，企业名称、规模、产品质量、服务态度、经营业绩等，也可以作为赞美对象。如果推销人员信口开河，胡吹乱捧，则必将弄巧成拙。

B. 选择适当的赞美方式。推销人员赞美顾客，一定要诚心诚意，要把握分寸。事实上，不合实际的赞美，虚情假意的赞美，只会使顾客感到难堪，甚至导致顾客对推销人员产生不好的印象。对于不同类型的顾客，赞美的方式也应不同。对于严肃型的顾客，赞语应自然朴实，点到为止；对于虚荣型顾客，则可以尽量发挥赞美的作用；对于年老的顾客，应该多用间接、委婉的赞美语言；对于年轻的顾客，则可以使用比较直接、热情的赞美语言。

3）馈赠接近法

馈赠接近法是指推销人员以一些小巧精致的礼品，赠送给顾客，进而和顾客认识并接近，借以达到接近顾客的目的一种方法。推销人员接近顾客的时间十分短暂，利用赠送礼品的方法来接近对方，以引起顾客的注意和兴趣，效果也非常明显。

使用馈赠接近法应注意慎重选择馈赠物品，在进行准备时，推销人员应该设法了解顾客的喜好，了解顾客对赠送礼品行为的看法，了解顾客的需要。

4）利益接近法

利益接近法是指推销人员以顾客所追求的利益为中心，简明扼要地向顾客介绍产品能为顾客带来的利益，满足顾客的需要，达到正式接近顾客的目的的一种方法。利益接近着重渲染推销产品能给顾客带来的好处，符合顾客追求利益和满足需要的心理，因而能引起顾客的注意和兴趣，这是利益接近法的最大特点。如果推销人员能够用精练的语言把产品的优点与顾客最关心的问题和利益联系起来，往往能取得比较理想的效果。例如，一位文具推销员向顾客说："本厂出品的各类账册、簿记比其他厂家生产的同类产品便宜三成，量大还可优惠。"

（2）演示式接近法

演示式接近法最显著的特点是通过向顾客展示具体产品使用过程和效果或直接让顾客

参与产品的试用,以引起顾客注意,并激发其购买欲望。演示式接近法按顾客参与的方式不同可分为产品接近法和表演接近法。

1) 产品接近法

产品接近法也称为实物接近法,这是一种推销人员直接把产品、样本、模型摆在顾客面前,以引起顾客对其推销的产品的足够注意与兴趣,进而导入面谈的接近方法。产品接近法也是推销人员与顾客第一次见面时经常采用的方式。

这种方法的关键之处在于,要凭借产品的用途、性能、色彩、造型、味道、手感等特征来取代推销人员的口头宣传,让真实的产品本身去作介绍。这种做法更符合顾客的认识与购买心理,因而接近顾客的效果比较好。

2) 表演接近法

表演接近法是指推销人员利用各种戏剧性的表演活动引起顾客的注意和兴趣,进而转入面谈的顾客接近方法。这是一种比较传统的推销接近方法,如街头杂耍、卖艺等都采用现场演示的方法招徕顾客。在现代推销活动中,有些场合仍然可以用表演的方法接近顾客。

(3) 提问式接近法

通过提问来接近顾客是最常用的技术,因为提问式能使推销人员更好地确定顾客的需求,促成顾客的参与。在提问式接近法中,问题的确定是至关重要的,应该提出那些业已证明能够收到顾客积极响应的问题。通过提问题去接近顾客的具体方法很多,这里主要介绍问题接近法、好奇接近法、求教接近法和震惊接近法 4 种。

1) 问题接近法

问题接近法主要是通过推销人员直接面对顾客提出有关问题,通过提问的形式激发顾客的注意力和兴趣点,进而顺利过渡到正式洽谈的一种方法。推销人员在不了解顾客真实想法的情况下,直接向顾客提出问题,促使顾客思考有关问题,继而引发讨论来吸引顾客,从而转入推销面谈。

问题接近法是推销人员公认的一种有效的方法。提问不仅容易引起顾客的注意,还可引发双方的讨论,而在讨论的过程中,顾客的真实需求、意见、观点等就比较容易得到表露。推销人员在提问与讨论的过程中,就可能发现顾客的需求,并在一定程度上引导顾客去分析和思考,然后根据顾客对问题的反应,循循善诱地解答问题,从而把顾客的需求与所推销的产品有机地联系起来。

问题接近法虽然是比较有效的方法,但其要求也较高。推销人员在提问与讨论中应注意以下两点。

A. 提出的问题应表述明确,避免使用含糊不清或模棱两可的问句,以免顾客听来费解或误解。例如"你愿意节省一点成本吗?"这个问题就不够明确,只是说明"节省成本",究竟节省什么成本?节省多少?多长时间?都没有加以说明,很难引起顾客的注意和兴趣。而"您希望明年内节省 7 万元材料成本吗?"这个问题就比较明白确切,容易达到接近顾客的目的。一般说来,问题越明确,接近效果越好。

B. 提出的问题应突出重点,扣人心弦,而不可隔靴搔痒,拾人牙慧。在实际生活中,每一个人都有许许多多的问题,其中有主要问题,也有次要问题。推销人员只有抓住最重要的问题,才能真正打动人心。推销人员提出的问题,重点应放在顾客感兴趣的主要利益上。如果顾客的主要动机在于节省金钱,提问应着眼于经济性;如果顾客的主要动机在于求名，提问则宜着眼于品牌价值。因此，推销人员必须设计适当的问题，把顾客的注意力集中于他所希望解决的问题上，缩短成交距离。

2）好奇接近法

好奇心理是人们的一种原始驱动力，在此动力的驱使下，促使人类去探索未知的事物，好奇接近法正是利用顾客的好奇心理，引起顾客对推销人员或推销品的注意和兴趣，从而明确推销品利益，以顺利进入洽谈的接近方法。推销人员接近顾客时有的也不只是紧张和不安，有时推销也可能是愉悦的，特别是对于喜欢创造的推销人员。好奇接近法需要的就是推销人员发挥创造性的灵感，制造好奇的问题与事情。

采用好奇接近法，应该注意下列问题：

① 引起顾客好奇的方式必须与推销活动有关；

② 在认真研究顾客心理特征的基础上，真正做到出奇制胜；

③ 引起顾客好奇的手段必须合情合理，奇妙而不荒诞。

3）求教接近法

求教接近法是指推销人员利用向顾客请教问题的机会，以达到接近顾客目的的一种方法。在实际推销工作中，推销人员可能要接近某些个性高傲的顾客，这类顾客自高自大，目空一切，唯我独尊，很难接近。但是，一般说来，顾客不会拒绝虚心求教的推销人员。这类顾客喜好奉承，推销人员若能登门求教，自然会受欢迎。例如，"赵工程师，您是电子方面的专家，您看看我厂研制投产的这类电子设备在哪些方面优于同类老产品？"

求教接近法对那些刚涉足推销生涯不久的年轻人来说，是一个比较好的方法。但在具体运用这种方法接近顾客时，应注意以下几个问题：第一，美言在先、求教在后；第二，求教在前、推销在后；第三，虚心诚恳、洗耳恭听。

4）震惊接近法

震惊接近法是指推销人员利用某种令人吃惊或震撼人心的事物来引起顾客的兴趣，进而转入面谈的接近方法。如果推销人员利用顾客震惊后的恐慌心理，适时提出方案，往往会收到良好的效果。

推销人员在使用震惊接近法时应该特别注意以下几个问题。

① 推销人员利用有关客观事实、统计分析资料或其他手段来震撼顾客，应该与该项推销活动有关；

② 推销人员震惊顾客，必须结合顾客的特征，仔细研究具体方案；

③ 推销人员震惊顾客，应该适可而止，令人震惊而不引起恐惧；

④ 必须讲究科学，尊重客观事实。切不可为震惊顾客而过分夸大事实真相，更不应信口开河。

以上介绍的几种接近顾客的技巧方法，在实际工作中，推销人员应灵活运用，既可以单独使用一种方法接近顾客，也可以多种方法配合使用，还可以自创独特方法按近顾客。

【案例9-3】

接近顾客范例

范例1：

推销员甲，有人在吗？我是××公司的业务代表林海。在百忙中打扰您，想要向您请教有关贵商店目前使用收银机的事情。

店经理：店里的收银机有什么毛病呀？

推销员甲：并不是有什么毛病，我是想了解是否已经到了需要换新的时候。

店经理：没有这回事，不想考虑换台新的。

推销员甲：并不是这样的，对面那间店已经更换了新的收银机，我想你们也应该考虑。

店经理：不好意思，目前还不想更换，将来再说吧！

范例2：

推销员乙：郑经理在吗？在百忙之中打扰您，谢谢您。我是××公司在本地区的业务代表李放，经常经过贵店，看到贵店生意一直兴隆，实在不简单。

店经理：您过奖了，生意并不是那么好。

推销员乙：贵店对客户的态度非常亲切，郑经理对贵店员工的培训一定非常用心，我也常常到别的店，但像贵店服务态度这么好的，实在少数。对街的张经理，对您的经营管理也相当钦佩。

店经理：张经理是这样说的吗？张经理经营的店也是非常好，事实上他也是我一直为目标的学习对象。

推销员乙：郑经理果然不同凡响，张经理也是以您为模仿的对象，不瞒您说，张经理昨天刚换了一台新功能的收银机，非常高兴，才提及郑经理的事情，因此，今天我才来打扰您。

店经理：喔！他换了一台新的收银机！

推销员乙：郑经理是否也考虑更换新的收银机呢？目前您店里的收银机虽然也不错，使用情况也还正常，但新的收银机有更多的功能，速度更快，既能让您的顾客减少等待时间，还可以为贵店的经营管理提供许多有用信息。请郑经理一定要考虑这台新的收银机。

9.2 推 销 准 备

推销工作的进行始于推销准备，"不打无准备之仗"，毫无准备的推销很可能步入死胡同。推销准备主要包括三个方面的内容：信息准备、寻找顾客和推销接近。

9.2.1 信息准备

信息既是商务活动的先导，也是影响商务谈判成败的决定性变数。而信息的获取必须依赖于科学的手段和方法，即通过市场调查来掌握相关信息。这个原理同样适用于推销工作。因为推销工作的本质在于发现并满足市场需求，这就需要通过有关的信息资料，了解市场、分析市场，制定市场推销决策的依据。否则，推销工作就会步入盲区，甚至无法进行。

（1）推销信息的收集

信息收集是基础信息的完整、准确与否决定了信息工作的优劣。推销人员必须首先确定所需要的信息，包括与推销品有关的推销对象的基本状况、收入水平、购买习惯、使用条件，市场需求潜力、竞争者状况，以及国家政策、法律规定等。由于信息来源有原始信息和二手信息，推销人员一方面应充分利用二手信息资料，同时应注意通过调查法、实验法、观察法等调研方法收集原始信息。

(2) 推销信息的处理

收集到相关信息资料后，推销人员必须对其进行分析整理，去伪存真，并进行分类、归档、储存，便于企业营销决策部门和推销人员随时检索和调用，这就是推销信息的处理。推销信息的处理包括鉴别、筛选、整理分类、编写、分析研究、存储和检索等七个步骤。为保证信息处理的科学化，信息处理工作必须遵循客观、准确、及时、适用和经济的原则。

(3) 推销信息的运用

推销人员掌握信息的目的在于将有关信息运用于推销过程，促进产品或服务的销售。企业及推销人员向推销对象传播有关产品质量、用途、价格、性能等特征，以及使用与维护方法、购买地点、手续、售后服务等推销信息，无疑有助于吸引消费者的注意和兴趣，促使其产生购买行为。因此，企业和推销人员在帮助和说服消费者购买时，应充分利用本企业收集到的推销信息，注重用证据说话，注重宣传企业的特色与优势，注重消费知识的传播，以培养顾客的信任感。

9.2.2 寻找顾客

(1) 寻找顾客的重要性

寻找顾客是推销工作的前提，是决定推销成败的关键性工作。推销人员拥有顾客的多少直接关系其推销业绩的好坏。寻找顾客有利于保证基本顾客队伍的稳定和发展，有利于明确推销活动的目标，有利于提高推销效率。因此，推销人员要养成随时寻找顾客的习惯。

(2) 寻找顾客的方法

1) 现场观察法

现场观察法是指推销人员在可能存在潜在顾客的现场，通过对在场人员的直接观察和判断，寻找潜在顾客。运用这种方法的关键在于推销人员的自身素质和职业灵感，即"内行看门道"。善于察言观色及积极主动是运用这一方法的基本要求。

2) 逐户访问法

逐户访问法是指推销人员直接访问某一特定地域或行业的所有住户或组织，从中寻找顾客。这种方法多用于推销人员不太熟悉或完全不熟悉推销对象的情况，提高效果是难点。

3) 连锁介绍法

连锁介绍法是指推销人员请求现有顾客介绍未来可能的准顾客的方法，即通过顾客之间的连锁介绍，寻找更多的新顾客。这种方法要求推销人员设法从每次推销活动中得到更多的准顾客资料，为下次推销访问做准备。

4) 资料查阅法

资料查阅法是指通过查阅各种信息资料来寻找准顾客的方法。通常，推销人员可以通过查阅工商企业名录、统计资料、电话簿、产品目录、企业广告、有关杂志及登录企业网站等方式来寻找顾客。

5) 委托助手法

委托助手法是指推销人员委托有关人员寻找顾客的方法，即推销人员采用聘请信息员或兼职推销员来寻找顾客，自己则集中精力从事具体的推销访问工作。从实际推销来看，委托助手来发掘准顾客是一个行之有效的方法。

6) 市场咨询法

市场咨询法是指通过利用社会上的各种技术、信息咨询机构和国家有关部门的有偿咨询来寻找顾客的方法。由于咨询机构的专业优势,它可以为推销人员提供许多有价值的信息,有利于推销人员寻找顾客。

9.3 推 销 洽 谈

推销人员接近顾客之后,就应迅速地转入推销洽谈。推销洽谈即为推销面谈,也称业务谈判。它是指推销人员运用各种方式、方法和手段,向顾客传递推销信息,协调双方利益,说服顾客购买推销品的过程。推销洽谈是推销过程中的关键环节,其目的在于向顾客传递有关商品信息及有关企业经营服务方面的信息,诱发顾客的购买动机,激发顾客的购买欲望,说服顾客采取购买行动。

9.3.1 推销洽谈的原则

推销洽谈的原则是指导推销人员具体洽谈协调的准则。在推销洽谈过程中,推销人员为了达到推销目的,可以利用各种洽谈的技巧、方法去说服顾客。但推销人员无论采用何种手段、何种技巧,都得把握一个度,都必须遵循以下原则。

(1) 针对性原则

针对性原则是指推销人员必须服从推销目的,使洽谈本身具有明确的针对性。它要求推销洽谈活动必须针对推销品的用途、性能特点,针对顾客的需求特点及推销洽谈的环境特点等来进行。

(2) 鼓动性原则

鼓动性原则是指推销人员在推销洽淡中用自己的信心、热情和知识去感染顾客,鼓动顾客,说服顾客,促使顾客采取购买行动。鼓动性原则要求推销人员始终抱有成功的信念,克服身份、角色的自卑心理,热爱自己的推销工作,热爱自己的顾客,同时要有丰富的产品知识及企业知识,只有这样,才能说服顾客,鼓动顾客。

(3) 参与性原则

参与性原则是指推销人员应设法引导顾客积极参加推销洽谈,接触推销品,促进推销信息的双向沟通,增强推销洽谈的说服力。参与性原则要求推销人员必须与顾客打成一片,认真听取顾客的意见,鼓动顾客操作商品,调动顾客的积极性和主动性。

(4) 诚实性原则

诚实性原则是指推销人员在推销洽谈过程中讲真话、凭实据,切实对顾客负责,不玩弄骗术。这一原则要求推销人员必须实事求是地介绍商品,出示真实的推销证明,树立良好的推销信誉,做到文明推销,合法推销。

(5) 平等互利原则

平等互利原则是指推销人员与顾客要在平等自愿的基础上互惠互利达成交易。贯彻平等互利原则,要求推销人员在推销活动中尊重顾客,不以势压人,不以强欺弱,不把自己的意志强加给顾客。同时,推销人员应向顾客推销对顾客有用的商品,通过满足顾客的需要来谋求己方的最大利益,最终实现双方的共同利益。

【案例 9-4】

一位房地产经纪商正在和顾客讨论有关一所大房子的交易问题。他们一起去看房子,房地产经纪商觉察到顾客对房子颇感兴趣。经纪商对顾客说:"现在,当着你的面,我告诉你,这所房子有下列几个问题:一是取暖设备要彻底检修;二是车库需要粉刷;三是房子后面的花园要整理。"顾客很感激经纪商把问题指出来,而后他们又继续讨论房子交易的其他一些问题。最后的交易结果是可想而知的。

这位房地产经纪商的推销成功,不在于其个人推销能力和技巧,而在于其诚信。

(6) 守法原则

守法原则是指在推销洽谈及合同签订过程中,要遵守有关政策、法律、法规和惯例。遵循守法原则表现在守法和用法两方面。在推销洽谈过程中,推销人员不能有意或无意违反法律法规。在自己的权益受到侵犯时,要利用法律武器保护自己,依法追究对方的责任。

9.3.2 推销洽谈的方法

推销洽谈是一项专业性和艺术性都很高的工作。在做好洽谈的各项专业准备工作的前提下,推销洽谈人员还必须针对不同的谈判对象和情境,恰当地掌握和运用洽谈的各种方法。推销洽谈的方法可以分为诱导法、提示法和演示法三种。

(1) 诱导法

诱导法是指推销人员在推销洽谈时,为了引起顾客的兴趣,激发顾客的购买欲望,从谈论顾客的需要与欲望出发,并巧妙地把顾客的需要与欲望同推销品紧密地结合起来,诱导顾客明确自己对推销品的需求,最终说服其购买的方法。这种方法在推销谈判中最能引起顾客的兴趣,有利于营造一种融洽的气氛,有利于最终说服顾客。

(2) 提示法

提示法是指推销人员通过言语和行动,提示顾客产生购买动机,促使其作出购买决策,做出购买行为的推销洽谈方法。提示法可分为直接提示法、间接提示法、动意提示法、明星提示法、逻辑提示法、积极提示法、消极提示法和联想提示法等。

1) 直接提示法

所谓直接提示法,是指推销人员开门见山,直接劝说顾客购买其所推销的产品的方法。这是一种被广泛运用的推销洽谈提示方法。这种方法的特征是推销人员接近顾客后立即向顾客介绍产品,陈述产品的优点与特征,然后建议顾客购买。因为这种方法能节省时间,加快洽谈速度,符合现代人的生活节奏,所以很具优越性。

在运用直接提示法时应注意以下几点:第一,提示要抓住重点;第二,提示的内容要易于被顾客理解;第三,提示的内容应符合顾客的个性心理。

2) 间接提示法

间接提示法是指推销人员运用间接的方法劝说顾客购买产品,而不是直接向顾客进行提示。例如,可以虚构一个顾客,可以一般化的泛指。使用间接提示法的好处在于可以避免一些不太好直接提出的动机与原因,因而可以使顾客感到轻松、合理,从而容易接受推销人员的购买建议。在运用间接提示法时,推销人员应根据不同类型的顾客,不同的购买动机,有针对性、区别地使用。

3) 动意提示法

动意提示法是指推销人员建议顾客立即采取购买行动的洽谈方法。当一种观念、一种想法与动机在顾客头脑中产生并存在的时候,顾客往往会产生一种行为的冲动。这时,推销人员如果能够及时地提示顾客实施购买行动,效果往往不错。例如,当一个顾客觉得某个产品不错时,推销人员觉察到并及时提示顾客:"这种款式很好卖,这是剩下的最后一件了。"只要提示得及时、合理,效果一般不错。

在运用动意提示法时应注意以下几点:

①动意提示的内容应直接诉述顾客的主要购买动机;

②为了使顾客产生紧迫感也即增强顾客的购买动机,语言必须简练明确;

③应区别不同的顾客,对于那些具有内向、自尊心强、个性强等特征的顾客最好不用动意提示法。

4) 明星提示法

明星提示法是指推销人员借助一些有名望的人来说服、动员顾客购买产品的方法。明星提示法迎合了人们求名的情感购买动机,另外由于明星提示法充分利用了一些名人、名家、名厂等的声望,可以消除顾客的疑虑,使推销人员和推销产品在顾客的心目中产生明星效应,有力地影响了顾客的态度,因此,推销效果比较理想。

在应用明星提示法时应当注意以下几点:

①提示所指的明星(名人、名家等)都必须有较高的知名度,为顾客所了解;对于生产资料市场的推销,所提示的名厂,亦应该是该行业真正的市场领导者。

② 所提示的明星必须是顾客公认的,而且是顾客所崇拜尊敬的。因为,不同的名人有不同的崇拜者,不同的目标市场消费者群亦有不同的崇拜明星,推销人员在使用明星提示法时,应注意向不同的顾客提示不同的明星,不被顾客接受的明星反而使推销效果大打折扣,甚至事与愿违。

③ 所提示的明星与其所使用及消费的产品都应该是真实的。为此,应事先做好向明星的推销工作。

④ 所提示的明星与所推销的产品应有必然的内在联系,从而给推销洽谈气氛增加感染力与说服力。

5) 逻辑提示法

逻辑提示法是指推销人员利用逻辑推理劝说顾客购买的方法。它通过逻辑的力量,促使顾客进行理智思考,从而明确购买的利益与好处,并最终做出理智的购买抉择。逻辑提示法符合购买者的理智购买动机。

在运用逻辑提示法时应注意以下几点:

① 逻辑提示法的适用顾客必须具有较强的理智购买动机。市场营销学研究证明,顾客的购买动机因各种原因大致分为三大类,即理智型、情感型、惠顾型。只有那些文化层次较高、收入一般或财力较薄弱、倾向于条理化思维、意志力强的顾客才可能具有理智性动机,因而可以对他们运用逻辑推理提示法。而倾向情感型购买动机与惠顾型购买动机的顾客,则不适用这种方法。

② 要针对顾客的生活与购买原则进行推理演示。在同属于理智型购买动机的顾客群内,不同身份、不同职业的人有不同的动机内容、不同的逻辑思维方式,不同的购买推理逻辑与准则。因此,推销人员应尽最大可能分析了解顾客的个性倾向、人生哲学;了解顾

客思考问题的方法、模式与标准；了解顾客具体的购买动机与购买逻辑，从而说服顾客购买。

③ 做到以理服人。不符合科学伦理的强词夺理是不能服人的。逻辑推理之所以有力量，也就是因为它是科学的，符合与强调科学伦理的。

④ 掌握适当的推销说理方式，发挥逻辑的巨大作用。

⑤ 洽谈过程中应做到情理并重。人总是有情有义有欲望的，因此，推销人员应该把科学的却显得有点枯燥的逻辑推理与说服艺术结合起来，对顾客既晓之以理，又动之以情，促使顾客的购买行为合理化，从而使顾客较快地采取购买行为。

6）积极提示法

积极提示法是推销人员用积极的语言或其他积极方式劝说顾客购买所推销产品的方法。所谓积极的语言与积极的方式可以理解为肯定的正面的提示、热情的语言、赞美的语言等会产生正向效应的语言。例如，"欢迎参加我们社的旅游团，又安全又实惠，所看景点又多又好。""你看，这是摩托车手参加比赛的照片，小伙子们多神气！他们戴的是我们公司生产的头盔。"

在运用积极提示法时应注意以下几点：

① 可以用提示的方式引起顾客注意，先与顾客一起讨论，再给予正面的、肯定的答复，从而克服正面语言过于平坦的缺陷。

② 坚持正面提示，绝对不用反面的、消极的语言，只用肯定的判断语句。

③ 所用的语言与词句都应是实事求是的，是可以证实的。

7）消极提示法

消极提示法是指推销人员不是用正面的、积极的提示说服顾客，而是用消极的、不愉快的，甚至是反面的语言及方法劝说顾客购买产品的方法。例如，"听说了没有，过了60岁，保险公司就不受理健康长寿医疗保险，到那时要看病可怎么办？"用的就是消极提示法。

消极提示法包括遗憾提示法、反面提示法等，它运用了心理学的"褒将不如贬将、请将不如激将"的道理，因为顾客往往对"不是"、"不对"、"没必要"、"太傻了"等词句的反应更为敏感。因此，运用从消极到不愉快，乃至反面语言的提示方法，可以有效地刺激顾客，从而更好地促使顾客即采取购买行为。但消极提示法比较难以驾驭和把握，实施时应注意以下几点：

① 明确适用对象。反面提示法只适用于自尊心强、自高自大、有缺陷但不愿让人揭短、反应敏感、爱唱反调的顾客，而对于反应迟钝的顾客不起作用。但是对于特别敏感的顾客又会引起争执与反感。因此，分析顾客类型选准提示对象成为成功运用这个方法的关键。

② 刺激要适度。语言的运用要特别小心，做到揭短而不冒犯顾客，刺激而不得罪顾客，打破顾客心理平衡但又不令顾客恼怒。

③ 提示要针对顾客的主要购买动机。推销人员应在反面提示后，立即提供一个令顾客满意的解决方案，使推销人员的坦率、善意与服务精神打动顾客，形成良好的洽谈氛围，将洽谈引向交易。

8）联想提示法

联想提示法是指推销人员通过向顾客提示或描述与推销有关的情景，使顾客产生某种联想，进而刺激顾客购买欲望的洽谈方法。

联想提示法要求推销人员善于运用语言的艺术去表达、描绘，避免刻板、教条的语言，也不能采用过分夸张、华丽的辞藻。这样，提示的语言方能打动顾客，感染顾客，让顾客觉得贴切可信。

（3）演示法

日本丰田汽车公司一个不可动摇的原则是："一个优秀的推销员不只靠产品说话，而且要善于利用各种推销工具"。通常，顾客是听凭推销人员对产品的介绍来购买产品的，如果推销人员备有促进推销的小工具，则更能吸引顾客，激发他们的兴趣和好奇心，引发他们的购买欲。并且，人们有"耳听为虚、眼见为实"的心理，演示法正是很好地抓住了人们的这种心理。

演示法就是推销人员通过操作示范或者演示的途径介绍产品的一种方法，根据演示对象即推销工具的类别主要可分为产品演示法、行动演示法、文字或图片演示法等。

1）产品演示法

产品演示法是指推销人员通过直接向顾客展示产品本身说服顾客购买的洽谈方法。推销人员通过对产品的现场展示、操作表演等方式，把产品的性能、特色、优点表现出来，使顾客对产品有直观的了解。从现代推销学原理上讲，推销品本身就是一个沉默的推销员，是一个最准确、最可靠的产品信息来源，再生动的描述与说明，都不能比产品自身留给消费者的印象更深刻，可谓"百闻不如一见"。

产品演示法的作用有两个方面：一是形象地介绍产品，有助于弥补言语对某些产品，特别是技术复杂的产品不能完全讲解清楚的缺陷，产品演示法通过产品本身生动形象地刺激顾客的感觉器官，使顾客从视觉、嗅觉、味觉、听觉、触觉等感觉途径形象地接受产品，起口头语言介绍所起不到的作用；二是起证实作用，产品演示法可以制造一个真实可信的推销情景，直观了解，胜于雄辩。

运用产品演示法时应注意以下几点：

① 应根据产品的特点选择演示的内容和方式；

② 应根据顾客的特点，特别是顾客的购买动机与利益需求，来选择演示重点内容、方法、时间、地点等；

③ 应根据推销洽谈进展的需要，选择适当的时机进行演示；

④ 应注意演示的步骤与艺术，最好是边演示边讲解，并注意演示的气氛与情景效应；

⑤ 积极鼓励顾客参与演示，使顾客亲身体验产品的优点，从而产生认同感与占有欲望；

⑥ 在运用产品演示法时，推销人员要坚持产品实体的展示，并且要求演示的产品具有优良的质量，演示时要重点突出推销品的特殊功能与主要的差别优势，以取得良好的演示效果。

但是，产品演示法的运用也有一定的局限性，对于过重、过大、过长、过厚的产品以及服务性产品等，不适合采用实际产品现场演示法，但可以采用产品模型或样本演示的方式。

2）行动演示法

行动演示法是指推销人员运用非语言化的形式向顾客展示推销品的优点，以提示顾客采取购买行为的一种方法。这一方法的运用，不仅能吸引顾客的注意和兴趣，而且通过现场展示与使用推销品，给顾客一种真实可信的感觉，很直观地暗示与激励顾客采取购买行为。行动演示法只适合那些简单的、便于携带、便于表演的产品。

3) 文字或图片演示法

文字或图片演示法是指推销人员展示用以赞美与介绍产品的文字或图片等劝说顾客进行购买的方法。在不能或不便直接展示产品的情况下，推销人员通过向顾客展示推销品的文字、图片、图表、音像等资料，能更加生动、形象、真实可靠地向顾客介绍产品。在借助音像、影视设备来展示产品时，会做到动静结合，图文并茂，收到良好的推销效果。

9.3.3 推销洽谈的技巧

推销洽谈是推销人员与顾客双方在洽谈中不断磋商、互相妥协、解决分歧，以求最终达成双方均可接受，彼此获益的协议的过程。为了保证洽谈的顺利进行，推销人员不仅要具备倾听和语言表达的本领，而且还要能够恰当地运用洽谈的技巧。

(1) 开谈入题的技巧

当推销人员与顾客之间初步建立起和谐的洽谈气氛后，双方就应进入正式洽谈。在开谈阶段，推销人员应巧妙地把话题转入正题。

开谈入题要做到自然、轻松、适时。推销人员在与顾客讲开场白时，应顺理成章，自然地将闲话转入正题。入题的话应使顾客感到轻松愉快，而无成交压迫感。入题的时机要把握好，一般在对方对你产生好感，乐意与你交谈时入题最好。若入题太早，顾客尚未对你产生好感，那么不可能对你的推销品产生好感；入题太晚，说开场白的时间太长，会使顾客不耐烦，从而对推销失去兴趣。

开谈时可以从以下方面入题：第一，以关心人的方式入题；第二，以赞誉的方式入题；第三，以请教的方式入题；第四，以炫耀的方式入题；第五，以消极的方式入题。指出顾客存在的问题，有效地刺激顾客，迅速引起顾客的反应。

【案例 9-5】

投其所好的推销

一个专门推销建筑材料的推销员，一次听说一位建筑商需要一大批建筑材料，便前去谈生意，可很快被告知有人已捷足先登了。他还不死心，便三番五次请求与建筑商见面。那位建筑商经不住纠缠，终于答应与他见一次面，但时间只有 5 分钟。这位推销员在见面前就决定使用"趣味相投"的谋略，尽管此时尚不知建筑商有哪些兴趣和爱好。当他一走进办公室，立即被挂在墙上的一幅巨大的油画所吸引。他想建筑商一定喜欢绘画艺术，便试探着与建筑商谈起了当地的一次画展。果然一拍即合，建筑商兴致勃勃地与他谈论起来，竟谈了 1 小时之久。临分手时，允诺他承办的下一个工程的所有建筑材料都由对方供应，并将那位推销员亲自送出门外。

(2) 推销洽谈中听、述、问、答的技巧

推销洽谈的过程，通常就是听、述、问、答的过程，恰到好处的倾听、阐述、提问、回答，能使洽谈顺利进行。

1) 倾听的技巧

在推销谈判中，倾听能发掘事实真相，探索顾客的真实意图，所以，听往往比说还重要。推销人员在倾听顾客谈话时要做到以下几点。一是听时要专注。一般来说,思维的速度比说话要快 4 倍。因此,人们往往容易在听的时候思考别的问题,造成听而不闻。推销人员应使自己的注意力始终集中在顾客的谈话内容上。二是要善于听出顾客言语中所蕴含的观念和用意,若顾客故意含糊其辞,则可以要求对方解释清楚。三是要容忍听进一些可能触犯你的讲话,要让对方讲完,不要中途打断或驳斥。

2) 阐述的技巧

在洽谈中,阐述是说明自己一方的观点。阐述要使顾客了解本方的观点、方案、立场,又不能将自己的底细和意图过早地暴露,使自己处于不利地位。推销人员在阐述时要注意以下几点。一是先听后述。让顾客先阐述,待了解对方的意图之后,再决定自己阐述些什么。二是阐述要清楚明了。阐述时要避免使用"大概""可能""也许""差不多"之类的词,对不清楚的资料或问题切勿随口而述。三是坦诚客观。阐述的目的是沟通信息,在阐述中应做到态度谦和,直截了当地阐明自己的观点。当然,坦诚应以不危害自己的利益为限度,当说得详细说清,不当说的应滴水不漏。

3) 提问的技巧

推销人员在洽谈中,为了摸清对方的意图,表达己方的意愿,往往需要向顾客提出问题。在提问时,要针对顾客关心和感兴趣的问题。提问时要做到以下几点:一是提出的问题最好是范围界限比较清楚的,使顾客的回答能有具体内容;二是提问要促进洽谈成功,不是那些似是而非,可答可不答的问题,以及与洽谈无关的问题;三是提问要尊重顾客,不提那些令人难堪和不快,甚至有敌意的问题,以免伤害顾客感情,使洽谈陷入僵局;四是提问态度要谦和友好,用词要恰当、婉转;五是要注意提问的时间性,不要随便打断顾客的讲话,要耐心听完对方的讲话再提问。

4) 回答的技巧

在推销洽谈中,对于顾客的提问,推销人员首先要坚持诚实的原则,给予客观真实的回答,既不言过其实,又不弄虚作假,赢得顾客的好感和信任。但是,有些顾客为了自己的利益,提出一些难题、怪题,甚至是别有用心的问题,或者是涉及企业秘密的问题,推销人员就应该使用一些技巧来回答。回答顾客提问时要注意以下几点。一是回答之前要明确对方提问的用意。二是回答时要有条有理,言简意赅,通俗易懂。三是对于一些不便回答的问题,应采取灵活的方法给自己留下进退的余地。例如,使用模糊语言,向对方透露一些不太确切的信息;或者回避问话中的关键问题,先谈次要内容;或者采取反攻法,要求对方先回答自己的问题,或者找借口,找些客观理由表示无法或暂时无法回答对方的问题;对于应否定的问题,为避免直接的冲突,要用幽默的语言,委婉含蓄地表达。

5) 处理僵局的技巧

在推销洽谈中,由于推销人员与顾客双方的利益与认识不同,会出现各抒己见,互不相让的僵持局面,使洽谈无法进行下去,甚至导致洽谈不欢而散,无法取得交易的成功。

形成僵局的原因很多,在洽谈中,僵局随时都可能发生。只要我们掌握一些处理僵局的技巧,问题就会迎刃而解。

① 要尽量避免僵局出现。推销人员要将形成僵局的因素消灭在萌芽状况。首先,推销人员在洽谈中,要对顾客的批评意见持冷静态度,不为顾客的批评意见而争吵。其次,要积极探寻顾客意见和建议的价值。在应对意见时,先对意见的可取之处进行肯定,再根

据客观信息和理由给予否定。再次，要善于直接或间接利用顾客的意见说服顾客。最后，在直接答复顾客的反对意见时，要大量引入事实和数据资料，用充分的理由说服顾客。

② 要设法绕过僵局。在洽谈中，若僵局已形成，一时无法解决，可采用下列方法绕过僵局：一是撇开争执不下的问题，去谈容易达成一致意见的问题；二是在发生分歧，出现僵局时，回顾以前的友好交往，削弱对立情绪；三是暂时休会调整情绪和策略；四是推心置腹交换意见，化解冲突；五是邀请有影响力的第三者调停。

③ 打破僵局。在僵局形成之后，绕过僵局只是权宜之策，最终要想办法打破僵局。打破僵局的方法有如下几种：一是扩展洽谈领域。单一的交易条件不能达成协议，把洽谈的领域扩展，如价格上出现僵局时，可将交货期、付款方式一起来谈。二是改变洽谈环境。洽谈出现僵局容易使人产生压抑感，推销人员可以建议去旅游观光或参加一些娱乐活动，在轻松活泼、融洽愉快的气氛中，解决洽谈中的棘手问题。三是更换洽谈人员。在洽谈陷入僵局时，人们为了顾全自己的面子和尊严，谁也不愿先让步，这时可以换一个推销人员参与洽谈。四是改期。当僵局暂时无法打破，可暂时中止谈判，使双方冷静下来，进行理智的思考。五是让步。在不过分损害己方利益时，可以考虑以高姿态首先做一些小的让步。

9.4 顾客异议的处理

顾客异议是推销过程中的一种必然现象，作为企业和推销人员来说，应鼓励和欢迎顾客提出真实的异议，并认真分析顾客抱怨的根源所在，从而采取适当的方法与策略来妥善处理顾客异议，以提高顾客的满意度与忠诚度，树立企业的良好形象。

9.4.1 顾客异议的概念及类型

（1）顾客异议的概念

顾客异议是指顾客针对推销人员及其在推销中的各种活动所做出的一种反应，是顾客对推销品、推销人员、推销方式和交易条件发出的怀疑、抱怨，提出的否定或反对意见。在实际推销过程中，推销人员会经常遇到"对不起，我很忙""对不起，我没时间""对不起，我没兴趣""价格太贵了""质量能保证吗？"等被顾客用来作为拒绝购买推销品的问题，这就是顾客异议。

（2）顾客异议的类型

顾客异议的表现形式多种多样，根据划分的标准不同，可以分为不同的类型。

1) 根据顾客异议的性质，可以将其划分为真实异议和虚假异议。真实异议是指推销活动的真实意见和不同的看法，因此又称为有效异议。对于顾客的真实异议，推销人员要认真对待，正确理解，详细分析，并区分不同异议的原因，从根本上消除异议，有效地促进顾客的购买行为。虚假异议是指顾客用来拒绝购买而故意编造的各种反对意见和看法，是顾客对推销活动的一种虚假反应。虚假异议的产生多是顾客拒绝推销的意识表示，并不是顾客的真实想法，可能是顾客为了争得更多的交易利益而假借的理由。推销人员可以采取不理睬或一带而过的方法进行处理。

2) 根据顾客自身的条件，可以将其划分为需求异议、财力异议和权力异议。需求异议即顾客主观上认为自己不需要推销品的一种异议。财力异议即顾客以支付能力不足或没有支付能力为由而提出的一种购买异议。权力异议即顾客以自己无权决定购买产品而提出的一种异议。

3）根据顾客异议的内容，可以将其划分为产品异议、价格异议、购买时间异议和政策异议。产品异议即顾客对推销品的内在素质、外观形态等方面提出不同看法和意见而形成的一种异议。价格异议即顾客认为推销品的价格与自己估计的价格不一致而提出的异议。购买时间异议即顾客自认为购买推销品的最好时机还未成熟而提出的异议。政策异议即顾客对自己的购买行为是否符合有关政策的规定而有所担忧进而提出的一种异议，也称为责任异议。

4）根据推销企业的条件，可以将其划分为货源异议、服务异议和企业异议。货源异议即顾客自认为不应该购买推销人员所代表的企业产品而提出的异议。服务异议即顾客对推销品交易附带承诺的售货服务的异议，如对服务方式方法、服务延续时间、服务延伸度、服务实现的保证程度等多方面的意见。企业异议即顾客针对推销品的生产或经销企业提出的一种异议。顾客的这种异议往往和产品异议有一定的联系，有时由于对产品的偏见影响到对企业的看法。

9.4.2 顾客异议的成因

在推销过程中，顾客异议的成因是多种多样的。既有必然因素、又有偶然因素；既有可控因素，又有不可控因素；既有主观因素，又有客观因素。

（1）顾客方面的原因

其主要体现在以下几个方面：顾客对产品的认知程度；顾客的购买经验和习惯；顾客的收入水平低或经济状况较差而导致的支付能力问题；顾客存在的成见；顾客有比较稳定的采购渠道；顾客有限的决策权等。

（2）推销品方面的原因

推销品自身的问题致使顾客对推销品产生异议的原因也有很多。主要表现为以下几点：推销品的质量；推销品的商标、包装；推销品的市场寿命周期；推销品的价格；推销品的服务等。

【案例9-6】

购车引发的异议

一天，王先生带着儿子逛庙会，在浏览摊位时，儿子吵着要买一辆35元的玩具小汽车，王先生当时就不怎么在意地买了一个。可是到了第二天，不知道是儿子的玩法太粗野还是玩具车的齿轮没有接合好，车子一动也不动了。王先生非常无奈，只好笑着对一直耿耿于怀的儿子安慰说："没办法，这是地摊货，过几天再买一个好的给你。"

过了两天，王先生在公司附近的一家玩具商店看到了同一款式的小汽车，就花了40元钱如约再买了一辆给儿子。儿子很高兴地玩了起来，可是到了第二天，车子又转不动了。王先生得知儿子的使用方法无误后，判断所买的玩具车是有瑕疵的，于是便利用下班的时间前往玩具商店理论。结果，营业员小肖漫不经心地说："是你的小孩使用不当造成的，别找其他的理由。"并以"当场验货，货出店门概不负责"为由不予调换。王先生很是生气，便与他当场争论起来。当时围观的人不少，这时柜组经理梅佳过来，问清缘由后，便给王先生换了一辆玩具汽车，并双手把小汽车交给王先生，并代表整个柜组向王先生表示道歉。事态总算得到了平息，围观的群众大都赞叹：看人家负责任，真有水平，给人一种讲道理、重信誉的印象。

(3) 其他方面的原因。除了上述两个原因外，还有推销人员自身的原因；企业方面的原因；社会上或自然界发生的一些意外事件也影响企业产品销售，导致顾客异议的产生。

9.4.3 处理顾客异议的方法

顾客异议形式多样，错综复杂，推销人员要积极深入地分析根源，探寻有效解决异议的方法，为排除推销障碍，促成交易打下良好的基础。

常见的处理顾客异议的方法如下：

(1) 直接否定法

直接否定法又称反驳处理法。这种方法是推销人员根据较明显的事实与充分的理由直接否定顾客异议的方法。推销人员采用这种方法给顾客直接、明确、不容置疑的否定回答，迅速、有效地输出与顾客异议相悖的信息，以加大推销说服的力度和反馈速度，从而达到缩短推销时间、提高推销效率的目的。

直接否定法适用于处理由于顾客的误解、成见、信息不足等而导致的有明显错误、漏洞、自相矛盾的异议，正确地运用直接否定法，以合理而科学的根据反驳顾客，可以增强推销论证的说服力，增强顾客的购买信心。但这种方法在使用方面也存在一些缺点，比如，容易使顾客产生心理压力和抵触情绪，甚至可能伤害顾客的自尊，引起顾客的反感或激怒顾客，造成推销洽谈的紧张气氛，不仅没有化解顾客异议，反而使异议成为成交障碍。

(2) 间接否定法

间接否定法是指推销人员根据有关事实和理由来间接否定顾客异议的一种方法。在使用这种方法处理顾客异议时，首先要表示对顾客异议的同情、理解，或者仅仅是简单地重复，使顾客心理暂时得到平衡，然后再用转折词，如"但是""不过"等，把话锋一转，再用有关事实和理由否定顾客异议。在推销实践中，间接否定法较之直接否定法使用得更为广泛。这种方法不是直截了当地否定顾客的异议，而是先退后进，语气比较委婉，一般不会冒犯顾客，容易被顾客接受，能够缩短推销人员与顾客的心理距离，使顾客感到被尊重、被承认、被理解，委婉而富有人情味，有利于保持良好的推销气氛和人际关系。

这种方法在实际运用中也有一定的局限性。推销人员首先做出的"退让"，可能会削减顾客购买的信心，降低推销人员及其推销说服的力量，也会促使顾客因为受到鼓励而提出更多的异议。特别是这种方法要求推销人员不要直接反驳顾客异议，而是回避顾客异议内容，转换推销话题的角度，可能会使顾客觉得推销人员圆滑、玩弄技巧而产生反感情绪。

(3) 补偿法

补偿法又称抵销处理法、平衡处理法，是指推销人员利用顾客异议以外的、能够补偿顾客其他利益的处理方法。也就是用产品的优点来弥补产品的不足，从而证明客户购买产品是值得的。在推销实践中，推销人员应该承认这样一个事实，那就是：本企业及其推销品并不是尽善尽美的，推销活动也有疏忽与不妥当之处，与市场上竞争对手的产品相比，也有优劣长短。对此，推销人员应当辩证地去看待，尊重事实，不要回避与躲闪，并客观地看待顾客的异议。如果推销人员能够充分地用说理和实证来证明推销品虽然存在缺点，但优点更多、使顾客相信推销品的优点大于缺点，顾客会接受推销人员的购买建议。这一方法在推销工作中,是普遍运用的方法,特别是顾客理智地提出有效真实的购买异议时。

补偿法的优点在于:推销人员能实事求是地承认推销品的不足之处,并能客观地向顾客介绍推销品的优点,给顾客的感觉是真诚、客观,可以信赖,从而有利于促成交易;另外,推销人员并不是反驳或否定顾客异议,相反却是予以肯定和补偿,有利于建立和维护购销双方的友好关系。但这一方法也有其缺点:推销人员事先肯定了顾客的异议,可能会引发顾客对推销品的误会,助长顾客对异议的坚持,对购买失去了信心;甚至会使顾客异议增多,增加推销劝说的难度;还可能会拖延推销时间,降低推销效率。

【案例 9-7】

成功的补偿法

在一次冰箱展销会上,一位打算购买冰箱的顾客指着不远处一台冰箱对身旁的推销员说:"那种 AE 牌的冰箱和你们的这种冰箱同一类型,同一规格,同一星级,可是它的制冷速度要比你们的快,噪声也要小一些,而且冷冻室比你们的大 12L。看来你们的冰箱不如 AE 牌的呀!"推销员回答:"是的,你说的不错。我们冰箱噪声是大点,但仍然在国家标准允许的范围以内,不会影响你及家人的生活与健康。我们的冰箱制冷速度慢,可耗电量却比 AE 牌冰箱少得多。我们冰箱的冷冻室小但冷藏室很大,能储藏更多的食物。你一家三口人,每天能有多少东西需要冰冻呢?再说吧,我们的冰箱在价格上要比 AF 牌冰箱便宜 300 元,保修期也要长 6 年,我们还可以上门维修。"顾客听后,脸上露出欣然之色。

(4)太极处理法

取自于太极拳中的借力使力,就是你一出招我就顺势接招再放招的办法。太极处理法的基本做法是,当顾客提出一些不购买的异议时,这正是推销人员认为您要购买的理由,也就是推销人员能立刻把顾客的反对意见直接转换成他必须购买的理由。太极处理法处理的多半是顾客不十分坚定的异议,特别是顾客的借口,太极处理法最大的目的就是让推销人员能够借处理异议之机,迅速地陈述他能带给顾客的利益,以引起顾客购买的意愿。

(5)询问法

询问法又称问题引导法或追问法,是指推销人员利用顾客提出的异议,直接以询问的方式向顾客提出问题,引导顾客在回答问题过程中不知不觉地回答了自己提出的异议,甚至否定自己,同意推销人员观点的处理方法。

运用询问法来处理顾客异议,使推销人员掌握更多的顾客信息,为进一步推销创造了条件;带有请教意义的询问会让顾客感到受到尊重或重视,从而愿意配合推销人员的工作,使推销保持良好的气氛与人际关系;另外,询问法还使推销人员从被动听顾客申诉异议变为主动地提出问题与顾客共同探讨。

但这种方法如果运用不当,可能会引发顾客的反感与抵触情绪,或在推销人员的多次询问抑或追问下,产生更多的异议,破坏推销气氛,阻碍推销工作的顺利进行。

(6)转化法

转化法亦称利用处理法、反戈处理法,是指推销人员利用顾客异议中有利于推销成功的因素,并对此进行加工处理,转化为自己观点的一部分去消除顾客异议,说服其接受推销。

转化法是一种有效的处理顾客异议的方法。这种方法是"以子之矛,攻子之盾",推销人员改变了顾客异议的性质和作用，把顾客拒绝购买的理由转化为说服顾客购买推销品的理由，把顾客异议转化为推销提示，把成交的障碍转化为成交的动力，不仅有针对性地转变了顾客在最关键问题上的看法，而且使之不再提出新的异议。并且，在这一方法里，推销人员直接承认、肯定了顾客意见，在此基础上转化顾客异议，这样可以保持良好的人际关系和洽谈气氛。

但是，如果这种方法使用得不当，反而会给推销工作带来麻烦。因为，推销人员是直接利用顾客的异议进行转化处理的，会使顾客感到有损自尊，产生一种被人利用、愚弄的感觉，可能会引起顾客的反感甚至恼怒，也可能会使顾客失望而提出更难解决的异议。

（7）不理不睬法

不理不睬法亦称装聋作哑处理法、沉默处理法、糊涂处理法，是指推销人员有意不理睬顾客提出的异议，以分散顾客注意力，回避矛盾的处理方法。

通常情况下，推销人员应该热情地解答顾客提出的各种各样的问题，以帮助顾客了解、认识推销品。但是，在推销活动中，对于那些无效的、无关的、虚假的异议，推销人员就可以采取不理不睬法，故意忽视、回避或转移话题，以保持良好的洽谈气氛，避免与顾客发生冲突。

不理不睬法不可滥用，在运用时应注意：即使顾客述说的是无效的、虚假的异议，推销人员也要尊重顾客，耐心地聆听，态度要温和谦恭；在不理睬顾客的某一异议时，注意要马上找到应该理睬顾客的内容，避免顾客受到冷落。

（8）预防处理法

预防处理法是指推销人员在推销拜访中，确信顾客会提出某种异议，就在顾客尚未提出异议时，自己先把问题说出来，继而适当地解释说明，予以回答。由此可见，预防处理法的最大好处就是先发制人，有效地阻止顾客的异议。但采用这种方法，推销人员必须在接近顾客之前，将顾客有可能提出的各种异议列出来，并详细准备好处理方法，在推销中灵活运用。

（9）定制处理法

定制处理法是指推销人员按照顾客异议的具体要求重新为顾客制造与推销符合顾客要求的产品，从而进行顾客异议处理。这一方法很好地体现了现代市场营销观念中"按需生产""以销定产"的观点，企业按照顾客异议的具体内容进行推销品的生产与销售，是满足顾客需求的最好方法，也是目前能够满足顾客需要的最高标准。另外，可以通过产品与推销的改进来带动企业生产与经营活动的进步，引发企业对新产品的开发与市场开拓，更好地体现企业及推销人员的服务精神，在当今竞争激烈的市场经济中，无疑也是一种比较有效的竞争方式。

处理顾客异议的方法还有多种，如拖延法、举证说明法、有效类比法、旁敲侧击法等。在推销实践中，推销人员应根据不同的推销情况加以灵活运用，并善于创新，以提高推销效率，提升推销业绩。

9.5 促成交易

9.5.1 促成交易的概念

促成交易是推销中极为重要的一个步骤。某些推销人员，尤其是缺乏经验的推销人员，把推销说明做得很突出，处理顾客异议的技巧也相当高明，但是却没有认识到可进行试探促成交易的所有重要信号，以致失去了成交的良机。所谓促成交易，是指推销人员通过推销说明等工作激发起顾客就购买推销品，做出积极肯定的购买决策。

9.5.2 促成交易的障碍

由于存在种种原因使得推销人员在推销实践中无法最终促成交易，这些障碍尽管比较复杂，但主要来自顾客和推销人员两方面。

（1）来自顾客方面的成交障碍

来自顾客方面的成交障碍主要是顾客对购买决策的修正、推迟和避免行为。在成交阶段，顾客常常受其风险意识的影响，修正，推迟已做出的购买决策，或者避免做出购买决策，从而使推销人员的努力付诸东流。要降低顾客的风险意识，要求推销人员有极大的耐心，要求推销人员谙熟顾客的心理和促成交易的方法。

（2）来自推销人员方面的成交障碍

来自推销人员方面的成交障碍主要是推销人员对成交的心理与态度不正确，洽谈不充分，技巧不熟练。主要表现在：推销人员的畏难心理，推销人员对成交的困难估计过高，总是担心无法成交；急于成交，推销人员过早地要求顾客采取购买行动也是导致成交失败的原因之一；不恰当的态度，有的推销人员看到顾客准备采取购买行动时，表现出过于兴奋和激动的表情，引起顾客无端的怀疑和抵触，使即将到终点的推销过程不得不重新又回到起点；面谈不定期没有充分展开；成交方法不恰当，只有根据具体的推销环境，有针对性地运用恰当的成交策略与技巧，才能顺利达成交易。而不合适的成交方法，往往会断送即将达成的交易。

9.5.3 促成交易的方法

促成交易的方法是指在促成交易的过程中，推销人员在适当的时机用以促成顾客做出购买决定，采取购买行动的方法和技巧。主要有以下几种常用的促成交易的方法。

（1）请求成交法

请求成交法又称为直接成交法，是指推销人员向顾客主动提出成交的要求，直接要求顾客购买销售商品的方法。这是一种最基本、最常用的成交方法。请求成交法较适用于以下一些场合。一是老客户。对于老顾客，因为买卖双方已建立了较好的人际关系，运用此法，顾客一般不会拒绝。二是顾客已发出购买信号。顾客对推销品产生购买欲望，但还未拿定主意或不愿主动提出成交时，推销人员宜采用请求成交法。三是在解除顾客存在的重大障碍后。当推销人员尽力解决了顾客的问题和要求后，是顾客感到较为满意的时刻，推销人员可趁机采用请求成交法，促成交易。

运用请求成交法应注意的问题如下：首先，要求推销人员具备较强的观察和决策能力；其次，把握好成交的时机、密切注意顾客的成交信号；最后，尽量避免向顾客施加过大的压力。

(2) 假定成交法

假定成交法是指推销人员在假定顾客已经接受推销建议，只需对某些具体的成交问题做出答复，直接要求顾客购买推销品的一种方法。这种方法，人为地提高了推销人员与顾客谈判的起点。推销人员表现了对成交的自信心，积极进攻，主动引导顾客，回避是否购买的问题。顾客对推销品感兴趣，但不会主动提出，成交与否取决于推销人员的态度。

假定成交法的优点是节省推销时间，提高效率。它可以将推销提示转化为购买提示，适当减轻顾客的成交压力，促成交易。假定成交法也有一定的局限性，它是以推销人员的主观假定为基础，某些类型的顾客会认为推销人员自以为是；顾客已接受推销品的心理暗示，不使用这种方法时，要注意：推销人员要善于分析顾客，有针对性使用；推销人员应善于把握时机，适时使用；推销人员应善于制造推销气氛，自然地使用。

(3) 选择成交法

选择成交法是指推销人员直接为顾客提供一个有效的选择方案，并促使顾客立即做出选择的一种成交方法。它是假定成交法的应用和发展，仍然以假定成交理论作为理论依据，即推销人员在假定成交的基础上向顾客提出成交决策的比较方案，先假定成交，后选择成交。顾客不是在买与不买之间选择，而是在推销品不同的数量、规格、颜色、包装、样式、交货日期等方面做出选择，顾客无论做出何种选择的结局都是成交。这种方法在实际推销工作中经常使用，并且具有明显的效果。

选择成交法的优点就在于既调动了顾客决策的积极性，又控制了顾客决策的范围。选择成交法的要点是使顾客避开"要还是不要"的问题，让顾客回答"要A还是要B"的问题。

这种方法能否成功的关键在于，推销人员能否正确地分析和确定顾客的真正需要，提出适当的选择方案。提出与顾客需要相符的选择方案，有助于顾客购买，有利于顺利成交。选择方案不宜过多，否则反而会使顾客拿不定主意。在实际工作中，推销人员应灵活运用选择成交法。

(4) 小点成交法

小点成交法是推销人员通过次要问题的解决来促成交易的一种成交法。小点是指次要的、较小的成交问题。小点成交法利用了顾客的成交心理活动规律。从顾客购买心理的角度来看，购买者对重大的购买决策往往产生较大的心理压力，较为慎重，担心有风险而造成重大损失，导致难以决断，特别是成交金额较大的交易。而顾客面对较小的购买决策时，心理压力较小，会较为轻松地接受推销人员的引荐。小点成交法正是利用了顾客这一心理活动规律，避免直接提出重大的、顾客比较敏感的成交问题。

小点成交法的优点是：可以创造良好的成交气氛，减轻顾客的心理压力；为推销人员提供了与顾客周旋的余地，一个小点不能成交，可以换其他的小点，直至达成交易；有利于推销人员合理利用各种成交信号，有效地促成交易。

(5) 从众成交法

从众成交法是指推销人员利用顾客的从众心理，促使顾客立即购买推销品的一种成交方法。

日常生活中，人们或多或少都有从众心理，从众心理必然导致社会趋同的从众行为，作为人们的购买行为，当然会受到自身性格、价值观念、兴趣爱好等因素的影响，同时又会受到家庭、亲戚好友、社会相关群体等因素的影响。因而顾客在购买商品时，不仅会按照自身需求来选购推销品,而且也会考虑社会上对此种推销品的行为规范和审美观念,甚至在某些时候不得不屈从于社会的压力而放弃自身的爱好,以符合大多数人的消费行为。

从众成交法正是抓住人们的这一心理特点,力求创造一种时尚或流行来鼓动人们随大流,进而来促成交易的成功。从众成交法主要适合于推销比较时尚的商品,并且要求推销对象具有从众心理。如果商品的流行性差,号召力不强,又遇到自我意识较强的顾客,就不宜采用此种成交方法来达成交易。

(6) 最后机会成交法

最后机会成交法是指推销人员直接向顾客提示最后成交机会而促使顾客立即购买的一种成交方法。例如,"这款衣服的出厂价已上涨30%,恰好在涨价前进了一批,售价不高,下一批货就不是这种价位了,现在买最实惠。"这一成交方法要求推销人员运用购买机会原理,向顾客提示"机不可失,失不再来",给顾客施加一定的成交压力,使顾客感到应该珍惜时机,尽快采取购买行为。强调最后机会,必然引起顾客的注意和浓厚的兴趣,从而产生一种立刻购买的心理倾向。

(7) 优惠成交法

优惠成交法是指推销人员通过提供优惠条件,从而促使顾客购买推销品的一种成交方法。它利用顾客的求利购买动机,直接向顾客提示成交优惠条件,诱使顾客立即购买推销品。

优惠成交法与最后机会成交法结合起来运用,更能增强对顾客的刺激强度,诱导性更强。优惠的机会"千载难逢",尤其是预测未来对顾客不利时,谁都希望搭上这"最后的班车",这对达成交易将更为有利。

【案例 9-8】

欲擒故纵

秋末,美国西雅图的一家百货商店积压了一批衬衫。这一天老板在散步时,看见一家水果摊前写着"每人限购一公斤",过路的人争相购买。商店老板由此受到启发,回到店里,让店员在门前的广告牌上写上"本店售时尚衬衫,每人限购一件",并交代店员,凡购两件以上的,必须经理批准。第二天,过路人纷纷进店抢购,上办公室找经理特批超购的大有人在,于是店里积压的衬衫销售一空。

(8) 总结利益成交法

总结利益成交法是指推销人员将顾客关注的产品的主要特色、优点和利益,在成交中以一种积极的方式来成功地加以概括总结,以得到顾客的认同并最终获取订单的成交方法。

总结利益成交法的基本步骤为:首先,推销洽谈中确定顾客关注的核心利益;其次,总结这些利益;最后,向顾客提出购买建议。

总结利益成交法的优点是:使顾客全面了解商品,激发顾客的购买兴趣,最大限度地吸引顾客的注意力,使顾客在明确自己既得利益的基础上迅速做出决策。但是采用此法,推销人员必须把握住顾客真正的需求,有针对性地汇总阐述产品的优点,切不可将顾客提出异议的方面作为优点加以阐述,以免遭到顾客的再次反对,使总结利益的劝说达不到效果。

(9) 保证成交法

保证成交法是指推销人员通过向顾客提供售后保证,从而促成交易的成交方法。保证成交法是推销人员针对顾客的主要购买动机,向顾客提供一定的成交保证,消除顾客的成交心理障碍，降低顾客的购物风险，从而增强顾客的成交信心，促使尽快成交。保证成交法是一种大点成交法，直接提供成交保证，直至促成交易。

保证成交法的保证内容一般包括商品质量、价格、承诺、交货时间、售后服务等。这种保证基于对顾客的成交心理障碍的正确认识，通过售后保证降低顾客的购物风险。但是，保证成交法也不可滥用，以免失去推销信用，引起顾客的反感，从而不利于成交。

9.6 成交后续工作

建立和发展良好的客户关系必须从成交后立即开始。只有做好成交后续工作，与顾客的关系才可能建立起来并发展下去。成交以达成交易协定为特征，但销售的完成却以实现产品和货币的交换为特征。对于一般消费品的推销，达成交易协定和实现产品与货币的交换可以说是同时进行的；但在工业品和特殊消费品的推销中这两项工作往往是分开的。现代市场营销更将销售完成的时间表推至购买者把所购产品完全消费或使用到弃置后，因为在此之前他们都不会再购买同一产品。因此，成交达成之后并不意味着推销工作的结束，推销人员还有许多成交后续工作需要完成。这类工作主要有销售合同的订立、顾客抱怨的处理、回访顾客及售后服务的跟进等。

9.6.1 销售合同的订立

销售合同是卖方转移标的物的所有权于买方，买方支付价款的合同。有偿转移标的物的所有权是买卖合同最基本的法律特征，这是它与租赁合同、赠予合同最主要的区别。推销洽谈成功且顾客有成交意愿后，推销人员应及时把这种成交的意愿以书面合同形式固定下来，防止谈判结果"付之东流"。

有些情况下，交易协定是以口头形式达成的。例如，电话订货时只要购买者的信用状况可被接受，即可为其送货。但有些情况下，交易必须以书面的购销合同来确认。因此，口头达成交易后，必须将交易协定书面化，作为双方责任和义务的法律认可，避免日后出现拒绝收货、拖欠货款或不承认成交条件的纠纷时无据可依。

（1）订立合同的程序

订立销售合同一般要经过两个法定程序：一个是要约，另一个是承诺。其中，一个是提出订立合同的建议；另一个是接受订立合同的建议。日常生活中，订立销售合同时，当事人之间往往要讨价还价，经过多次磋商才能达成协议，即经过要约—反要约—再要约，直至承诺，最后才能达成双方均可接受的合同。

（2）签订合同的注意事项

签订正式成交合同，除了法律方面的问题外，还要注意一些技术性的问题。有的企业备有印刷精美的销售合同书，一旦成交，即由双方代表在上面签字，确认预订的购销条款及某些附加条款。使用这种合同书时，推销员必须让顾客充分了解合同的各项条文，并指出重要条款或措辞，必要时还要详细加以说明。只有买卖双方确实了解了彼此的期望，事后才会减少许多问题的发生。冗长的合同常常会令人感到烦琐，甚至产生畏惧，顾客可能因之而感到害怕。因此，推销员在签署合同前尽量将合同文字简化，令购买者容易理解。

销售合同应尽量根据不同的购买者而定，这样可以满足顾客的差异要求，也可消除顾客被强加接受的心理阴影。同时，这样做还能特别体现出推销员的个性，反映买方市场以客为主的销售方式。双方共同讨论、制定和签署合同的所有条款,既可加深双方对合同内容的认识和理解,也为以后顺利履行合同打下良好的合作基础。

9.6.2 顾客抱怨的处理

抱怨是不满意的表现,顾客对购买产品的抱怨常常产生于需求与满足的矛盾中。顾客的目的没有达到,愿望没有实现,因而他们会在行为上表示不满,对推销人员和企业进行责怪。无论如何,推销人员都应该正确对待和处理顾客的抱怨。

(1) 重视顾客抱怨

一个投诉可能代表着许多顾客的抱怨。没有一种产品是完美无缺的,任何产品都可能存在质量问题或性能问题,总之存在着不尽如人意的地方,这就会使顾客产生抱怨,而这种抱怨是可以扩散的。在某种意义上来说,顾客的不满对厂商确实是一种灾祸。因为产品质量或服务毕竟存在缺陷,顾客有意见不向你诉苦也会向别人诉苦,与其让顾客向别人诉苦,扩大公众对本公司的不利影响,倒不如让顾客向你诉苦,好让你做出正确的处理,消除顾客的抱怨,使之成为转祸为福的机会。

如果产品和服务中确实存在缺陷,使顾客产生不满,引起顾客抱怨,无疑是为你所推销的产品和服务提供于克服缺点、提高服务质量的线索,是不花钱而得来的最佳销售情报。许多顾客每逢买到次品或碰到不良服务时,因害怕麻烦或不好意思而不去投诉,但产品或服务由此产生的坏印象和坏名声永远留在他们心中。因此,对顾客的抱怨,我们应该表示欢迎,要以礼相待,耐心听取顾客的意见并及时处理,使顾客满意而归。即使碰到爱挑剔的顾客,也要婉转忍让,至少在心理上给顾客如愿以偿的感觉,如有可能,推销员应尽量在少受损失的前提下满足他们提出的一些要求。

(2) 认真查找顾客抱怨的原因

顾客的抱怨不是全部合理的,有些顾客喜欢鸡蛋里面挑骨头,但不论是何种情况,推销员都必须认真了解问题的原因,仔细检查产品,及早解决问题,尽快减轻顾客对产品的不良印象。顾客对产品或服务不满,有时是因误解而引起的。遇到这种情况,推销员要耐心地向顾客进行解释,使误会得以澄清。

(3) 站在顾客的立场考虑问题

顾客的抱怨对推销工作危害很大,它会使顾客产生消极心理,使顾客在认识上和感情上与推销一方产生抵触。一位顾客的抱怨和批评比广告宣传更具有权威性,它直接影响公众对推销产品和企业的印象,威胁推销人员的声誉,阻碍推销工作的深入和消费市场的进一步拓展,因此不能掉以轻心。

推销过程中,抱怨与异议不尽相同,它们之间有着明显的区别。异议通常由当事人以一定的实证为背景材料,经过思考并用论理的方式表达出来;而大多数顾客的抱怨往往以某种情绪为背景,对推销人员发泄出来。因此,对待抱怨不能完全采用处理异议的方法,必须另择良策。正确对待和有效处理顾客抱怨的最基本方法就是站在顾客立场,设身处地地为顾客着想。

下面介绍几种处理顾客抱怨的技巧:

1) 为了能够正确判断顾客的抱怨,推销人员必须站在顾客的立场看待问题,这样才能让顾客感觉到推销员真正地关心他的利益,才能使问题容易解决。

2) 耐心倾听顾客意见,让顾客畅所欲言,不打断、不插嘴、不争辩。

3) 不管对方的抱怨是否有理，推销员都要保持诚恳、热忱的态度。

4) 在一定场合，顾客的抱怨是难以避免的，因而推销员对此不必敏感，不要把顾客的抱怨看作对自己的指责，要把它当作正常工作中的问题去处理。

5) 如果拒绝接受顾客的赔偿要求，应婉转地说明理由。

6) 如果判断顾客的抱怨是合理的，推销员一定要在职权范围内尽快解决，使顾客感到满意，这样还有机会赢得顾客再次购买产品的机会。处理时，不要超出自己的权限，不能违反公司规定擅做主张，不要向顾客允诺一些不能兑现的保证和许愿。

7) 要向顾客提供各种方便，只要顾客有意见，尽量做到让他当面倾诉出来，并且善于发现顾客一时还没有提出来的意见和不便提出的问题。

8) 不论顾客是否有理、态度是否过激，推销人员都要使自己保持冷静，平息对方的怒气。

9) 经过调查证实顾客的意见后，应尽快采取补偿措施，尽量使顾客接受补偿。

10) 把顾客的意见整理成资料，加以分析、总结，从中吸取经验、教训，做到有则改之、无则加勉。

9.6.3 回访顾客

交易达成以后继续与顾客保持联系，对于开拓多次性重复销售有着重大意义。试想一下，当你完成购买行为后，推销人员就不见踪影，你会有什么样的感觉？成交后继续向顾客传递问候的信息是个很好的办法，如果没有其他消极因素的影响，推销员的回访极少会受到顾客的抵制。回访的目的是尽可能地确保产品和服务让顾客满意。除了对顾客表示关心之外，还有一些重要的事情需要推销人员通过回访进行处理。

1) 核对交易事项

有时，公司可能出现不能按约交货的问题。例如，由于产品库存不足，不得不延迟交货，此时推销员必须及时与顾客进行沟通。

2) 调整交易量

有些情况下，顾客可能决定需要更多的数量，推销员应考虑扩大交易的可能性。

3) 核对票据和文书工作

为了避免因票据制作有误而使顾客产生误解并带来不必要的麻烦，从而影响双方关系，推销人员应该确保票据和文件准确无误。推销员还应注意检查支付事项，若存在延期支付的可能，就应在延付通知发出时采取适当的措施。

9.6.4 售后服务的跟进

售后服务是指产品在销售后所提供的各种服务活动。从推销工作来看，售后服务本身也是一种促销手段。在追踪跟进阶段，推销人员要采取各种形式的配合步骤，通过售后服务来提高企业信誉，扩大产品的市场占有率，提高推销工作的效率与效益。可以说，售后服务是产品终身的服务。

(1) 售后服务的意义

在竞争日益激烈的市场中，产品最大的区别就是消费的增值，而售后服务已成为众多增值服务中的重要因素。要使自己的产品有较高的市场占有率，企业不仅要让自己的产品质优价廉，更重要的是要有优质的售后服务。

1) 售后服务是企业开拓市场、提高竞争能力的有力武器。市场经济条件下，服务因素已成为企业提升竞争优势的重要手段,服务竞争也已成为企业竞争的主要内容。谁的服务好,顾客评价满意,谁的信誉就高,谁就能占领市场、争取顾客、赢得市场,谁就能在竞争中立于不败之地。

2) 售后服务是实现企业经济效益的保证。企业能否为顾客提供令人放心和满意的售后服务是推销成败的关键。售后服务做得好,使顾客的需求得到更好的满足,这能为企业带来更多的顾客、广阔的市场和可观的利润,从而提高企业的经济效益,为企业的发展奠定基础。

3) 售后服务可以密切企业与顾客的关系、扩大产品销路,从而实现企业销售目标。推销的目标是获得更多的忠实顾客,其主要途径就是提高售后服务的质量。优质的售后服务可以获得更多的"回头客",使生意越做越兴隆。因此,企业在卖产品的同时也要卖服务。

(2) 售后服务的内容

售后服务的内容主要包括送货上门、安装、调试、"三包"服务、技术服务、跟踪服务、网点维修服务等。向顾客提供优质的售后服务能使顾客买得放心、用得安心,从而增强对企业和商品的满意度和信任感。

1) 送货上门服务

对购买较为笨重、体积庞大的产品,或者一次购买量很多,自行携带不便或有其他特殊困难(如残疾人)的顾客,均有必要提供送货上门服务,以方便顾客。如果不提供送货上门服务,顾客有可能会打消购买的念头,从而影响推销工作的绩效。以家电市场为例,部分品种(如电视机、洗衣机、冰箱等)商家都提供送货上门服务,承诺市区几小时内送货到家,一些不具备送货条件的商家则推出补贴运费的促销方法。

2) 负责安装、调试服务

对大型、结构复杂的工业品、精密设备及安装技术要求较高的高档产品,推销员应提供安装、调试服务,以保证顾客购买的商品能够及时投入正常使用,发挥其效益,以满足顾客的需求。安装、调试服务是消除顾客疑虑的有力工具之一,通过为顾客安装、调试,可以避免顾客由于安装使用不当而造成的商品损失,增强了顾客在购买商品时的安全感和信任感。对于家电消费品(如空调、计算机、洗衣机等),安装、调试已成为售后服务中不可缺少的内容。

3) "三包"服务

"三包"服务是指对售出的产品实行包修、包换、包退的做法。包修是指对顾客购买本企业产品在保修期内实行免费维修,超出保修期限则收取一定的维修费用的服务项目。包换是指顾客购买后发现产品不适合自己,或者产品存在某种缺陷,企业可以在一个短暂的期限(国家规定15天)内为顾客调换同种类的产品。如果存在价格差异,则实行多退少补的办法。包退是指顾客对购买的产品感到不满意或产品质量有问题,而又不接受调换处理,此时允许其退货。国家规定"包退"的期限是7天之内。

4) 技术服务

技术服务包括技术咨询服务和技术培训服务,主要目的是帮助顾客解决使用产品时所遇到的各种技术难题。技术咨询服务是推销员主动向顾客提供必要的技术数据,以及产品的性能、特点、检测标准及使用说明。技术培训服务是为顾客培训合格的操作使用和维修管理人员,以帮助顾客提高使用产品的技术力量。科学技术不断发展的今天,新产品层出不穷、日益丰富,产品的结构和技术含量也越来越复杂,而大多数顾客缺乏产品知识,因此要求推销人员在产品出售后提供消费教育服务。

5)跟踪服务

跟踪服务是指对购买本公司产品的顾客,尤其是购买机器设备等工业消费品的顾客,推销人员或公司的其他方面的技术人员定期或不定期地通过上门、电话、信件等方式了解使用情况及顾客对产品的反映,帮助顾客进行维护保养,更换易损部件等。在访问顾客的时候,推销人员应该注意宣传本公司的最新产品,激发老顾客更新产品的欲望,并且注意产品的销售区域,争取以点带面,扩大产品的销售范围。

6)网点维修服务

通过设立维修网点或采取随叫随到的上门维修方式向顾客提供维修服务是售后服务的一项重要内容。同时,网点维修还包括零配件供应。很多产品结构复杂,零配件很多,用户在使用过程中更换某些部件是很正常的,但由于产品更新换代迅速,常常因厂家转产而使顾客购买不到所需的零配件。因此,从维护企业信誉出发,推销方即使在转产之后,也应该向顾客提供原先所购买产品零配件的供应服务,以满足顾客的急需。

本章内容总结:

本章围绕推销过程中的原理设计了各环节的基本知识,并插入了一些典型的案例,且对相关知识以阅读与思考的形式呈现。主要介绍推销过程,内容包括:寻找和接近顾客、推销洽谈、顾客异议以及处理,促成交易等。

寻找和接近推销顾客是开展推销活动的开始,是找出准顾客的过程。寻找顾客的方法有搜寻法、广告法、连锁介绍法、文献调查法等。推销洽谈是一个复杂的、具有丰富内容的循序渐进的活动过程。推销洽谈的目标在于准确找出顾客的真正需要、向顾客传递推销信息、巧妙处理顾客异议、有效促使顾客采取购买行为。推销洽谈是一项很复杂的工作,既需要推销洽谈人员具有较丰富的专业知识,又要求其掌握洽谈的方法、策略和技巧。顾客异议存在于整个推销洽谈过程中,它既是推销的障碍,也是成交的前奏与信号。其产生的原因包括顾客方面的、推销品方面的、推销人员方面的、企业方面的。处理顾客异议的方法很多,推销人员要注意每种方法的优缺点、注意事项和适用范围,综合利用好各种方法促成交易是推销过程中最重要、最关键的阶段,是整个推销阶段的最终目标。总之,推销员应该能够把握推销过程,树立推销的观念,使推销理论很好地在实践中得到应用,为完成推销目标奠定良好的基础。

核心概念:

寻找顾客;约见顾客;接近顾客;推销洽谈;顾客异议

课堂讨论:

(1)你认为推销前应做哪些方面的准备工作?

(2)你认为在推销洽谈过程中应注意哪些问题?

(3)你认为促成交易的关键是什么?

课后自测:

一、单项选择题

1.(　　)往往是一个业务员销售活动的开端。

A. 接近顾客　　　　　　　　　B. 约见顾客
C. 寻找顾客　　　　　　　　　D. 面见顾客

2. (　　)是推销人员雇佣他人寻找顾客的一种方法。
A. 连锁介绍法　　　　　　　　B. 网络搜索法
C. 普遍寻找法　　　　　　　　D. 猎犬法

3. 由于存在种种原因使得推销员在推销中无法最终促成交易，这些障碍尽管比较复杂，主要来自于(　　)和推销员两方面。
A. 企业　　　　　　　　　　　B. 推销品
C. 推销媒介　　　　　　　　　D. 顾客

4. 从众成交法是指推销人员利用顾客的(　　)，促使顾客立即购买推销品的一种成交方法。
A. 成交心理　　　　　　　　　B. 求利心理
C. 从众心理　　　　　　　　　D. 需求心理

5. (　　)是推销过程中的关键环节。
A. 推销洽谈　　　　　　　　　B. 推销准备
C. 处理顾客异议　　　　　　　D. 促成交易

二、多项选择题

1. 寻找顾客的原则是(　　)。
A. 确定推销对象的范围　　　　B. 树立"随处留心皆顾客"的意识
C. 重视老顾客　　　　　　　　D. 多途径寻找顾客

2. 顾客资格审查主要是对顾客(　　)等方面的审查。
A. 需求　　　　　　　　　　　B. 购买能力
C. 购买决策权力　　　　　　　D. 购买信用

3. 约见顾客的基本内容有(　　)。
A. 确定约见对象　　　　　　　B. 明确约见理由
C. 安排约见时间　　　　　　　D. 选择约见地点

4. 处理顾客异议的方法有(　　)。
A. 直接否定法　　　　　　　　B. 补偿法
C. 询问法　　　　　　　　　　D. 预防处理法

5. 以下各项属于推销洽谈的方法是(　　)。
A. 诱导法　　　　　　　　　　B. 提示法
C. 演示法　　　　　　　　　　D. 互动的信息交流法

三、简答题

1. 连锁介绍法被称为是最有效的寻找顾客的方法之一，其原因是什么？
2. 什么是竞争分析法？应从哪些方面进行？
3. 接近顾客有哪些方法？
4. 推销洽谈应遵循哪些原则？
5. 为什么会形成顾客的异议？顾客异议有哪些类型？
6. 常用的促成交易的方法有哪些？

案例分析：

办公设备推销员小王去拜访他以前的客户，这位客户正在机房里复印文件。推销员小王向他打招呼："您好！这么忙啊！"

客户回答："是啊，这个破复印机，复印速度太慢，浪费了我不少的时间。"

推销员小王忽然眼前一亮，这不就是顾客表述的一种需求么？为什么不抓住这个机会。于是，他忙说："我们公司有一种新型复印机，速度很快，一分钟能达到 30 页，肯定能满足您的需要。"

像往常一样，顾客的态度不冷不热，一副很随意的样子。"那么，你的复印机是什么牌子的？你的复印机耗材成本如何？你的复印机复印效果如何？你的复印机操作是否方便？"

推销员小王并不介意他的这种态度，他拿出那种新型复印机的说明书，准备给顾客详细介绍，"我们这种复印机"。这时候复印工作已经结束了，于是，顾客打断推销人员小王的话说："我要开始工作了，谢谢你的介绍。不过，我不准备换掉它。"

推销员小王很沮丧，难道自己捕捉到的信息是错误的么？难道他只是抱怨而已？难道他只是拿这个作为一种聊天的主题吗？最后他判断这位客户只是在抱怨，而根本没有换一台复印机的需要。

分析思考：

（1）这个推销人员的判断正确么？

（2）他有成功的机会么？

（3）推销员小王对这样的客户应该采用什么推销洽谈方法，才能取得成功？

10 推 销 管 理

能力目标

通过本章的学习，你能够：
1. 了解推销人员的选用标准；
2. 熟悉推销人员的培训方法；
3. 掌握推销人员管理的内容；
4. 了解客户关系管理的重要性，掌握推销关系管理的主要内容。

案例导读：

为你的销售业绩负责

作为一名销售人员，自然必须为你的销售业绩负责。如果没有令人瞩目的销售业绩，无论你自认为自己多么富有才干都无济于事。除非你不愿意在销售行业中有所建树，否则你就必须为自己的销售业绩负起全部责任。销售业绩也可以说是一段时期之内销售人员的销售目标。许多成功人士的经历都表明当他们作为一名销售人员时，他们的销售业绩都是令人瞩目的，骄人的销售业绩就是他们向成功迈进的有力后盾。

例如，汽车零售推销员乔·吉拉德曾经以12年之内销售出13000多部车子的销售速度被载入世界纪录，他被称为"全球最伟大的推销员"。现在他已经是全美各界竞相邀请的演说家之一，他自己的销售业绩作为最有说服力的证据，他写作的几本关于销售技巧的书早已经在全球畅销。又如，理查·路西在一个拥有15000名销售代表的公司中脱颖而出，因为他为该公司累积了超过35000名客户。他在该公司保有两项纪录：一年内完成1104笔交易，年收入超过25万美元。现在他已经是该公司的一名副总裁了。为此，销售人员必须弄清楚的一个事实：你是为了实现销售目标而与客户展开沟通，并不是为了沟通而沟通。这是一个十分简单的道理，可是有些销售人员却经常颠倒销售与沟通之间的关系，他们自以为能言善辩就可以成为一个优秀的销售人员，甚至有些销售人员还经常忽略销售的最终目标，而与客户大玩语言游戏。与客户展开沟通是销售人员的基本工作，但它并不是销售人员的工作目标，而是实现销售目标的一种重要手段。为此，那些只关心良好沟通氛围而忽视销售目标的人必须及早注意，一定要集中精力搞好销售。

因此，销售人员要想在销售领域有所建树，就要时刻专注于销售目标，所有的客户沟通都要围绕销售目标而展开。正如牛顿所说："因为我除了物理之外的其他事情一概不去考虑。"

10.1 推销人员的选用与培训

10.1.1 推销人员的选用

推销人员的选用应以推销人员必备素质为标准，人员选用应该程序化、制度化，把笔试、面试、实践试用结合起来，企业如果选用了合格而强有力的推销队伍，推销活动便有了好的开端，选用的推销人员应具备下列条件：

(1) 品质可靠

推销人员的工作多数是在单独一人的情况下进行的，洽谈中所涉及的很多购销条件，在一定限度内可由推销人员自己掌握，因此，选用的推销人员必须忠诚可靠，并能赢得客户信任。

(2) 具有独立工作能力

推销人员依靠自身的力量，发掘自身的潜力，是一项必不可少的品质。他须独立工作，具有积极主动、自发拼搏的精神，在工作中充满自信，并且能独当一面。

(3) 具有相当的智力和谈判水平

推销人员的知识范围、智力水平和谈判能力，是一项必不可少的重要条件。推销人员应具备相当程度的记忆力，要有相当广泛的知识面；必须对企业的每项产品或服务有深入的认识；对各种可能的客户有深切的了解；他必须谈吐自如，举止适度，即其能力应与其所担当的工作相适应。

(4) 愿去各地出差

很多人都知道推销工作是件美差，但却不一定知道他的辛苦和有多少时间长期出差在外。虽然不同的产品或企业需要不同的推销时间，但总体上，推销人员还是经常往外跑。推销人员是否能经常出差很重要，如果忽略了这一点，很可能使推销人员产生一些个人问题，或者产生家庭纠纷，他的工作绩效也将受到严重的影响。

企业在选用推销人员中应特别注意，不能选用遇事相要挟的人。这类人常常因功自大，无限制不断向上级要条件，不能如愿，便随意离去，给企业带来不应有的损失。也不能选用缺乏集体精神和易于变节的人，推销人员对企业的里里外外所知甚多，工作性质较独立，极易产生个人主义、私利第一的想法。若推销人员发展到这种程度，便很难掌握住他，他甚至有可能携带企业秘密去为竞争对手服务，这对企业是极其有害的。

10.1.2 推销人员的培训

企业应该对选拔出来的推销人员进行系统培训。我国企业往往以没钱或没必要为借口而不太重视推销人员的培训工作，这是过去长期以来不重视推销工作留下的"后遗症"。国外有的企业甚至提出要对推销人员进行终身培训，"磨刀不误砍柴工"，企业用于推销人员培训方面的支出，往往会以更大的报酬在推销活动中"反弹"回来。

(1) 培训的目的

1) 了解行业基本知识

了解消费者的需求。人们购物是为了满足自己的某种需要，买卖行为只是达到这一目的的方式。因此，推销人员的最高思想应立足于满足对方的需要，而不是单纯地推销产品。推销人员利用所推销的产品唤起并刺激消费者的需要，进而使对方产生购买欲望。这样看来，推销本身是处在次要的位置上，重要的是了解对方的真正需要，并推销产品的使用价值，即推销产品的某种有用性。如计算机的有用性在于工作效率高，簿记绝对可靠；家具的有用性在于舒适、整洁和节省空间；化妆品的有用性在于使皮肤柔嫩、有光泽；洗衣机的有用性在于节省时间与劳动力等。

2) 了解所推销的产品

了解产品，不仅要知道产品的性能、价格和成本，而且要知道产品的功用。不充分了解产品，就不能准确地将满足对方需要的功能介绍给对方。同时，要实事求是介绍，避免夸张，否则会失去消费者。推销人员在潜在顾客面前，以顾客满意的方式当场示范使用产品的方法是非常重要的。总之，产品是诱发顾客的欲望与动机，进而满足顾客，使潜在顾客成为真正顾客的工具和依托。

3) 了解顾客

了解可能惠顾的顾客的背景与动机，往往可以使推销人员明确说明方式以及能够推销哪种产品。如购买者是经营廉价商品的小商贩，你就不要设法推销昂贵的产品给他。一个知识面宽广而又充分了解潜在顾客的推销人员，在推销中会有明确的方向，并会及时地随着对方的动向而调整推销的方式和方针。可以说，在推销过程中，你越了解你的顾客，成功的机会就越大。

4) 了解竞争对手

充分地了解自己的竞争对手，对推销工作十分有利。了解竞争对手，不仅要知道他的产品管理、设备和销售的详细资料，还要知道他的价格及成本等情况。对这些内容的掌握，有助于推销人员增强信心和消除对涉及竞争对手的有关问题的恐惧，推销人员会欢迎顾客提出有关产品的比较问题，因为这是他向顾客说明自家产品优点的最好时机。在推销中千万不要侮辱和贬低竞争对手及其产品，这不仅仅是道德问题，更重要的是会给顾客留下不良的印象，进而影响到推销业绩。因此了解竞争对手是推销工作中的一个重要组成部分，但要处理得当，要守规矩，不能有优越感，以免失去生意。

5) 了解自己的企业

推销人员不了解自己的企业，往往会被一些无法回答的问题所困扰。聪明的推销人员往往可以在日常的工作和业务往来中，在同事、老顾客、竞争对手、社区及同行那里获得详细的资料。诸如企业的成长历史、资产规模、财务状况、销售情况、广告政策、顾客关系、销售方式、产品项目等。推销人员掌握了上述情况，就可以有备无患。但推销人员切忌在疏导顾客发泄对企业的不满时，绝对不能对本企业说长道短，虽然你好像一时讨好了顾客，但终将会失掉自己的潜在顾客。

(2) 培训的方法

1) 观察法

此方法使用得十分频繁，将新来的推销人员派到有经验的推销人员那里去，通过仔细地观察，从而了解有经验的推销人员的推销技巧和方法。在运用此方法时，应做到以下几点：

① 指明一个或几个目标，请有经验的推销人员去演示。

② 请有经验的推销人员对他的"表演"进行解释指导。

③ 与有经验的推销人员进行几次访谈，让他把你当成新手，向你演示他是怎样处理

各种事务的。

④ 事先对有经验的推销人员进行训练,然后将学员派给他进行系统的指导。

⑤ 给学员发一份目标清单,告诉学员,希望他从观察中学到什么。

2)讲课

此法是进行指导的另一种常见形式,但这是一种比较枯燥的方法,在运用中应注意多用辅助手段以尽可能地使课堂介绍生动活泼。为保证培训质量,在整个讲课过程中要不断提问,这样才能使学员参与进来,也使他提高注意力,因为他不知道下一个问题会轮到谁来回答。同时针对所讲内容,鼓励大家提问,使每一个培训单元成为一个自学单元,并配合一定的小测验,从而考察授课效果和学员掌握情况。

3)演示

此法是解释如何操作一台机器、如何填写一份报告或如何进行一次推销访谈。为确保较好的演示质量也必须依照"讲解——示范——操作——回顾"的培训步骤进行,演示前要准备好所有的备用工具,若要演示一台机器,必须事先检查一遍该机器各项功能是否正常。

学员在操作或演示时,要让他如同在客户面前一样;若是填写报告,让他坐在你的旁边;若是一次推销访谈,要让站在和你一样的位置上。这种定位法使学员在实际工作中更容易进入角色。另外可采用录像、幻灯片等声像设备,使学员从中观看到有经验的推销人员演示的整个过程,使学员把学到的东西用到实际工作中去,从而获得一定的经验。

4)练习

此法是采用案例或测验法。在练习中,学习效果来源于有关答案的讨论中。这一方法适合于小组学习,彼此交流关于答案的意见和观点,可以使每个人对所讨论问题的思路更加开阔。若是较小的工作讨论,可用测验法设计问题,并给出多种选择答案,让学员从中选择,这样可较好地达到思想交流的效果。

5)实际工作训练

此方法是最费时但却是效果最好的培训方式,把讲解、演示、学员操作三步结合在一起。首先就是进行充分的准备,然后请学员到实际工作中去,要求学员在工作中严格遵循培训步骤,并耐心地给予指点,推销洽谈结束后,给予积极的鼓励,使学员增强信心,尽快进入角色,适应工作环境。

6)个别谈话

这是实际工作训练中的一个不定期的培训方法。主要是解决推销人员在一次访谈或一段时期推销工作中所存在的问题,由于这些问题阻碍了推销人员的推销业绩,因此必须尽快解决。在个别谈话时,要选择一个不受干扰的时间和地点,免去推销人员的思想顾虑,心平气和地帮助他解决问题,并提高他的推销技术。

(3)培训的内容

1)产品知识

通过对产品知识的介绍,使推销员能够了解企业的关键产品及其特性以及每一特性能给顾客带来的益处;通过使用企业产品手册,使推销员能够很方便地对其所推销的所有产品进行介绍,并能够回答有关产品的基本问题,如费用、规格、交货期等。对推销员讲授的是工作中用得着的产品知识,即了解那些影响顾客做出购买决策的产品知识,也就是可以表明产品功能或优点的信息。

产品知识对推销员来说是很重要的知识,推销员务必掌握顾客用来做出购买决策的信息,同时还应明确顾客所购买的是产品的价值和利益所在。在向顾客介绍产品时,必须正确地、迅速地进行演示,另外还应深入、细致地了解竞争对手的状况。

2) 现代推销术

通过对现代推销术这门技术的学习,使推销员在推销中能对所服务的顾客找出至少三条购物的理由,找出顾客或潜在顾客可能购买你所推销的产品的原因,同时确认所销售的产品的某些特性给顾客带来的利益。

学习现代推销术的目的,就是要提高推销成功的概率,特别是对一个新入行的推销员。在推销前要做好充分的准备,首先要研究自己所面对的顾客,看看他们的需求所在,顾客的需求是多方面的,也就决定了其购买的原因。有的是为了满足他的基本需要,如对食物、衣物、住所的需要;有的是为了改善生活而购买,如从一般住所到单元住宅,从自行车到摩托车等;有的是实现人们享受生活的欲望,即能得到他们一直渴望的奢侈品,如激光音响、郊外别墅、名牌轿车等。其次要研究专业推销员的成功之处,特别是要研究专业推销员是如何处理顾客在购买中的疑虑及消除顾客的恐惧感。这里较好的方式是在推销中对产品所做的一切介绍,一定要在顾客心里感受到利益所在,这样顾客才会购买。应记住:在言语的运用上,一定要用顾客的话推销,推销顾客的所需、所用、所想。再次要对成功的推销员所介绍的理论进行实践,从而获得真知。在推销中要有热情的态度,对顾客进行细致、准确的心理分析,瞄准顾客,果断地做出决策。同时,对顾客所提出的异议,要耐心地给予解除,请顾客参与到推销活动中去,给顾客创造机会让他多讲话,多提异议,以尽快消除顾客的疑虑和恐惧心理,将推销诉求的重点放在适合顾客的需要上,树立起推销能成功的信心,使成交得以实现。

3) 推销介绍

推销介绍是推销人员为了达到期望的目标而采取的一些行为或手段,是推销人员和客户或潜在客户所采用的语言交流形式,一个好的推销介绍应该是两人之间的一次友好会谈。

① 推销介绍包括的主要部分如下:

A. 注意。推销人员在推销中必须保持机敏的头脑,注意观察顾客;同时,推销人员本人要注意社交礼节,给顾客留下良好的第一印象。在开场白中,想办法把顾客的注意力集中到你所介绍的产品上,讲一些能满足顾客需要的话吸引他。切记,开局应直奔主题,要简明扼要,一旦赢得了顾客的重视,一定要想办法使其注意力贯穿于推销介绍的主体部分。

B. 主体。就是产品介绍和推销访谈的实质内容,包括产品配置方案、客户从产品中所获得的利益、让顾客现在购买的原因、将要达到你所声称的预期标准的证明等。要使顾客的参与贯穿于整个推销讲解过程,将有利于避免被顾客拒绝。同时,吸引顾客参与还会消除顾客的抗拒心理和重重疑虑,从而找出顾客兴趣所在。

C. 签单。即要求签约。推销人员在做了很多有关产品的推销介绍后,要对顾客提出签约要求。如果你确定,你向顾客已经做了完美的产品介绍,客户也很认可,同时并未选错目标客户,要求客户签约定能成功。这里需注意向顾客建议交易的时机一定要把握好,太早建议交易，很可能激起顾客的抗拒心理，一旦被拒绝，就意味着推销的失败。建议交易太迟，很可能会丧失大好良机。准确地判断顾客的购买意向，就要通过感觉、观察来捕捉顾客的购买信号，通过顾客脸部表情、动作、谈话情形将顾客的购买信号加以判断。当顾客接受了你的建议交易，接下来就正式签单了，促成签约的基本方法包括直接商订（直接提出问题，向顾客建议交易）、选择式商订（要求顾客在两者之间做出选择）、较小点商订（让顾客在一较小点上做出决定，如在10和100中选择，顾客很多受引导而选择10）、假设商订（假设顾客需要某种产品，你写出订单并询问是否合适）、优待法（这是不得已而为之的方法，给予顾客特殊的优惠而达成交易，但注意不可太慷慨大方）。

② 推销介绍的内容及注意事项。推销介绍时要使用视觉工具，主要是为了增强推销介绍的真实性和可信度。人们常说：耳听为虚，眼见为实；百闻不如一见。我们所说的语言，并不是总能完全、直观、准确地传达我们的意思，每个人由于其经历、思维方式不同，很可能把你所传递的信息演绎成完全不同的意思。为此，需要用视觉工具去传达我们的信息，它有助于证明我们的观点，它能帮助去解释一个语言说不清楚的概念，并能给顾客更多的信任感。

推销员可以借助一个好的视觉工具吸引顾客的注意力。在产品介绍中使用产品的图表或照片、或企业广告、或一个产品手册中一个有趣的画面，甚至是产品本身。还可以利用调查结果、顾客感谢信、手册、照片等来证明你的观点，帮助你把产品的性能展示给顾客。在对产品进行操作演示时，你越显示出对产品的自豪感，顾客就会越重视你的产品。

在使用视觉工具时应注意：a. 必须合适，即确保视觉工具确实显示出你在某点上想要传达的意思。b. 简单易做，即用两到三个视觉工具讲述一个复杂的过程。c. 个人化，即让一套视觉工具适用于某个特定的买主。d. 方式多样化，即拜访同一顾客时，不能总用同样的视觉工具。e. 展示前练习，即保证熟悉、轻松自如地使用各种视觉工具。f. 观察顾客，即给顾客充足的时间，让他阅读所感兴趣的视觉工具。

4）培养良好的工作习惯

良好的工作习惯，是有效的推销助手。作为推销员来说，良好工作习惯是在访谈后立即做业务访谈记录。培养推销员养成以下良好的工作习惯：

① 计划。每个推销员应该多花时间来做计划，包括年度计划、季度计划、月度计划和下周计划。在计划中确定拜访顾客时间、具体的访谈目标及推销介绍大纲。

② 日程安排。对每天的工作时间都要进行安排，使之变成习惯，列出日程安排表，根据对企业利益的侧重点在地图上挖掘所有的业务，合理地安排到每天的日常工作之中。

③ 保持记录和编写汇报。推销员尽量养成做工作记录的习惯，定期整理业务访谈记录，编写汇报材料。

④ 潜在客户访谈。当业务发展良好、订单源源不断时，推销人员仍然要做好对潜在顾客的访谈，根据业务种类，每天、每周或每月做一次潜在顾客访谈，并建立一种程序来培养习惯，即在有规律可循的计划表上，按确定的时间去做它。

⑤ 开始时间。推销人员的黄金时间是早晨，这是他最轻松的时候，也是潜在顾客和准顾客清爽的时候，即顾客被工作中的问题、其他推销人员或企业会议卷入争端之前。因此，推销员应养成一个良好的习惯，尽可能早地做当天的第一个访谈。

⑥ 学习时间。每个推销人员应该养成学习的习惯，阅读贸易杂志、回顾业务、每天

汇报、阅读公司内刊等，每天至少抽出 30 分钟的时间学习，另外等待顾客的时间也可用来学习，推销员要养成随身携带资料的习惯。

⑦ 个人习惯。推销是一项艰苦的工作，智力、体力、时间都是至关重要的成功要素；良好的个人习惯是良好工作习惯的必要组成部分，在食物、饮酒、锻炼、新鲜空气和放松上的合理节制与调配对一个成功的推销员来说是必不可少的。

10.2 推销人员以及推销关系管理

10.2.1 推销人员管理

现代社会最显著的特点在于几乎一切都社会化了，社会化的氛围笼罩着人们的生活，每个人的活动都融于一系列社会活动之中，个人与周围环境的关系更加密切，个人的生活方式更加受制于周围环境，社会环境的每一个变化，几乎都会引起个人生活的某些变化。只有奋斗，加强自身管理，才可获得成功，尤其是企业的推销人员更应努力践行。

（1）自我管理

对一个刚刚涉足推销领域的年青推销员来讲，要想使自己尽快适应工作、开展工作，首先就应主动虚心地到有经验的推销人员那里去取经，获得一些经验，然后就要大胆地进入工作领域，通过自己的工作实践，尽快熟悉自己所处的工作环境，熟练地掌握一些推销技巧，从而寻找到适应自己的一套工作方法，同时，充分地发挥自己的聪明才智，通过自己的博才好学，博闻强记，吸引消费者，从而出色地完成推销工作，使自己成为一名合格的推销人员。推销人员在进行自我管理中，应注意下面一些问题。

1）集中全力

做任何事情都要集中全力，特别是推销这项极富挑战性的工作。对推销人员来说，要做到集中全力，关键是要做好家庭管理，最好把私生活缩小到最小限度，私生活处理不好，就会造成家庭纠葛，引起家庭矛盾，使你无法专心工作。俗话说家和万事兴，有一个和睦的家庭，才能使你恪尽职守，全力以赴地去工作，家庭才会成为你消除疲劳的休息场所，你才可养精蓄锐，以备来日再战。同样，单身者也应实行自我管理，如果生活糜烂就会使你精神萎靡，意志薄弱，无法圆满完成任务。

总之，要集中全力，就要摆脱任何对推销工作没有帮助的事务，只有具备充沛的精力、高度集中的大脑、热情开朗的性格，才能打动消费者的心扉，才可在推销这一行业中取得成就，成为出色的推销专家。

2）定下适当目标

拼命工作而缺乏目标，一定浪费不少精力。激励推销员奋发的原动力是制定适当的目标。

所谓适当的目标，就是根据自己的实际情况，对自己进行全面的估量后，确定一个切实可行的目标。目标确定下来之后，就要制定一个精密的计划，计划的内容越周到细致越好，以避免在行动上浪费时间。

拟一个完善的健全计划，美国钢铁大王卡耐基曾提出七个步骤：第一步，确立一个具体目标。第二步，测定本身应付出的努力。第三步，预定成功的期限。第四步，立刻着手执行。第五步，遇挫折而不放弃，贯彻初衷。第六步，写成誓文，早晚朗诵默记，坚持不渝。第七步，培养持久的毅力，运用高度的智慧，沉着应付一切意外的变化。

3）不断进取

进取，就是刷新纪录。当一个推销员不断刷新自己的纪录，创造新的纪录，不断向着真善美的人生前进时，就是进取。定下目标后，就要抛弃贪图享受或偷懒的心理，向目标猛进。

一个推销员要想使自己的工作有所成效，使自己的魅力得到充分的发挥，就要不断地充实自己，有获得多方面知识的愿望，勤奋吃苦，好学上进，兴趣广泛，认识问题全面，不断地进取。事实上，世界上没有几个人在工作中能尽全力奋斗，每个人都有其未尽发挥的无比潜力，只有不断地进取，才会使自己的潜力得到充分发挥，才可使工作、事业达到最佳，使自己获得真正的成功。

4）坚忍

坚忍，不达目的决不罢休。世上的伟人，无一不是经历了极大的悲哀、无数的痛苦和艰难的跋涉才获得成功的。

推销人员必须具有不屈不挠的精神、远大的目标，才可应付推销工作中所遇到的巨大的心理压力。从事推销工作的人，可以说是与拒绝打交道的人。战胜拒绝的人，便是推销成功的人。大家都知道，在战场上有两种人是必败无疑的，一种是幼稚的乐观主义者即愚勇，一种是胆小怕死的懦夫即怯懦。推销人员如果也像战场上的愚勇和怯懦者，那他的推销工作必将失败。如何取得胜利呢？孙子云："知己知彼，百战不殆。"所谓知己，对于推销人员来说便是要知道自己产品的优缺点、特点及自己本人的体力、智力、口才等，并加以适当发挥。所谓知彼，就是要了解对方会有什么样的拒绝，以及其需要和困难是什么。面对无情的回绝甚至侮辱，推销人员都要做到忍受，且要明白"失败乃成功之母"。这里介绍一个应付冷峻考验的"平均法则"，如果推销人员能明白通常每探访若干数目的客户（如10个），才有1个愿意购买，则他必须坚信这个客观的统计数字，如要达成一项生意，必须忍受那9个的回绝，在遭到一次回绝时，便较易适应，因为距离9之数又近了，且没有前几次的失败，不可能换得那一次的成功。

5）自信

拥有自信是推销人员必须具备的心理素质，它体现着一个人的意志和力量，牵制着人的思维和言谈举止，若想应付自如，就要有不可动摇的自信。推销人员的自信心可从两方面来运用，一是在心理上应付推销工作中遇到的各种挫折及诱惑；二是在接触客户时，取得客户的信任。

对自我的确切了解及完全接受便是培养自信的基本方法。另外知识的拥有，也是培养自信的方法之一。只有具有全面的知识，能够灵活地应付各种突然而至的偶然事件，使推销获得成功，便可树立起自信。再者，把自己的理想、抱负做一积极的考虑，然后将其写在一张便条上，经常看看读读，尤其是遇到意外的成功和失败时，更应拿出来反复诵读，时时反复思考，默记在心，逐渐培养起自信。

总之，推销员的工作多半是单枪匹马，孤军奋战，从某些方面来讲，推销员的时间是随意安排的，不像机关办公室的人，时间有限定活动受监督。而且，推销员工作的特殊性还容易使其生活陷于放纵、吊儿郎当、自由散漫、马马虎虎……因此，推销员的自我管理是十分重要的。

（2）时间管理

"时间就是生命"。这话是千真万确的。时间就其本身来说是无穷无尽的，前无起始，后无终止，但对于我们每一个人来说却是十分有限的。生命是人生最宝贵的，那么组成生命的时间当然也是最宝贵的，珍惜生命就必须珍惜时间。因此要进行时间管理。特别是推销人员，自我控制的时间较多，如何安排好时间，运用有效的时间获得最大的效果，这是推销人员值得考虑的问题。

在很多情况下，做许多事情往往在时间上发生冲突，可见，真正安排好自己的时间，的确不是件容易的事情。因此，必须学会恰当而有效地安排时间，并使之更有价值。

1）个人时间管理

时间对任何人而言都是重要资源，对负责推销工作的推销人员来说更是珍贵。然而在环境的压力下，一般人常会放弃自己职业上应做的事，而去解决一些突发事件或干扰最大的事，结果把生活步调弄得很乱，无形中牺牲了许多生活及工作上的乐趣和享受。

这里我们列出几项在时间管理上不良的现象，以便推销人员加以对照，并监督自己改进。

① 你是否同时进行着许多个工作方案，但似乎无法全部完成？
② 你是否顾虑其他的事而无法集中全力来做目前该做的事？
③ 如果工作被中断你会特别震怒吗？
④ 你是否每夜回家的时候精疲力竭却又觉得好像没做完什么事？
⑤ 你是否觉得老是没有什么时间做运动或休闲，甚至只是随便玩玩也没空？

对这些问题，只要回答两个"是"，那你的时间管理就出了问题。

首先，对生活的目的加以确定，把必须做的事情安排好先后的次序，并确定一个明确的选择标准。不同的标准会产生不同的先后次序，并会造成利益之间的冲突。我们确定事情重要程度的标准，必须是看它对于我们实现生命的价值的重要程度如何。我们生命的价值并不在于我们活着，而是在于我们活着的时候，能够不断地成长，不断地发展和展现自我，并不断地进行创造，为社会做出贡献。因此，我们应当把那些最能促进我们自身成长的、最能展现自我能力的、最能使我们发挥创造力的事情放在首位，并尽最大的努力去完成它。只有最富创造性的计划，才能使你在最小的时间投资中，获得最大的效益。

其次，在自己的一生中要有个规划，即自己终生奋斗的目标是什么？怎样度过自己的一生？明确终生奋斗目标具有重要意义，它可以帮助你发现自己真正要做的事情，并激励你努力去做，使你所花费的时间具有意义；它可以为你指明人生的努力方向，帮你认识到命运就掌握在自己的手上，并且在可选择的范围内，为你提供评价的标准；他可以帮助你平衡生活的各个方面，以适当地利用时间来减少不必要的矛盾。

再次，要使生活步调有节奏感，使工作效率及销售力得到增加，并增加满足感及成就感，对工作的进展也较能掌握，在时间管理上可遵循下列一些简单的原则：①设定工作及生活目标，并分出其优先次序；②每天把要做的事情列出一张清单；③执行工作按照已订的优先次序来做；④自思"现在做什么事最能有效地利用时间"，然后立即做；⑤把不必要的事丢开；⑥每次只做一件事；⑦做事力求完成；⑧立即行动，不可等待、拖延。

最后，要善于用一些手册、日记本、桌历、日历或其他记事簿、电话地址簿等工具来协助自己做好时间管理。能有效掌握时间的推销人员，必然是个常胜的推销员。

2) 推销时间管理

"要做的事太多,时间太少"。这是大多数人的共同的烦恼。推销人员经常有时间不够分配或期限已到、业绩却无法如期达成的问题。推销成果的好与坏经常和时间能否有效运用有很大关系。有些能力和专业知识都很不错的业务人员,常把事务弄得杂乱无章或忙得焦头烂额,这是对时间及做事的程序没能把握要领所致。

经调查了解,推销人员真正运用到推销的时间极为有限。据许多从事多年推销工作者的经验,每天花在跟客户实际谈生意的时间很少超过3小时,这也许是推销人员业绩不高的原因之一吧。请记住,推销人员上班不是待在办公室里,而是到有客户的地方去;要把自己的推销时间完全投资在客户身上,投下的时间愈多,收获必愈多;对推销时间管理得越好,业绩也必然更好。

下面提供一些要领供推销员在推销时间管理上做以参考。

① 设定推销目标。这样可使工作具有方向感,使所有的努力都朝同一目标迈进,减少彷徨或犹豫。

② 做好工作计划。这样可在紧张有序、有条不紊的情况下按计划行事。

③ 对客户的拜访及事务的处理设定优先次序,为可能突发事件预留时间,通常每天抽出10%的时间以处理突发事务。

④ 对期限内的工作分段完成,备有日记簿,以分出完成的时间及期限,养成随时记下工作要点的习惯。

⑤ 开会要简短有效,避免过分劳累,设法使自己有安静的时刻,冷静地思考一些问题。

⑥ 训练明确的沟通能力及指导能力,尽量避免说一些能造成误解的话。

(3) 行动管理

期望自己成功,这是发自每个人内心的需要和愿望,是我们心灵中的真实情感,也是我们生命力的表现。

要把成功的愿望变为成功的现实,必须具备一定的条件,这些条件包括外在条件和内在条件。外在条件是客观存在的,它固然重要,但内在条件在人的成功之路上却起着主要作用。

对行动进行管理,对推销人员来讲,重在提高自己的修养上,应注意考虑以下几方面。

1) 面对目标下决心非达到不可

目标是行动的方向,是对自己的鞭策。每个月要做多少生意,先做预计,定到自己努力就可以达到的数字,逐日提高,日积月累,成绩一定可观。对待已制定的目标一定要有非达到不可的决心,成功的条件并非遥不可及,它就在你的周围,"精诚所至,金石为开"。

2) 要有必胜心

虽说不以成败论英雄,可领导和同事还是要以你的成绩来评价你,所以成绩是评价推销员优劣的重要标准。推销员在工作中,要努力使每宗推销都获成功,不能以"我已经尽力了"来安慰自己,要不断地向自己挑战,同时要有必胜心,不怕失败,坚信经过自己的努力,定会获得满意的成果,应明确今天的成果,当然不是今天早上努力的结果,相反,现在的一切对策和措施，都是为取得将来成果的前提投资。因此，要从一点一滴做起，严格要求自己，只要有必胜心就会有必胜的结果。

3）做事要有责任感

做事没有责任感，一定会受到周围人的指责和不信任。只有踏踏实实、勤勤恳恳地去从事工作，才可能获得成功。有没有责任感，也是衡量一个人对待生活、工作的态度问题，只有脚踏实地、实事求是，才能赢得顾客的信任，因为要想获得推销的成功，首先要先学会把自己推销出去。

4）做事要讲礼貌、守信用

中国有句俗话：礼多人不怪。不论你所遇到的是否是你的客户，不论是到客户家里还是在公司，对你所见到的任何人都要以礼相待，不容忽视任何人，这是做人应具备的最起码的礼貌，也是避免伏兵的最安全做法。信用是人与人之间合作的基础，如果推销人员对产品的说明和承诺与实际情况不一致，便是对顾客的欺诈。尤其是在与顾客约会的时间上一定要守信，这是你赢得和失去顾客的关键环节。

5）遵守所在企业的规定

企业的所有规定是为了企业的集体利益，便于企业经营而制定的。推销人员选择了就职这个企业，就要遵守其各项规定。同时又肩负着企业的重托，并代表企业向外推销商品，因此推销人员热爱自己所在的企业是最起码的准则。顾客往往是由推销人员的人格、学识、经验和一举一动、一言一行来判断这位推销人员所属的企业，因此，推销人员可以说是代表企业的形象。在企业和企业间竞争日趋激烈的今天，推销人员置身于企业的最前沿，他必须成为企业的雷达，了解市场的需求，寻找企业发展的最佳方向。推销人员肩负着企业发展的命运，推销人员必须对自己的工作充满热爱，按照企业的规定，以一种充实感和幸福感去争取工作成绩。

此外，在推销人员的行动管理中还应采取监督与激励的方法。常见的监督方法有①通过现场直接接触的监督；②通讯监督；③定期集会；④推销人员的工作报告；⑤自动监督工具。如报酬计划、费用控制；⑥出版物。如年报和销售公报。

对推销人员的激励，主要通过内在报酬和外在报酬来实现。内在报酬是指精神方面的报酬，可以从推销活动中得到满足，也可以从领导的肯定中得到满足，这是实质性的激励因素。外在报酬是指物质形式的奖金或实物等。

10.2.2 推销关系管理

关系是一个很难定义的词，它是一种人与人，人与单位、单位与单位之间的各种联系。这种联系具有相互性、排他性、独特性等。在推销活动中，关系是提高推销的利益与效率的依据。因为首先关系是企业产品的销售渠道与推广网络，关系网有多大，市场就有多大，朋友有多少，推销额就有多少；其次，关系为企业带来可利用的资源，老关系户的购买行为构成了企业产品稳定的市场份额；再次，关系可以提高推销效率和降低成本。经过调查与测算，推销人员维护一个老顾客的费用，只是开发一个新顾客的三分之一，推销人员如果不注意关系的维护与发展，只注意开发新市场、新业务，则费用将增加两倍，还将造成推销人员在时间，精力及财力等方面的巨大浪费，总成本将增加五倍至六倍。

（1）关系推销与推销关系

关系推销是利用先前的推销活动建立起来的联系即"关系"或者依靠非推销活动建立

起来的各种关系而进行的推销活动。

推销关系是经过推销活动建立起来的人与人、人与单位、单位与单位之间的关系。一般情况下将两者视为一回事。

关系推销（Relationship Selling）是一种推销的思维方式，强调在推销过程中销售人员向每位顾客提供个性化、定制化的客户问题解决方案，由此而培育长期的战略合作伙伴关系。

从20世纪90年代以来，关系推销成为一种销售新思维，用顾客的终身价值替代了产品，重视顾客关系的建立、培育、维护及发展，以长期合作作为基础。在关系推销观念的指导下，认为顾客购买的不是产品而是关系，推销人员要放弃短期思维，重点是投入时间和精力建立与顾客之间的友好合作关系，通过稳固的长期关系获取回报，如自动阻止竞争者的"插入"，获得重复的业务订单，实现交叉销售，由于顾客信任而购买企业的新产品，从顾客那里取得终身价值，为企业建立良好的口碑等。

（2）关系管理的原则与策略

1）关系管理的原则

① 长期协作。在关系管理中，要重视与顾客之间建立长期的协作关系，而不是只看重眼前的利益；在买卖关系中，双方的需求扩大，表现在相互磋商的意愿增强，交流沟通增加，甚至开始协商交易中的具体条件，作为推销人员应设计出一些不同于简单报价的服务，以吸引长期客户；通过与客户建立维持互利关系，以创造长期的业绩；要重视人员、技术、运营管理和其他非营销功能方面的影响；实施关系管理要求全员协作，而不仅是推销人员满足客户对产品和服务的需求。

② 内部营销。实施关系推销战略的企业，必须综合协调生产、销售、人事及其他各个职能部门，内部的协调是关系推销的基础。一线生产人员、后勤人员及管理人员等非营销人员都必须要有营销意识，树立一切为顾客服务的思想，培育员工建立和维持终身客户的理念，以积极的市场化方式提供理性的服务。

③ 整体思维。关系管理中并不只是推销产品，不是为了销售而销售，而是向顾客提供综合的解决问题方案，建立长期的战略合作伙伴关系，推销员必须要有整体思维，企业的其他员工同样也需要这种思想的支持。产品质量是买卖双方相互认同的，推销服务包含产品安装、技术服务、产品或服务的使用介绍、信息服务、社会联络等，这种全方位的服务体系强化了与顾客的关系，进一步使客户在市场行为上与企业发生必然的链接。

④ 双向沟通。在很多企业都能向顾客提供技术性能类似的产品时，与顾客之间的交流就显得越发重要。在关系管理推销中，与所有的客户都至少以一种方式保持密切的联系，实施双向的信息沟通，能够直接检测客户的满意度。关系管理中的这种客户管理行为，为直接了解客户满意度提供了可能。

⑤ 顾客价值。关系推销不仅仅是提供核心品的价值，而是要能提供比交易推销多得多的客户价值。推销人员通过技术、信息、经验、知识或社会交往与客户建立密切的关系，这些重要的关系就能给顾客带来超越核心产品的利益，从而强化和稳定这种伙伴关系，给企业形成稳定的利润来源，即忠诚顾客创造了顾客价值。在关系推销中忠诚顾客对价格的敏感度也会大大地降低。

2）关系管理的策略

① 履行诺言。履行诺言是关系推销中最重要的策略，也是最难持之以恒的策略。履行承诺，是稳定和发展买卖关系的根本。当然，这种买卖关系必须是对双方都是有利的，也是互惠的，能给双方带来共同的预期利益。正是由于共同的利益所在，存在一种无形的机制促成双方都努力履行自身的承诺，并维系这种关系的深化和发展，有了这种战略伙伴般的关系，推销活动的开展也就是水到渠成的事了。

② 建立信任。信任是双方行动的基础。相互信任的任何一方都会最充分地考虑对方的利益，每一方都谋求协作，都愿意承担责任，都会很在乎业已形成的商务关系。推销人员要建立起信任，必须向顾客证明自己是可信赖的、坦率的、有能力的，关注客户的利益，善于与客户确立和发展和睦关系。为了得到顾客的信任，推销人员应以书面的形式将关键性承诺按日期记下来，并随时掌握客户的最新需求情况，以便随时能帮助客户解决问题，要让客户知道，顾客可以把他们的利益托付给推销人员；要公正客观地介绍产品和服务，不能夸大所销售产品的功能，以免顾客产生巨大的反差；掌握必要的营销知识，以便能向顾客提供正确的信息；善于听取客户的意见，询问客户的需求，从而明确客户的需要；友好、礼貌、关心客户利益，能够确立和保持密切关系。

③ 相互合作。关系推销要求期望建立买卖关系的各方相互协作，以实现共同的目标。相互合作是建立在买卖双方平等互利的基础上，只有相互平衡的制约关系，才能实现利益、责任的相对平衡，也才有合作的稳定性基础。在买卖双方中由实力强大的一方强制实施的行为，是不可能建立起伙伴意愿、信任和协作动机的。

④ 顾客满意。关系管理中要使各方，特别是顾客方面达到高度的满意，满足顾客商务活动的要求与期望，这不仅包括在特定产品上的满足，而且也包括在非产品方面的满足。这种牢不可破的结构性关系得益于关系各方的相互信赖与需要，谁也无法离开谁。

⑤ 动态适应。所谓关系中的动态适应是指商务关系的一方改变自身的运作方式或改变产品，以适应另一方的商务活动。一般来说，在建立商务关系的初期，通过相互适应可提高各自的信任度；而在商务关系的成熟期，通过相互适应则能巩固和扩展商务关系；相互适应的商业关系，也能自动阻止竞争者的渗入，成为防止竞争者的最好武器。根据关系建立的不同阶段，动态地适应客户的要求是关系推销的生命基础。

⑥ 广泛联系。关系管理中，推销人员要与顾客广泛联系，建立深厚个人友谊，从而密切双方企业间的关系。推销人员与顾客之间的私人关系，有利于维护商务关系。很多时候，这两种关系是相互渗透、相互推动的，很难区分是因为什么因素导致了某项交易的达成。

⑦ 后续推销。后续推销是要求推销人员在客户购买以后一如既往地关心客户，从而留住客户。向购买者提供信息，消除买后的疑虑，让客户认知这种购买决策是合适的，也可通过提供某种奖励或回报来强化购买后的信心，增加重复购买。通常的后续推销手段包括：A. 建立客户数据库；B. 对客户做情感投资；C. 保持密切接触；D. 了解客户满意程度；E. 挽回流失的客户。

本章内容总结：

本章主要针对推销人员的管理，从人员的选拔、培训到组建推销团队；重点讲述推销人员的培训内容和培训方法。推销人员培训的内容：产品知识、现代推销术、推销介绍、培养良好的工作习惯；培训推销人员采用的方法有：观察法、讲课、演示、练习、实际工作训练、个别谈话。

企业的推销人员想要获得成功，只有努力奋斗，加强自身管理。推销人员管理包括两个方面：自身管理，时间管理。同时在推销活动中，要注重关系管理，关系是提高推销的利益与效率的依据。

核心概念：

推销人员；推销培训；推销人员管理；关系管理

课堂讨论：

（1）为什么要做好推销工作？

（2）你认为培养良好的客户关系对推销有什么意义？

（3）选拔推销人员应该侧重关注哪些方面？

（4）推销人员培训应该重点培训哪方面？

（5）推销人员管理中为什么关注于时间管理？

课后自测：

一、单项选择题

1. 推销人员的培训目的是（　　）。

　　A. 卖东西　　　　　　　　B. 提升企业知名度。

　　C. 了解企业　　　　　　　D. 例行公事

2. 推销人员管理包括：（　　）。

　　A. 自我管理　　　　　　　B. 企业管理

　　C. 实践管理　　　　　　　D. 人员管理

3. 推销人员培训方法中的演示法培训步骤，如下（　　）是正确的。

　　A. 讲解—操作—示范—回顾

　　B. 讲解—示范—操作—回顾

　　C. 回顾—讲解—示范—操作

　　D. 讲解—示范—回顾—操作

二、多项选择题

1. 选用的推销人员应具备（　　）等条件。

　　A. 品质可靠　　　　　　　B. 具有相当的智力

　　C. 具有独立工作能力　　　D. 具有一定的谈判水平

2. 推销人员培训的方法有：（　　）。

　　A. 观察法　　　　　　　　B. 讲课

　　C. 演示　　　　　　　　　D. 练习

3. 关系管理的策略包括：（　　）。

　　A. 履行诺言　　　　　　　B. 建立信任

　　C. 相互合作　　　　　　　D. 顾客满意

三、简答题

1. 推销人员的选拔标准是什么？

2. 推销人员的培训方法有哪些？

3. 推销人员的培训内容是什么？

4. 推销活动为什么要关系管理？

案例分析：

绩效考评及其反馈

小白在大学毕业后，被一家中日合资企业聘为销售员。工作的头两年，他的销售业绩确实不敢让人恭维。但是，随着对企业业务逐渐熟练，加上和那些零售客户的熟悉度，他的销售额就开始逐渐上升。到了第三年年底，他根据与同事们的接触，估计自己当属全公司销售员的冠军。不过，公司的政策是不公布每人的销售额，也不鼓励互相比较，所以小白还不能肯定。

去年，小白干得特别出色，到 9 月底就完成了全年的销售额，但是经理对此却是没有任何反应，尽管工作上非常顺利，但是小白总是觉得自己的心情不舒畅。最令他烦恼的是，公司从来不告诉员工干得好坏，也从来没有人关注销售员的销售额。他听说本市另外两家中美合资的化妆品制造企业都在搞销售竞赛和奖励活动，公司内部还有通讯之类的小报，对销售员的业绩做出评价，让人人都知道每个销售员的销售情况，并且要表扬每季度和年度的最佳销售员，想到自己所在公司的做法，小白就十分恼火。上星期，小白主动找到日方的经理，谈了他的想法。不料，日方上司说这是既定政策而且也正是本公司的文化特色，从而拒绝了他的建议。最后小白辞职而去，听说是给挖到另外一家竞争对手那边去了。而他辞职的理由也很简单，自己的贡献没有被给予充分的重视，也没有得到相应的回报。

分析思考：

（1）试分析销售员小白为什么辞职？

（2）你认为日方公司的做法如何？

第3篇 实 训 任 务

实训1 谈 判 初 体 验

职业工作

1. 你身边的谈判个案

目标：该项练习帮助学生培养商务谈判学习兴趣，初步了解谈判的基本原理、内容，根据学习生活经历，每位学生撰写一份"我身边的谈判个案"，分析归纳谈判的特点，并准备交流。

步骤：

（1）若干名学生介绍自己，谈"我身边的谈判个案"；

（2）学生进行互相点评；

（3）任课教师进行总结。

2. 参与一次小型的非正式谈判

目标：该项练习帮助学生培养职业兴趣。

内容：路上随机碰上的路人，求他帮你做一件不太容易的事，结合理论学习的内容，进行一次小型的非正式谈判，使其开开心心地帮忙。

步骤：

（1）设想需要帮忙的事件；

（2）提出具体要求；

（3）准备谈判的方式、地点、时间；

（4）进行谈判；

（5）自我分析总结。

模拟实训

项目名称：购买个人用品的谈判体验

实训目标：

（1）能够准确辨别商务谈判类型；

（2）能够有礼有节地进行讨价还价；

（3）能够自觉养成商务谈判习惯。

实训背景：情境设计：以自身真实需要购买个人日用品或学习用品，找附近一家商场，寻机与销售人员展开洽谈。在购买过程中，细心体验购买个人用品时的谈判心得。

实训环境：附近商场，客流较少，预计销售人员有一定的时间。

实训步骤：

（1）以个人真实需要为原则，鼓励邀请同班同学结伴前往购买个人用品；
（2）按实训背景及环境要求自选商场；
（3）挑选自己心仪商品，与销售人员开展谈判，注意礼节、语言技巧及讨价策略；
（4）个人总结实训操作体验，完成实训报告；
（5）全班同学交流，教师点评与总结；
（6）在评优板展示经过教师点评的优秀实训报告并将其纳入本课程的教学资源库；

实训成果：

以实训作业的形式提交，撰写"购买××商品的谈判体验"实训报告。

实训 2　商务礼仪与沟通

职业工作

1. 商务活动中的礼仪

目标：该项练习让学生学会在商务活动中合理的穿着，得体的举止，到位的语言表达，帮助学生们树立信心，完美的迈出职场第一步。根据各种资料的学习以及自己的实践心得，每位同学归纳总结自己的实践体会，准备交流。

2. 开发学生的沟通

能力目标：该项练习帮助你掌握商务谈判与推销过程中的沟通技能。

内容要求：按下列问题程序对自己的社会沟通方式进行小结式的回顾，并准备堂上交流：

（1）通常你是怎样与你的父母或亲人沟通的，譬如当你有某种需求时，你是怎样争取你父母或亲人同意的？

（2）通常你是怎样与你的同学和朋友沟通的，你会采取哪几种方式去培养与同学和朋友之间的感情？

（3）如果你遇到不熟悉的人，你会怎样进行沟通，比如请你上门推销某种商品时，你会怎样去做呢？

步骤：

（1）学生进行课堂上交流；

（2）同学进行相互点评；

（3）任课教师进行总结点评。

模拟实训

项目名称：商务谈判沟通

实训目标：

（1）注意谈判时着装、言行；

（2）试着理解商务谈判的基本原则；

（3）能够认真进行商务谈判陈述、倾听、提问与回答；

（4）能够懂得建立个人交情的方法与路径。

实训背景情境设计：学院学生街舞社团计划邀请美华制衣公司为其社团活动提供演出服装的赞助，由企业免费提供一年的演出服装，内含演出服装、小型演出道具等。同时街舞社团在这一年内为其提供免费宣传演出 N 场。由学生分别代表学院学生街舞社团和美华制衣公司进行洽谈，重点是陈述、倾听、问与答。

实训环境：

（1）学院工商管理系市场营销专业商务谈判实训室、座位牌、投影仪、学院与学生街舞社团简介、美华制衣公司产品宣传图册与文案等；

（2）商务谈判团队角色要求。学生街舞社团谈判代表：社长、秘书长、社团外联部部长、社团干事等。美华制衣公司谈判代表：副经理、公关部主任、秘书、营销员等。

实训步骤：

（1）以组为单位将全班同学分成若干小组，学生可以自由组合，每组 4～6 人，每组确定一名组长；

（2）结合实训任务对各小组进行适当的角色分工，确保组织合理和每位成员的积极参与；

（3）各小组根据实训情境设计进行沟通模拟，注意商务谈判陈述、倾听、提问与回答的技巧。

（4）各小组进行小结讨论，总结实训操作体验，完成实训报告；

（5）全班同学进行交流，教师进行点评与总结；

（6）在评优板上展示经过教师点评的优秀实训报告，并将其纳入本课程的教学资源库。

实训成果：

以实训作业形式提交，撰写"商务谈判沟通"实训报告。

实训 3　草拟商务谈判方案

职业工作

1. 开发学生商务谈判调查的技能

目标：该项练习帮助学生掌握调查分析谈判对手的基本理论与技能。

内容：假设你是某公司的经理，公司准备在媒体上投放广告，你将选择哪种媒体呢？你的依据是什么？你在与选中的媒体谈判时，应该注意些什么呢？

步骤：

（1）若干学生以小组为单位分析怎样进行商务谈判调查；

（2）学生进行互相点评；

（3）教师进行总结。

2. 开发学生对个性心理的分析技能

目标：该项练习帮助学生掌握分析谈判对手个性的基本理论与技能

内容：观察实际生活中与商务谈判活动有密切联系的某一职业人员（企业经理、营销人员、工程承包人员等），分析其个性（包括兴趣爱好、动机、气质、性格、能力等）在商务谈判的哪些情况下会存在优势或劣势。

步骤：

（1）若干学生以小组为单位，分析商务谈判人员应具有哪些优良个性；

（2）学生进行互相点评；

（3）教师进行总结。

3. 锻炼学生制作商务谈判方案的能力

目标：该项练习帮助学生掌握制定商务谈判方案的基本理论与技能。

内容：根据实训任务二导入的背景资料，请你帮助学生街舞社团制作一份与美华制衣有限公司谈判的方案，注意谈判方案的基本内容。

步骤：

（1）若干学生分析商务谈判方案应包含哪些基本内容；

（2）学生进行点评；

（3）教师进行总结。

模拟实训

项目名称：商务谈判方案制作

实训目标：

（1）能够规范进行商务谈判调查；

（2）能够规范掌握商务谈判方案设计内容与步骤；

（3）能够规范制作一份商务谈判方案。

实训背景：情境设计：某高校举办春季运动会，为了统一着装，计划为所有参与人员购置一件短袖 T 恤衫,共需 4000 件。假定你是特步服饰公司广州营销部经理,将如何准备谈判争取这一订单?请你根据市场调查情况,制作一份关于短袖 T 恤衫销售的谈判方案。

实训步骤:

(1) 以组为单位将全班同学分成若干小组,学生可以自由组合每组 4~6 人,确定一名组长;;

(2) 结合实训任务对各小组进行适当的角色分工,确定商务谈判调查负责人、谈判方案制作负责人及项目实训总负责人,确保组织合理和每位成员的积极参与;

(3) 各小组根据实训情境设计商务谈判方案,注意谈判目标的科学设定、谈判团队的合理组建、明确谈判的主要议题,以及相关策略与技巧的运用;

(4) 各小组进行小结讨论,总结实训操作体验,完成实训报告;

(5) 全班同学展开交流,教师进行点评与总结;

(6) 在评优板上展示经过教师点评的优秀实训报告,并将其纳入本课程的教学资源库。

实训成果:

以实训作业形式提交,撰写"商务谈判方案"实训报告。

实训 4　模拟谈判开局环节

职业工作

1. 开发学生的开场陈述能力

目标：该项练习帮助学生掌握谈判气氛的基本理论与技能。

内容：以蔻驰箱包、联想电脑、康师傅方便面、李宁运动服为例，组成谈判小组，练习开场陈述，并注意谈判氛围的营造。

步骤：

（1）将班级同学分成4个大组（分别确定一种产品），每个大组再分成两个小组形成买方与卖方，每小组设定一名负责人；

（2）学生小组先讨论，形成开场陈述稿；

（3）小组设负责人安排同学上台陈述；

（4）班级同学代表进行总结；

（5）任课教师进行点评。

2. 开发学生的谈判摸底能力

目标：该项练习帮助你掌握谈判摸底的基本理论与技能

内容：以蔻驰箱包、联想电脑、康师傅方便面、李宁运动服为例，组成谈判小组，练习谈判摸底，注意沟通技巧。

步骤：

（1）将班级同学分成4个大组（分别确定一种产品），每个大组再分成两个小组形成买方与卖方，小组设一名负责人；

（2）各大组分别分角色进行模拟对练；

（3）各大组分别进行自我点评及小结；

（4）随机挑选一组进行演练；

（5）任课教师进行点评。

模拟实训

项目名称：商务谈判开局气氛营造

实训目标：

（1）能够熟练各种商务谈判气氛类型；

（2）能够规范运用营造良好商务谈判气氛的方法；

（3）能够恰当地进行商务谈判开场陈述。

实训背景情境设计：根据任务三模拟实训所提供的资料，分角色扮演学院采购处的人员和特步公司的谈判代表，进行商务谈判开局氛围营造训练。

实训环境：

（1）学院工商管理系市场营销专业商务谈判实训室、座位牌、小礼品等；

（2）商务谈判团队角色要求如下：学院采购处谈判代表：采购处处长、运动会策划负责人、财务人员、法律顾问等；特步公司：总经理、营销部经理、营销员、行政助理等。

实训步骤：

（1）以组为单位将全班同学分成若干小组，学生可以自由组合每组 4～6 人，各组确定一名组长；

（2）结合实训任务对各小组进行适当的角色分工，确定每位角色定位及职责，确保每位成员的积极参与；

（3）各小组根据实训情境设计商务谈判开局，营造气氛模拟注意商务谈判陈述策略与技巧的运用；

（4）各小组进行小结讨论，总结实训操作体验，完成实训报告；

（5）全班同学进行交流，教师进行点评与总结；

（6）在评优板上展示经过教师点评的班级优秀实训报告，并将其纳入本课程的教学资源库。

实训成果：

以实训作业形式提交，撰写"商务谈判开局气氛营造模拟"实训报告。

实训 5 模拟谈判磋商环节

职业工作

1. 训练商务谈判的报价技巧

目标：本项练习帮助学生掌握商务谈判报价的基本理论与技巧。

内容：现在是 14：00。你外出洽谈。在回办公室的路上，你临时决定去拜访一家大公司。令你吃惊的是，该公司的计划部主管正好走过来，声称他急需你公司的产品。然而，不巧的是，他马上就要在下午乘飞机出差，需要你马上报一个最好的价格，然后就打算签一个金额很大的合同此时你会怎么做？

步骤：

（1）教师介绍情境设计；

（2）学生分析对方公司的真实意图，设计多种应对方案；

（3）学生比较多种可能方案后择优；

（4）教师作总结性提示：先对他所需的产品给出较高报价，然后给以大幅度折扣，让他在短时间内迅速做出决策。

2. 训练商务谈判中讨价还价的能力

目标：该项练习帮助学生提高商务谈判中讨价还价的能力

内容：一位房客看中了一间房子，条件非常理想，想租下来。房东开价月租金是 1500 元，房客觉得这房子只值 1200 元，并打算出 1000 元。假如你是房客或房东，会怎么做？由两位同学分别扮演"房东"和"房客"，进行洽谈。其余同学观察、点评。

步骤：

（1）任课教师进行情境假设与说明；

（2）学生分角色扮演"房东"和"房客"；

（3）学生进行点评与讨论；

（4）任课教师进行总结性提示：对方开价与自己的目标定价相距 500 元，即高出 50%的价格考虑市场行情及对方的性格与心理等因素，应采取多次讨价和低价操作过程：①讨价两次以上；②先出较低价格，如 800 元；③根据"递减式让步方式"原理，分四步还价，即：800 元—900 元—970 元—1000 元。说明：结合市场行情等因素，将讨价还价技巧与合理让步技巧并举，注意把握让步的时机、幅度、速度和次数。

模拟实训

项目名称：商务谈判价格磋商

实训目标：

（1）能够规范地进行商务谈判报价；

（2）能够规范地进行商务谈判讨价；

（3）能够规范地进行商务谈判还价。

实训背景情境设计：A 有限公司向 B 汽车销售有限公司购买 10 辆福克斯 2018 款三厢 1.6L 自动风尚型汽车，双方就买卖价格进行谈判。假如你是 A 有限公司或者是 B 汽车销售有限公司的代表，你会如何进行报价或讨价还价？

实训环境：

（1）工商管理系市场营销专业商务谈判实训室、产品宣传广告、报价单、投影仪、签字笔、草稿纸、计算器等；

（2）商务谈判团队角色要求 B 汽车销售有限公司：销售部经理、业务员、技术顾问、法律顾问等；A 有限公司：行政主管、采购部经理、技术顾问、财务顾问等；

（3）价格磋商谈判目标设定

1）B 汽车销售有限公司

最理想目标：以每辆销售价为 139060 元的价格向乙方销售福克斯 2018 款三厢 1.6L 自动风尚型小汽车；

可接受目标：每辆销售价可以在 132000 元～139060 元；

最低目标：每辆销售价以 132000 元达成协议。

2）A 有限公司：

最理想目标：以每辆购买价为 131000 元的价格购买福克斯 2018 三厢 1.6L 自动风尚型的新福克斯小汽车；

可接受目标：每辆购买价可以在 131000 元～138000 元；

最低目标：每辆购买价以 138000 元达成协议。

（4）能力考核要求：商务谈判价格磋商是涉及谈判双方的能力问题，所以考核是两方面的。各小组只按本组选择的角色进行考核。

实训步骤：

（1）以组为单位将全班同学分成若干小组，学生可以自由组合，每组 4～6 人，确定一名组长；

（2）结合实训任务对各小组成员进行适当的角色分工，确保组织合理和每位成员的积极参与；

（3）各小组根据实训情境设计并进行价格磋商模拟，注意商务谈判讨价、还价策略与技巧的运用；

（4）各小组进行小结讨论，总结实训操作体验，完成实训报告；

（5）全班同学交流，教师点评与总结；

（6）在评优板上展示经过教师点评的优秀实训报告，并将其纳入本课程的教学资源库。

实训成果：

以实训作业形式提交，撰写"购买小汽车商务谈判之价格磋商"实训报告。

实训 6　模拟谈判结束阶段

职业工作

1. 开发学生在劣势条件下的谈判能力

目标：该项练习帮助学生掌握在劣势条件下进行商务谈判的基本方法与策略，进一步培养商务谈判的职业信心。

内容：以学院学生英语社团活动邀请企业参与并赞助活动为背景，请一位能言善辩的同学扮演本地知名企业代表进行洽谈，并恳请企业支持。

步骤：

（1）将班级同学分成 4 个大组，每个大组再分成两个小组，分别代表学生社团和知名企业，每个小组设负责人；

（2）各大组分别进行分角色模拟对练；

（3）各大组分别进行自我点评及小结；

（4）随机挑选一组进行演练；

（5）任课教师进行点评。

2. 开发学生组织商务谈判签约的能力。

目标：该项练习帮助学生培养组织商务谈判签约能力，规范掌握商务谈判签约工作流程。

内容：以 A 农机公司与 B 农场签订农机购销协议为背景，安排组织签约仪式。

步骤：

（1）将班级同学分成 4 个大组，每个大组再分成两个小组，分别代表 A 公司与 B 农场，小组设一名负责人；

（2）各大组分别进行角色模拟对练；

（3）各大组分别进行自我点评及小结；

（4）随机挑选一组进行演练；

（5）任课教师进行点评。

模拟实训

项目名称：商务谈判合同拟定

实训目标：

（1）能够规范起草商务谈判合同；

（2）能够正确审核商务谈判合同；

（3）能够合理安排商务谈判签约实训背景。

实训背景情境设计：甲方是梅海酒业有限公司。该公司成立于 2005 年，是一家专营各种法国进口红酒的代理商，经验丰富，专业性强，信誉良好，代理品牌多样，商品质量上乘，现已成为省内众多商场、酒店、餐厅的红酒供应商。

乙方是法国一家知名品牌葡萄酒公司。乙方优势：公司规模大，可选产品多，可选供货商多货量大；乙方劣势：产品信息量不足。甲方与乙方经过前期几轮谈判，在一些方面已经达成共识，今天双方就签订合同进行再次谈判。

实训环境

（1）学院工商管理系市场营销专业商务谈判实训室、座位牌、投影仪、签字笔、草稿纸、计算器等；

（2）商务谈判团队角色要求，梅海酒业有限公司谈判代表：公司经理、市场部经理、业务主办、财务部长、翻译等。法国葡萄酒公司谈判代表：大中华市场区域经理、经理助理、业务员、翻译、法律顾问等。

实训步骤：

（1）以组为单位将全班同学分成若干小组，学生可以自由组合，每组4～6人，各组确定一名组长；

（2）结合实训任务对各小组进行适当的角色分工，并确保组织合理和每位成员的积极参与；

（3）各小组根据实训情境设计进行合同磋商模拟，注意审核合同的条款、内容与形式；

（4）各小组进行小结讨论，总结实训操作体验，完成实训报告；

（5）全班同学交流，教师进行点评与总结；

（6）在评优板上展示经过教师点评的优秀实训报告，并将其纳入本课程的教学资源库。实训成果：

以实训作业形式提交，撰写"法国葡萄酒经销合同拟定"实训报告。

实训 7　推 销 实 战 演 练

职业工作

1. 开发学生的推销能力

目标：该项练习帮助学生掌握推销的基本理论与技巧。

内容：要求按下列问题程序对自己的社会推销方式进行小结式的回顾，并准备堂上交流：

（1）通常你是怎样将你的想法表达给你的亲人与朋友的，譬如当你有某种需求时，你是怎样争取你的亲人或朋友同意的？

（2）通常你是怎样与销售人员沟通的，对于销售人员的推销你是否会倾听、接受，你采用哪种方式与推销员交流？

（3）如果请你上门推销某种商品时，你会怎样去做呢？会采取哪几种方式去完成推销任务呢？

步骤：

（1）学生进行堂上交流；

（2）同学进行相互点评；

（3）任课教师进行总结点评。

2. 开发你建立私人交情的能力

目标：该项练习帮助你培养在推销活动中建立私人感情的意识，掌握私人交往的方法与路径。

内容：设想你将来可能的目标顾客，试谋划与其建立私人交往的方式方法。将自己的设想与同学交流，听听他（她）的意见，并准备堂上交流。

步骤：

（1）学生进行堂上交流；

（2）同学进行相互点评；

（3）任课教师进行总结点评。

模拟实训

项目名称：推销洽谈

实训目标：

（1）能够规范运用推销技术；

（2）能够做好推销洽谈准备；

（3）能够熟悉推销的程序。

实训背景情境设计：假定你是 A 服饰公司广州营销部经理，得知某高校举办春季运动会，为了统一着装，计划为所有参与人员购置一件短袖 T 恤衫，共需 4000 件。根据市场调查情况，已经制作一份关于短袖 T 恤衫销售谈判方案。你将如何开展你的推销洽谈才能实现成功的销售。

实训步骤：

（1）以组为单位将全班同学分成若干小组，学生可以自由组合每组 4~6 人，确定一名组长；

（2）结合实训任务每两组之间进行推销与被推销活动，对各小组进行适当的角色分工，确定推销洽谈的主讲人，洽谈负责人等，确保组织合理和每位成员的积极参与；

（3）各小组根据实训情境设计，双方开展洽谈，各自围绕自己利益开展，注意相关策略与技巧的运用；

（4）各小组进行小结讨论，总结实训操作体验，完成实训报告；

（5）全班同学展开交流，教师进行点评与总结；

（6）在评优板上展示经过教师点评的优秀实训报告，并将其纳入本课程的教学资源库。

实训成果：

以实训作业形式提交，撰写"推销洽谈活动"实训报告。

实训 8 综合实训模拟

1. 实训目的

(1) 培养学生商务沟通和谈判信息搜集能力；

(2) 培养学生进行商务谈判的实际操作能力；

(3) 培养学生在谈判中的礼仪习惯。

2. 实训原则

(1) 业务仿真化原则；

(2) 过程完整性原则；

(3) 操作典型化原则；

(4) 成果可视化原则。

3. 实训假设

(1) 存在一个理想的市场，供求关系正常；

(2) 各企业内部相对稳定，经济效益好；

(3) 贸易公司是综合性公司，各种主要商品都可以经营；实业公司也是综合性公司，各种主要的商品都可以生产；

(4) 各项经济活动主要发生在流通过程中；

(5) 可在同一个银行结算。

4. 主要公司简介

(1) 北京 A 贸易有限公司

本企业为综合性贸易公司，主要经营农副产品和工业品，公司地址在北京市，拥有固定资产1.2亿，流动资金6000万元，员工400余人，银行账号：1008008001×××。

(2) 武汉 B 股份有限公司

本企业为综合性实业公司，技术力量强大，生产设备先进，轻工业行业各主要商品都能生产，地址在武汉市汉口区。公司拥有员工5000人，固定资产3亿元，流动资金1亿元，银行账号：1008008002×××。

(3) 上海 C 股份有限公司

本企业为综合性贸易公司，主要经营农副产品和工业品，地址在上海市，公司拥有员工600人，固定资产2亿元，流动资金1亿元，银行账号：1008008003×××。

(4) 广州 D 实业股份有限公司

本企业为科工贸一体化的综合性实业公司，生产或经营轻工业各主要商品，地址在广州市，公司拥有员工1万人，固定资产5亿元，流动资金2亿元，银行账号：1008008004×××。

5. 实训步骤：

(1) 以组为单位，将全班同学分成4小组各代表一个企业，确定一名组长。指导教师

负责全班学生考勤,并对业务进度进行控制;

(2) 结合实训任务,每个公司设总经理一名,下设技术部、营销部、财务部、公关部,每个部门设一名部长;另设一名法律顾问。对各小组进行适当的角色分工,确保组织合理和每位成员的积极参与;

(3) 各小组根据实训情境设计,为保证业务活动开展具有竞争性,分别按公司准备,各自开展业务程序,调查—制定计划—推销或采购—拟定谈判方案—洽谈—签订合同—总结工作;

(4) 各公司的经济活动资料互相独立,互相保密。要求:每个公司平均每月购销额总计要求达到2000万元左右;

(5) 各小组进行小结讨论,总结实训操作体验,完成实训报告;

(6) 全班同学展开交流,教师进行点评与总结;

(7) 在评优板上展示经过教师点评的优秀实训报告,并将其纳入本课程的教学资源库。

实训成果:编制商务谈判方案,合同的拟定,撰写"商务谈判"实训报告。

附:市场环境资料:

1. 人员工资:北京2000元,上海2100元,武汉1600元,广州1800元。

2. 距离及运价:北京—上海1600km,北京—武汉1000km,武汉—广州1000km。武汉—上海900km,广州—上海1800km。运价为0.36元/吨·km。

3. 广告费标准:中央台5万元/(秒·年),上海台3万元/(秒·年),武汉台2万元/(秒·年),广州台2.5万元/(秒·年)。

4. 综合损耗为0.5%。

5. 银行贷款年利率为5%。

6. 管理费率0.1%。

7. 以购销额为基数,按15%毛利率计算利润。

能 力 测 评

1. 你通常是否先准备好，再进行商谈？
   A. 每次
   B. 时常
   C. 有时
   D. 不常
   E. 都没有

2. 你面对直接的冲突有何感觉？
   A. 非常不舒服
   B. 相当不舒服
   C. 虽然不喜欢，但还是敢于面对
   D. 有点喜欢这种挑战
   E. 非常喜欢这种挑战

3. 你是否相信谈判时对方告诉你的话？
   A. 不，我非常怀疑
   B. 一般程度地怀疑
   C. 有时候不相信
   D. 大概相信
   E. 几乎完全相信

4. 被人喜欢对你来说是否重要？
   A. 非常重要
   B. 相当重要
   C. 一般重要
   D. 不太重要
   E. 一点都不在乎

5. 谈判时你是否常关心乐观的一面？
   A. 几乎每次都关心最乐观的一面
   B. 相当关心
   C. 普通程度地关心
   D. 不太关心
   E. 根本不关心

6. 你对谈判的看法是什么？
   A. 是高度的竞争
   B. 大部分是竞争，小部分是相互合作
   C. 大部分是相互合作，小部分是竞争
   D. 是高度的合作
   E. 一半是竞争，一半是合作

7. 你赞成哪一种交易？
   A. 对双方都有利的交易
   B. 对自己较有利的交易
   C. 对对方较有利的交易
   D. 对自己非常有利，对对方不利的交易
   E. 各人为自己打算的交易

8. 你是否喜欢和商人（家具、汽车、家庭用品等商品经销商）进行交易？
   A. 非常喜欢
   B. 喜欢
   C. 不喜欢也不讨厌
   D. 相当不喜欢
   E. 憎恨

9. 如果交易对对方很不利，你是否会让对方再和你商谈一个对其较有利的交易？

A. 很愿意 B. 有时愿意
C. 不愿意 D. 几乎从没有过
E. 那是对方的问题

10. 你是否有威胁别人的倾向？
    A. 常常如此 B. 在很大程度上如此
    C. 偶尔如此 D. 不常
    E. 几乎没有

11. 你是否能适当表达自己的观点？
    A. 经常如此 B. 超过一般水准
    C. 一般水准 D. 低于一般水准
    E. 相当差

12. 你能很好地倾听对方讲话吗？
    A. 非常好 B. 比一般人好
    C. 普通程度 D. 低于一般水准
    E. 很差

13. 面对语意含糊不清的词句，其中还夹着许多赞成或反对的争论时，你有何感觉？
    A. 非常不舒服，希望事情不是这个样子
    B. 相当不舒服
    C. 不喜欢，但是还可以接受
    D. 一点也不会觉得被骚扰，很容易就习惯了
    E. 喜欢如此，事情本来就该如此

14. 有人在陈述和你不同的观念时，你能够倾听吗？
    A. 把头掉转开 B. 听一点点，很难听进去
    C. 听一点点，但不太在意 D. 合理地倾听
    E. 很注意地听

15. 在商谈开始以前，你和公司里的人如何讨论商议的目标和事情的优先程序？
    A. 适当的次数，讨论得很好
    B. 常常很辛苦地讨论，讨论得很好
    C. 时常且辛苦地讨论
    D. 不常讨论，讨论得不太好
    E. 没有讨论什么，只是在商谈时执行上级的要求

16. 假如一般公司都按照定价加5％报价，你的老板却要加10％你的感觉如何呢？
    A. 根本不喜欢，会设法避免这种情况发生
    B. 不喜欢，但还是会不情愿地去做
    C. 勉强去做
    D. 尽力做好，而且不怕尝试
    E. 喜欢这种考验，而且期待这种考验

17. 你是否喜欢在商谈中使用专家？
    A. 非常喜欢 B. 相当喜欢

C. 偶尔为之   D. 假如情况需要的话会使用

E. 非常不喜欢

18. 你是不是一个很好的商议小组领导者？

A. 是   B. 基本是

C. 是公平的领导者   D. 基本不是

E. 是很糟糕的领导者

19. 置身压力中，你的思路是否仍很清楚？

A. 是的，非常好   B. 比大部分人好

C. 一般程度   D. 在一般程度之下

E. 根本不行

20. 你的商业判断能力如何？

A. 非常好   B. 很好

C. 和大部分主管一样好   D. 不太好

E. 我想我不行

21. 你对于自己的评价如何？

A. 高度的自我尊重   B. 适当的自我尊重

C. 很复杂的感觉，搞不清楚   D. 不太好

E. 没什么感觉

22. 你是否能获得别人的尊敬？

A. 很容易   B. 基本如此

C. 偶尔如此   D. 不常如此

E. 很少如此

23. 你认为自己是不是一个谨守策略的人？

A. 是   B. 基本是

C. 能合理地运用   D. 时常会忘记运用策略

E. 先说再思考

24. 你是否能广泛地听取各方面的意见？

A. 是的   B. 基本如此

C. 普通程度   D. 基本不听取别人的意见

E. 观念相当固执

25. 正直对你来说重要不重要？

A. 非常重要   B. 相当重要

C. 重要   D. 并不重要

E. 非常不重要

26. 你认为别人的正直重要吗？

A. 非常重要   B. 相当重要

C. 重要   D. 并不重要

E. 非常不重要

27. 当你手中握有权力时，会如何使用呢？

A. 尽量使用一切手段 　　　　　　　B. 适当地使用，没有罪恶感
C. 为了正义而使用 　　　　　　　　D. 不喜欢使用
E. 很自然地接受对方作为自己的对手

28. 你对"行为语言"的敏感程度如何？
    A. 高度敏感 　　　　　　　　　　B. 相当敏感
    C. 普通程度 　　　　　　　　　　D. 比大部分人的敏感性低
    E. 不敏感

29. 你对别人的动机和愿望的敏感程度如何？
    A. 高度敏感 　　　　　　　　　　B. 相当敏感
    C. 普通程度 　　　　　　　　　　D. 比大部分人的敏感性低
    E. 不敏感

30. 对于以个人身份和对方结交，你有怎样的感觉？
    A. 我会避免如此 　　　　　　　　B. 不太妥当
    C. 不好也不坏 　　　　　　　　　D. 我会被吸引而接近对方
    E. 我喜欢超出自己的立场去接近他们

31. 你洞察问题的能力如何？
    A. 我通常能洞察到 　　　　　　　B. 大部分时间我都能洞察到
    C. 我能够猜得相当正确 　　　　　D. 对方常常会令我惊奇
    E. 我很难知道真正的问题所在

32. 在谈判中，你想要达成哪一种目标呢？
    A. 很难达成的目标 　　　　　　　B. 相当难的目标
    C. 不太难，也不太容易的目标 　　D. 适当的目标
    E. 不太难，比较容易达成的目标

33. 你是不是一个有耐心的谈判者？
    A. 总是如此 　　　　　　　　　　B. 比一般人有耐心
    C. 普通程度 　　　　　　　　　　D. 一般程度以下
    E. 我会完成交易为什么要浪费时间呢？

34. 谈判时你对于自己目标的执着程度如何？
    A. 非常执着 　　　　　　　　　　B. 相当执着
    C. 有点执着 　　　　　　　　　　D. 不太执着
    E. 相当有弹性

35. 在谈判中，你是否会坚持自己的观点？
    A. 非常坚持 　　　　　　　　　　B. 相当坚持
    C. 适度坚持 　　　　　　　　　　D. 不太坚持
    E. 根本不坚持

36. 你对对方的私人问题的敏感程度如何（非商业性的问题如：工作的安全性、工作的负担、假期、和老板相处的状况等）？
    A. 非常敏感 　　　　　　　　　　B. 相当敏感
    C. 一般程度的敏感 　　　　　　　D. 不太敏感

E. 根本不敏感

37. 你是否在乎对方的需求得到满足？

A. 非常在乎，我尽量不使他受到伤害　　B. 有点在乎

C. 中立态度，但我希望他不会被伤害　　D. 有点关心

E. 各人都要为自己打算

38. 你是否想要强调你的权限？

A. 是的，非常想　　　　　　　　B. 通常做得比我喜欢的还要多些

C. 适度地强调　　　　　　　　　D. 我不会强调

E. 大部分时间我曾如此想

39. 你是否想了解对方的权限？

A. 非常想　　　　　　　　　　　B. 相当想

C. 我会衡量一下　　　　　　　　D. 这样做很难，因为我并不是他

E. 我让事情在会谈时顺其自然地进行

40. 当你买东西时，如果你还出一个很低的价格，你的感觉如何？

A. 太可怕了　　　　　　　　　　B. 不太好，但有时我会如此做

C. 偶尔才会做一次　　　　　　　D. 我常常如此尝试，而且不在乎如此做

E. 我习以为常而且感觉非常舒服

41. 通常你妥协的过程是怎样的？

A. 非常缓慢　　　　　　　　　　B. 相当缓慢

C. 和对方的速度相同　　　　　　D. 我多做些让步，试着使交易快点完成

E. 我不在乎付出更多，只要完成交易就行

42. 你对接受事业中的风险感觉如何？

A. 与大部分人相比，能接受较大的风险

B. 与大部分人相比，能接受相当大的风险

C. 与大部分人相比，只接受较小的风险

D. 偶尔冒一点风险

E. 很少冒险

43. 你对接受财务风险的态度如何？

A. 与大部分人相比，能接受较大的风险

B. 与大部分人相比，能接受相当大的风险

C. 与大部分人相比，只接受较小的风险

D. 偶尔冒一点风险

E. 很少冒险

44. 面对那些地位比你高的人，你的感觉如何？

A. 非常舒服　　　　　　　　　　B. 相当舒服

C. 很复杂的感觉　　　　　　　　D. 不舒服

E. 相当不舒服

45. 要购买车子或房屋的时候，你准备得如何？

A. 很充分　　　　　　　　　　　B. 相当好

C. 普通程度　　　　　　　　　　D. 不太好

E. 没有准备

46. 对于对方告诉你的话，你会调查到什么程度？

A. 调查得很彻底　　　　　　　B. 调查大部分的话

C. 调查某些话　　　　　　　　D. 知道应该调查，但做得不够

E. 没有调查

47. 你对解决问题是否有创见？

A. 有　　　　　　　　　　　　B. 基本上有

C. 有时候会有　　　　　　　　D. 不太多

E. 几乎没有

48. 你是否有足够的魅力？人们是否尊敬你而且遵从你的领导？

A. 有　　　　　　　　　　　　B. 基本上有

C. 普通程度　　　　　　　　　D. 不太有

E. 一点也没有

49. 和他人比较，你是不是一个有经验的商谈者？

A. 很有经验　　　　　　　　　B. 比一般人有经验

C. 普通程度　　　　　　　　　D. 经验比一般人少

E. 没有丝毫经验

50. 你对自己所属小组里的领导人感觉如何？

A. 舒服而自然　　　　　　　　B. 相当舒服

C. 很复杂的感觉　　　　　　　D. 存有某种自我意识

E. 相当焦虑不安

51. 没有压力时，你的思考能力（和同事相比较）如何？

A. 非常好　　　　　　　　　　B. 比大部分人好

C. 普通程度　　　　　　　　　D. 比大部分人差

E. 不太行

52. 兴奋时，你是否会保持镇静？

A. 很镇静　　　　　　　　　　B. 基本上很镇静

C. 和大部分人相同　　　　　　D. 性情有点急躁

E. 有时我会激动起来

53. 在社交场合中人们是否喜欢你？

A. 非常喜欢　　　　　　　　　B. 相当喜欢

C. 普通程度　　　　　　　　　D. 不太喜欢

E. 相当不喜欢

54. 你工作的安全性如何？

A. 非常安全　　　　　　　　　B. 相当安全

C. 普通程度　　　　　　　　　D. 不安全

E. 相当不安全

55. 假如一方已做过 4 次很详尽的解释，另一方还是说"我不了解"并要求对方继续

解释，你的感觉如何？

  A. 太可怕了，我不会那么做   B. 相当困窘

  C. 会觉得很不好意思   D. 感觉不太好，还是会去做

  E. 不会有任何犹豫

56. 你处理困难的成绩如何？

  A. 非常好   B. 比一般人好

  C. 一般程度   D. 一般程度以下

  E. 很糟糕

57. 你是否会问探索性问题？

  A. 擅长此道   B. 经常会问

  C. 一般会问   D. 常常说的比应该说的还多

  E. 说得实在太多了

58. 对于生意上的秘密，你的保密程度如何？

  A. 非常保密   B. 相当保密

  C. 一般程度   D. 常常说的比应该说的还多

  E. 说得实在太多了

59. 对于自己这一行的知识，你的信心（和同事相比较）如何？

  A. 比大部分都有信心   B. 相当有信心

  C. 一般程度   D. 有点缺乏信心

  E. 没有信心

60. 假如你是建筑大厦的买主，由于太太的要求而更改设计图，现在承包商为此要求收取更高的费用。你又因他能把这项工程做好而非常需要他。对于这项加价，你会有什么感觉？

  A. 马上跳起来大叫

  B. 非常不喜欢

  C. 准备好好地和他商议，但并不急于这么做

  D. 虽然不喜欢，但还是会接受

  E. 心甘情愿地接受

61. 你是否会将内心的感受流露出来呢？

  A. 非常容易   B. 比大部分人容易

  C. 普通程度   D. 偶尔

  E. 几乎没有

计算方法：完成答卷后，请在下面的分数表中逐项查找相应的分数，然后把每一个问题的正分与负分加起来。这样，你就能得到一个介于－668和＋724之间的总分（分数越多说明你的谈判能力越强）。（例如：假如对于第一个问题你选择的答案是B，你的分数就是＋15；对于第二个问题你选择的答案是A．，你的分数就是－10；对于第三个问题你选择的答案是D，你的分数就是－4。以此类推。）

问题序号	选择答案序号					问题序号	选择答案序号				
	A	B	C	D	E		A	B	C	D	E
1	+20	+15	+5	−10	−20	32	+10	+15	+5	0	−10
2	−10	−5	+10	+10	−5	33	+15	+10	+5	−5	−15
3	+10	+8	+4	−4	−10	34	+12	+12	+3	−5	−15
4	−14	−8	0	+14	+10	35	+10	+12	+4	−3	−10
5	−10	+10	+10	−5	−10	36	+16	+12	0	−3	−15
6	−15	+15	+10	−15	+5	37	+12	+6	0	−2	−10
7	0	+10	−10	+5	−5	38	−10	−8	+5	+8	+12
8	+3	+6	+6	−3	−5	39	+15	+10	+5	−5	−10
9	+6	+6	0	−5	−10	40	−10	−5	+5	+15	+15
10	−15	−10	0	+5	+10	41	+15	+10	−3	−10	−15
11	+8	+4	0	−4	−6	42	+5	+10	0	−3	−10
12	+15	+10	0	−10	−15	43	+5	+10	−5	+5	−8
13	−10	−5	+5	+10	+10	44	+10	+8	+3	−3	−10
14	−10	−5	+5	+10	+15	45	+15	10	+3	−5	−15
15	+8	−10	+20	+15	−20	46	+10	+10	+3	−5	−12
16	−10	+5	+10	+13	+10	47	+12	+10	0	0	−15
17	+12	+10	+4	−4	−12	48	+10	+25	+3	0	−3
18	+12	+10	+5	−5	−10	49	+5	+5	+5	−1	−3
19	+10	+5	+3	0	−5	50	+8	+10	0	0	−12
20	+20	+15	+5	−10	−20	51	+15	+6	+4	0	−5
21	+15	+10	0	−5	−15	52	+10	+8	+5	−3	−10
22	+12	+8	+3	−5	−8	53	+10	+10	+3	−2	−6
23	+6	+4	0	−2	−4	54	+12	−3	+2	−5	−12
24	+10	+3	+5	−5	−10	55	−8	+8	+3	+8	+12
25	+15	+10	+5	0	−10	56	+10	+8	+8	−3	−10
26	+15	+10	+10	0	−10	57	+10	+10	+4	0	−5
27	+5	+15	0	−5	0	58	+10	+8	0	−8	−15
28	+2	+1	+5	−1	−2	59	+12	+10	0	−5	−10
29	+15	+10	0	−10	−15	60	+15	−6	+3	−10	−15
30	−15	−10	0	+10	+15	61	−8	−5	0	+5	+8
31	+10	+5	+5	−2	−10	62					

参 考 文 献

[1] 杨雪青 等编著. 商务谈判与推销[M]. 北京：北京交通大学出版社，2011.
[2] 杨群祥 等编著. 商务谈判[M]. 北京：高等教育出版社，2015.
[3] 李品媛 等编著. 现代商务谈判[M]. 大连：东北财经出版社，2009.
[4] 李品媛 等编著. 商务谈判——理论、实务、案例、实训（第二版）[M]. 北京：高等教育出版社，2015.
[5] 申纲领 等编著. 谈判与推销[M]. 北京：电子工业出版社，2010.
[6] 黄杰 孙佳 等编著. 商务谈判[M]. 北京：科学教育出版社，2013.
[7] 庞如春 等编著. 现代推销技术（第三版）[M]. 北京：高等教育出版社，2014.
[8] 毕思勇 等编著. 推销技术（第二版）[M]. 北京：高等教育出版社，2015.
[9] 石丹萍 等编著. 商务谈判[M]. 北京：中国商业出版社，2014.
[10] 杨再春 董晓东 等编著. 商务谈判与技巧[M]. 北京：高等教育出版社，2015.
[11] 董原 等编著. 商务谈判与推销技巧[M]. 广州：中山大学出版社，2017.
[12] 张晓艳 李秀菊 等编著. 商务谈判[M]. 北京：东北大学出版社，2018.
[13] 吕晨钟 等编著. 学谈判必读的95个中外案例[M]. 北京：北京工业大学出版社，2005.
[14] 郭芳芳 等编著. 商务谈判教程理论.技巧.实务[M]. 上海：上海财经大学出版社，2006.
[15] 李品媛 等编著. 国际商务谈判[M]. 武汉：武汉大学出版社，2006.
[16] 李光明 等编著. 现代推销实务[M]. 北京：清华大学出版社，2009.
[17] 王若军 等编著. 谈判与推销[M]. 北京：清华大学出版社，2007.
[18] 陈新武 龚士林 等编著. 推销实训教程[M]. 武汉：华中科技大学出版社，2006.